哲学するタネ

高校倫理が教える70章

【西洋思想編①】

石浦昌之

目次

まえがき
33章　人間とは何か……13
34章　青年期の課題（1）……20
35章　青年期の課題（2）……35
36章　自然哲学者、ソフィスト……46
37章　ソクラテス……63
38章　プラトン……72
39章　アリストテレス……86
40章　ヘレニズム時代の思想（エピクロス派、ストア派）、新プラトン派……97

41章　ルネサンス、モラリスト　108
42章　宗教改革（ルター、カルヴァン）、近代科学　121
43章　経験論（ベーコン、ロック、バークリー、ヒューム）　139
44章　合理論（デカルト、パスカル、スピノザ、ライプニッツ）　147
45章　社会契約説（ホッブズ、ロック、ルソー）　165
46章　フランス啓蒙思想（モンテスキュー、ヴォルテール、百科全書派）　184
47章　カント　199
48章　ヘーゲル　214
49章　アダム・スミス　224
50章　功利主義（ベンサム、ミル）、実証主義、進化論　238

51章　社会主義（空想的社会主義、マルクス・レーニン主義、社会民主主義）…… 259
52章　実存主義（1）（キルケゴール、ニーチェ、ヤスパース）…… 281
53章　実存主義（2）（ハイデッガー、サルトル、カミュ）…… 298
54章　現象学、プラグマティズム（パース、ジェームズ、デューイ）…… 311
あとがき

まえがき

人間が生きている、という事実は考えてみれば実に不思議なことです。様々な人間が地球上で自然環境や動植物と共に生活し、何かを考え、喜怒哀楽や愛、祈りの感情を持ち、社会を構成しているという事実。そんな不思議な人間というものが、そもそもなぜこの世に生まれてきたのか、なぜ戦争をするのか、動物とのちがいは果たして何なのか、そしてなぜ学校に通わなければならないのか。最後の疑問はちょっとエゴイスティックだったと思いますが、そんな素朴な疑問を、私は子供の頃からずっと抱き続けてきました。

高校生になったとき、「現代社会」の授業を担当していたT先生の授業で「倫理」の学習内容に出会います。T先生は社会学や現代思想がご専門だったようです。脳天を打ち抜かれるほどの衝撃と興奮がそこにはありました。フーコーやフロイト、マルクスといった思想家の名前もその時初めて知り、現代社会を成り立たせている目に見えない構造や自我の深層……そこに何やら、それまでの疑問を解き明かすヒントがあるような気持ちを抱き、夢中になったのを覚えています。

そんな学問との出会いの一方で、中学時代からの親友が学校に来られなくなってしまうという不測の事態も起こりました。彼の実存的な不安に触れるうちに、心理学への興味が湧き、結局大学の心理学科への進学を決めたのでした。

大学に進学すると、今度は個人の心理を取り巻く社会や、その社会を規定する思想に関心が移り、哲学や社会学、比較文化論を自分なりに勉強し始めました。その後大学院では現代思想を援用して関心があったアメリカ文化やポピュラー音楽を読み解く研究を拙いながらも行うことになります。音楽といえば、20歳の頃から本格的に音楽活動を始めました。ギターを弾き、詩や曲を作り歌うことで、今まで集団の中でひた隠しにしてきた本来の人間性が解放され、何やら初めて自由になれたような気がしたものでした。

こんな話をすると、だいぶ浮世離れした学生生活だったと思われる方がおられるかもしれません。実際そう思われても致し方ないでしょう。学問や音楽に耽溺《たんでき》していたその頃の私を苦しめていたのは、自分を社会にどう軟着陸させるか、という不可避の難問でした。いよいよ就職活動だ、と髪を切って、身ぎれいなスーツに身を包んだ友人たちを尻目に、自由という言葉に固執し、その難問を解決することから逃げていました。結局、学生生活を終えた後に、テレビの制作会社や出版社など7回職場を変え（バブル崩壊後、企業が新卒採用を大幅に減らした中での船出でした）、最後はやっとのことで中学校の常勤の教職を得ました。そして晴れて高校で「倫理」を教える機会を得たのはそれから7年後のことでした。

「倫理」の授業を担当するようになり、私は教員として多くのことを学びました（今もなお新鮮な学びがあります）。自分が様々な疑問や悩みを抱えていた頃と同じ10代の生徒たちを前にして、それこそ毎時間体当たりでぶつかるような毎日でした。生徒の鋭い質問の中には、私の考えや先入観を揺るがすものも沢山ありました。また、卒業してからも折に触れては集まり、テーマを決めて「哲学する」会合も細々と続けています。利害や年齢を超越して、純粋に学問で繋がることができる場があることは、私にとって大きな幸せです。

高校公民科「倫理」は実は大変ユニークな科目です。英国で必修教科として取り入れられている「市民科（シティズンシップ）」やフランスで伝統的に重視され高校で必修となっている「哲学」とも内容は違っています。大きく分けると「青年期の課題」「源流思想（古代ギリシア思想、キリスト教、イスラーム、バラモン教・仏教、古代中国思想）」「日本思想」「西洋近現代思想」「現代社会の諸課題」の5分野からなり、それぞれの分野における内容の軽重や偏りはあるにせよ、高校の学習としては高度な内容を含むものです。哲学・思想・宗教学・倫理学・心理学・歴史学・

社会学・比較文化論……これらの広範な学習内容を網羅し、思想史的に学び考えられる講座は、大学にもなかなか存在しないのではないでしょうか（にもかかわらず、科目「倫理」が設置されている学校は少なく、学んだ経験がある人が少ないため、大学の教員まして高校の教員ですら、その学習内容の全貌を知らない、という奇妙な状況が存在します）。

これらの学習分野は、日本という国の特殊性を鑑《かんが》みても、よく考えられていると感じます。普段は意識しないかもしれませんが、日本に住んでいる私たちの思考の枠組の半分には、古代ギリシア（ヘレニズム）・ヘブライズムから脈々と受け継がれる西洋思想があります（哲学や科学、民主主義、資本主義、背景化しているキリスト教のバックボーンも含めます）。もう半分には中国思想（日本語じたい、書き言葉に中国語＝「漢字」やその崩し字＝「平仮名《ひらがな》・片仮名《カタカナ》」を使用しています）、そしてインドから中国・朝鮮半島を経由して伝来・発展した仏教思想（日本語のほとんどは仏教由来の言葉）があります。最後に、これらの根底には、異文化を排斥せず重層的に受容する大らかな日本古来の思想（神道精神）が広がっています。皆さんの中で特定の信仰をもっていない、と自認する人でも、正月には神社に初詣に行き、お盆には仏式でお参りをし、時にバレンタイン・デーやクリスマス、ハロウィンを楽しむことがあるのですから。そんな我々の生活を支えている「当たり前」の思考の枠組みを、いったん俎上《そじょう》に載せて相対化することができるのも「倫理」の魅力の一つです。自分を見つめるもう一人の自分に出会い、俯瞰《ふかん》のまなざしをもつこと（これこそが21世紀の教育で注目されている「メタ認知」）が「倫理」の授業を通して可能になるのです。

しかしそんな「倫理」という科目も、いま存続の危機という重大な岐路に立たされています。平成元年から「現代社会」および「倫理」「政治・経済」を必修としてきた高校公民科の再編です。民主主義教育の最前線であるところの中学社会科および高校公民科は、常に様々な批判にさらされてきました。それでも戦後の民主的な日本国憲法に対する国民の支持を背景に、ある種リベラルな価値観を体現してきた教科であったように思います（２０１９年に生前退位された上皇も、まさにリベラルな戦後民主主義の体現者でした）。しかし、２００６年に安倍晋三内閣の意向でスタートした教育再生（実行）会議をはじめ、正直社会科・公民科教育の専門家とは言えない方々から、戦後民主主義・平和主義の価値観を教えるリベラルな社会科・公民科が狙い撃ちされていくことになります。これは、冷戦が終結して世界の地勢図が書き換わり、戦争の記憶が風化するプロセスと入れ替わるようにしておこった出来事です。とりわけ高校公民科はＧＨＱ（連合国軍総司令部）の息がかかった偏向教育の場であり、日教組（日本教職員組合）の自虐史観が横行している、といったある種の都市伝説を信じている方々が教育政策に影響力のある地位におられたことは、文部科学省の中央教育審議会の議事録などを読めばすぐに感じ取れます。委員を務めている、とある地方の私立大学の学長が「フランス革命なんてバタ臭いことを教えているからいけない」と公然と発言しているのを読んだときは、開いた口が塞《ふさ》がりませんでした。これは、学校で市民革命を通じて人権獲得の歴史を教えているから、権利ばかり主張して義務を果たさない、自分勝手な日本人が増えている……という論調の典型でしょう。近所のおじさんの暴言レベルの（近所のおじさん、ごめんなさい）教養の欠片《かけら》もない議論が、天下国家の教育を論じる重要な場で展開されているのです。

２０１５年に文部科学省から次期学習指導要領で「公共」という新しい科目を必修とし（「現代社会」は廃止）、「倫理」「政治・経済」を選択科目とする方針が発表されました。「積極的に社会参加する意欲が世界的に低い」ことや「現代社会の諸課題等についての理論や概念の理解、情報活用能力、先哲の基本的な考え方を手がかりとして自己の生き方等に結びつけて考えることに課題」があるとし、その問題を解決するとともに、「キャリア教育の中核となる時間の設定」を行うべく、「公共的な事柄に自ら参画しようとする意欲や態度」を育てる科目「公共」を設定するというのです。その後２０１８年に公示された新学習指導要領の公民科「公共」では、従来の「倫理」より「政治・経済」の方が好き嫌いは別として「有用」だと考えている生徒の数が多いことから、従来の「政治・経済」の学習領域が中心となりました。具体的には、18歳選挙権を踏まえた模擬投票、裁判員制度を踏まえた模擬裁判、そして法曹界や財界人など外部人材を取り入れて、国家・社会の形成者として主体的な選択・判断を行うとともに、討論などを通じて現代の諸課題を解決する力を養う授業になります。もちろん一見すると悪い内容とは思えませんが、新科目「公共」の設置を促した政治的な目論見《もくろみ》の中には、アーレントやハーバーマスの想定する「公共」性というよりむしろ、個が公に奉仕するという意味の「公共」が含意されている点が気にかかります。改正が現実味を帯びてきている日本国憲法の学習も後景に退きました。そして、2020年度から廃止された大学入試センター試験の科目になっていたことで必修科目とされる高校も辛うじてあった「倫理」が選択科目となることで、さらにほんの一部の生徒しか高校教育の場で「哲学する」ことができなくなることは明白です。ここには、高等学校にゆくゆくは「道徳」の授業を置き（小・中ではそれぞれ2018・2019年度より「特別の教科」に格上げされた）、「倫理」に代わり「道徳」に「人間としての在り方生き方」教育を担わせたい、という本音も見え隠れしています。さらには哲学などは、小難しいことばかり言っていて、ちっともお金にならない、と言わんばかりでもあります。いわゆる「哲学では食えない」という物言いに見られる、経済合理性に基づく発想でしょう。

もう一つ気になるのは、新学習指導要領における「倫理」の学習内容です。今までメインになっていた思想史としての体裁が失われ、先哲の思想に関する原典資料の読み取りにより、幸福・愛・徳・善・正義・義務などのテーマについて思索する内容に転換されました。これは現代の諸課題を解決するための、使える「倫理」を目指す方向性でしょう。そして、日本思想や日本の伝統文化の理解が相対的に前面に押し出されたのも大きな変化です。政府の教育施策に、未来の企業人を受け入れる財界の要望が含まれることは当然ですが、2000年代に入り、本来企業が担うべき教育コストを公教育に押しつけて（プログラミング教育や英語教育などもそうです）、即戦力を求める風潮が横行するようになりました。いま日本がやっきになっている「グローバル人材」の育成もまさにそうした財界（とりわけグローバル化した世界のアクターである多国籍企業）の要請でしょう。日本人としてのアイデンティティを保ちつつ、英語をツールとしてグローバルに活躍し、最終的に日本という国にお金を落としてくれる取り替え可能な人材を、手っ取り早く育成したい、というわけです。上司の指示に対して、その正しさや確からしさを沈思黙考するような哲学的な部下は実に使いづらい、ということにもなるでしょう。

経済的な利益と直結すると考えられている理系学部を重視し、国立大学の人文・社会科学系学部・大学院の廃止および（社会的要請の高い分野への）転換を検討せよ、との要請が2015年に政府・文部科学省から発表された時も耳を疑いました。もちろんこうした傾向は今に始まったことではありませんが、当時政府が整備を推し進めていた安保法制への異論を許さない態度とも重なり合ったためか、多くの人文・社会科学系の大学教員や学会の怒りを買い、文部科学省はその釈明に追われました（1974年以降フランス政府が、資本主義社会の専門教育充実の要請により高等教育から哲学を大きく削減しようとした際、哲学者デリダが「批判的能力を減少させる」と闘った事例も想起されました）。経団連は「即戦力を有する人材」の対極にある文理横断型の人材を求めているのだ、と苦しい弁明を行いましたが、これは圧倒的に「建前」であり、政府や財界の「本音」がついに漏れ出てしまった事態と見るべきでしょう。実際、学校の現場でも、「文学部は就職に不利である」といった文系進路への根拠のない不安が煽られ、法学や経済学はまだしも、文学や哲学を志望する学生は多くいません。とはいえ、哲学教育を盛り立てようにも悪循環なのか、哲学を学び、倫理を専門とする教員の数は大変少なくなっている（公民科教員のほとんどが政治や経済を専門としているため、「倫理」の学習内容は公民科教員の中でさえ、ほぼ理解されていない）という悲しい実情があります。

そもそも学問を学ぶ場である「スクール［school］（学校）」の語源はギリシア語の「スコレー［schole］（閑暇《かんか》）」でした。「暇《ひま》」を愛し、目先の手っ取り早い利益を求めず、真理を探究することが学問の本質だったのではないでしょうか。手っ取り早いと言えば、ここにも経済合理性の蔓延《まんえん》があるのでしょう。近代に定着した「民主主義」というシステムが現代社会において機能不全に陥っているのも気になるところです。「民主主義」というシステムは、単に多数決であればいい、というわけではなく、本質的には合意形成までに大変時間のかかる、まどろっこしいシステムです。にもかかわらず、氾濫する安上がりな言葉や二項対立のシンプルな論点に寄りかかり、複雑な合意形成のプロセスを「節約」してしまってはいないでしょうか。これでは、高校の新科目の名称ともなっている「公共」空間を作るのは到底難しく、「私」が「公」に奉仕する従来通りの「公共」・「公民」観が浸透して終わるだけでしょう。堂々巡りの議論の末にしかたどり着けない深い理解や（ひとまずの）合意というものが、確かにあるはずなのですが。

個人的に尊敬する劇作家・寺山修司は「どんな鳥だって想像力より高く飛ぶことはできないだろう」（『事物のフォークロア』）（寺山修司『寺山修司詩集』角川春樹事務所、２００３年）と言い残しました。「ジャンケン」という常識でいえば、紙を破る岩、石を砕くハサミ、ハサミで切れない紙を思い浮かべること……どんな時でも、人間の無限の想像力を自由に働かせて、たとえ時間の無駄だと言われようと、自分や他人や世界の在り方について、立ち止まって考えることを忘れてはいけません。２０２０年度から知識注入型の大学入試センター試験が廃止され、答えのない問いを探求する大学入学共通テストを導入する明治以来とも言える大学入試改革が行なわれます。それに伴い、旧来の学校の一斉授業の形態も、生徒中心の主体的・対話的授業に変わります。新学習指導要領はいわば、学習活動の総「哲学」化です。にもかかわらず、繰り返しになりますが、受験科目としての「倫理」がもし存在感を失えば、選択科目として「倫理」を教育課程に置く学校は減ることが予想されます。思考力・判断力・表現力・主体性・協働性を問う大学入学共通テスト（あるいは注目を集める国際バカロレア）の方針と哲学的思考は、相当親和性が高いと思うのですが。ですから私は、あと何回担当できるかわからない「倫理」授業を前にして、大げさかもしれませんが、ある種悲壮な決意を背負い、未来の世界を担う生徒たちの知の触媒となる覚悟で日々教壇に立っています。決して「使い捨てられる」ような人間にだけはなってほしくないのです。

少々重苦しい前置きになってしまいました。本のタイトルは『哲学するタネ――高校倫理が教える70章』としました。内容から東洋思想編と西洋思想編①・②の2分冊に分けましたが、どちらから読み進めて頂いても構いません。西洋思想編は「人間とは何か」「青年期の課題」を導入として、西洋の「源流思想」（古代ギリシア思想、キリスト教、イスラーム）「近現代思想」、そして「現代の諸課題」から構成されています。「哲学する」ためのテーマも例示しました。これからは「知識を活用する時代」になるといいますが、活用するためには知識が必要です。

インプットなくしてアウトプットはあり得ません。ここで「楽をする」勘違いを犯してはいけないんです。人間は経験から形作られる……と考えるならなおさらインプットは重要です。しかし昨今、社会を見渡せばタネ（種）を蒔《ま》かずに花を咲かせようとしている感があります。当たり前ですが魔法使いでもなければ、タネを蒔かずに花を咲かすことなどできないのです。大学の「ゼミ」は英語の「セミナー［seminar］」のドイツ語読み「ゼミナール」に由来します。「セミナリー［seminary］（神学校）」という派生語もありますが、ラテン語の「セーメン［semen］（種、精子）」が語源です。ラテン語や英語の祖先となったインド・ヨーロッパ祖語の「se」には「種を蒔く」という意味があり、英語では「タネ」を「シード［seed］」といいます。つまり学問にしても、何かを生み出すにしても、タネを蒔かなければ始まらないのです。ちなみにタネは人に蒔いてもらうだけのものではありません。自分で蒔くことだってできるのです。

文中で使用した用語は高校「倫理」で通例用いられる表記に倣《なら》っています。高校「倫理」の教科書理解の一助ともなるよう、簡潔な説明を心がけようと思いますが、論理を明晰にするため、少々緻密さを欠く記述があるかもしれません。なにぶんご容赦ください。それでは早速「哲学」の扉をノックしてみましょう！

33章　人間とは何か

「人間」と「動物」の違いとは？

「人間と動物の違いは何か」「人間を人間たらしめているものとは？」……古来より数多くの人々がその定義を行ってきました。「こんなことを考えるのが人間だ」という定義すら成り立つほど根源的な哲学的問いの一つ、といえるでしょう。以下の先人の定義を踏まえつつ、皆さんも自分なりの「人間とは何か」を定義してみてください。

古代ギリシアの哲学者**アリストテレス**［B.C.384?—B.C.322］は人間を「**ゾーン・ポリティコン**［zoon politikon］（**ポリス的動物、社会的動物**）」と定義しました。ポリスとはアテネやスパルタなどの古代ギリシアの都市国家のことです。市民による政体、という意味合いから「ポリティクス［politics］（政治）」「ポリシー［policy］（政策）」「ポリス［police］（警察）」の語源にもなっています。これは、「人間は一人では生きられない社会的動物である」という定義です。個人が重んじられるようになった近代以降の価値観とは相反する部分があるのが興味深いです。

一方、おなじみの「**ホモ・サピエンス**［homo sapiens］（**英知人**）」は実に近代的な人間の定義です。18世紀スウェーデンの植物学者**カール・リンネ**（Carl Linnaeus）［1707—1778］が名付けた人間の学名で、「知恵をもつ人」のことです。

理性をもっている点で動物と人間を区別しよう、というわけです。そもそも理性をもった人間（個人）が神に代わり社会の主人公になったのが「近代」でした。リンネは分類学の父でもあります。理性をもった知恵のある人間が、人間と対置される自然を客体化し、分類し、体系化する……そこに驕《おご》り高ぶった人間中心主義を読み取ることもできるでしょうし、一方でそうした人間観が近代以降の社会を科学的合理的に発展させたともいえます。理性に負けて欲望や本能に流されたとき、「自分は動物的だった」と表現する人がいますが、それもこの定義に基づいていています。ちなみにこの場合の「ホモ［homo］」はラテン語で「人間」を意味しています（英語でいう「ヒューマン［human］」）。それに対して「ホモ・セクシュアル（同性愛）」の「ホモ［homo］」はギリシア語から派生した「同一の」という意味になります（反対語は「ヘテロ［hetero］」）。

「ホモ・エコノミクス」

近代的といえば「**ホモ・エコノミクス**［homo economics］（**経済人**）」はどうでしょう。もともとは「夫婦・子ども・奴隷からなる家や財産を運営する技術をもつのが人間」とするアリストテレスの定義に由来します。地球上の有限資源を無限の欲望をもつ人間によっていかに配分し、人々を幸せにするか、を考える「経済学（エコノミクス［economics］）」という学問があります。その語源は「オイコス［oikos］（家）」＋「ノモス［nomos］（法）」、つまり「家政学（家計学）」です。世界という「家」のやりくりを考えて、幸せになることを目指すのが「世界経済」なのです。「オイコス」は英語の接頭辞の「エコ［eco］」のことですから、「生態学」を意味する「エコロジー［ecology］」も人間を取り巻く自然環境という「家」をいかに運営するか、を考える学問だといえます。この「ホモ・エコノミクス」という語は近代資本主義社会が誕生した後に、「利己心をもった個人が利益を最大化させることで、社会に富がもたらされる」と説いたアダム・スミス［1723—1790］的な人間観を意味するようになります。端的にいえば「合理的に金もうけをしようとするのが人間」という価値観です。ところでバブル崩壊前、１９８０年代までの日本は国際的に「エコノミック・アニマル」と形容されました。これは「人間」ですらなく「動物」ですから、経済発展著しい日本に対するやっかみを含む西洋中心主義的で、少々失礼な物言いだったということになります。経済発展著しい現代のアジア諸国に対して、再びこうした物言いがなされないことを願っています。

「ホモ・ファーベル」

次に、フランスの哲学者**アンリ・ベルクソン**（Henri Bergson）〔１８５９―１９４１〕の定義はどうでしょう。有名な著書『**笑い**』においては、「多くの人たちが人間を《笑うことを心得ている動物》と定義した」[*1]と述べていますが、ここでは「**ホモ・ファーベル**［homo faber］（**工作人**）」を紹介しましょう。彼は、技巧的にモノ作りをする点を人間の本質と考えました（「ホモ・ファーベル」という語自体はもともと米国の偉人ベンジャミン・フランクリン（Benjamin Franklin）〔１７０６―１７９０〕の言葉であるとされる）。理性を働かせて物理的に道具を作り、自らの身体も道具として活用する。そして自然を改変し、さらには言語という精神的な道具も生み出すことができる……これこそが人間、というわけです。これも、理性をもつ人間を自然に対して優位に置く、ちょっと傲慢《ごうまん》で、極めて近代的な人間の定義と言えるでしょう。そもそも人類の進化の過程を思い起こしてみれば、直立二足歩行を行った際、手持ち無沙汰になった両手で道具を作りはじめたと想像することはできます。ただ、高い知能を持つサルが枝を丁寧に削って木の細い穴に差し込み、虫を食べる姿も目撃されており、必ずしも道具の使用が人間特有とは言い切れない気もします。

「ホモ・ルーデンス」

今度は「遊び」が人間の本質、というのはどうでしょう。オランダの歴史学者**ヨハン・ホイジンガ**（Johan Huizinga）〔1872―1945〕による**「ホモ・ルーデンス**〔homo ludens〕（**遊戯人**）」という人間の定義です。「遊び」とは生命維持のための食事や睡眠、あるいは金銭を得るための労働とは違い、日常性を離れた利害関係とは無縁の営為です。ゲームやスポーツ、音楽をお金のために行う人もいますが、多くの人はそれらを、心の平安や楽しみ、ストレス解消のために行うのではないでしょうか。時間の無駄だといわれようと、一定時間打ち込んでしまうもの……それが「遊び」です。ホイジンガは「遊び」は文化の成立よりも起源が古く、むしろ「遊び」から文芸・芸術が構築されたと考えました。確かに子どもだけでなく、実は大人も遊んでいます。自由な「遊び」の中から偶然、発明のヒントを得ることだってあります。思えば資本主義社会も自由競争・自由放任・市場原理の重視・生産手段の私有……といったルールのもとで、いかに利潤を獲得するかを競う「遊び」といえますし、ディベートや戦争もゲーム性の高い行為です。このように人間の行為の根本にある「遊び」ですが、組織や国家がこれを過剰に戒めるようなムードを醸し出してきたときは、危険の兆候だと思った方が良いかもしれません。ホイジンガはこんなことも言っています。「十九世紀については、ほとんどすべての文化の現れのなかで遊びの因子が大きく後退をとげている……社会は科学的計画に基づいて、自らの、現世の利益にいそしんだ。労働、教育、そして民主制などの理想は、遊びという永遠の原理を容れる余地をほとんど残さなくなった」。*2 ホイジンガが祖国オランダに及んだナチス・ドイツのファシズムを批判し続けた（ナチス批判で強制収容所に入れられた）理由は、それが「遊び」という人間の本質を堕落させたことにあったのでした。

さて、その他にもドイツの哲学者**エルンスト・カッシーラー**（Ernst Cassirer）〔1874―1945〕が**「アニマル・シン**

ボリクム［animal symbolicum］（**象徴的動物**）」といったように、言語や記号といった抽象的な象徴（シンボル）を操る点を人間の本質としたり、ルーマニアの宗教学者**ミルチャ・エリアーデ**（Mircea Eliade）［１９０７—１９８６］の「**ホモ・レリギオースス**［homo religious］（**宗教人**）」のように、宗教をもつ点を人間の特徴と考える定義もあります。たしかに、「自由」「平和」といった抽象的概念を、空を自由に飛ぶ平和の象徴＝ハトに理解させることは大変困難であるように思えますし、クリスチャンの犬に出会った覚えもありません。ただ、「言葉を話す鳥」は存在します。人間の言語を再生できる声帯をもつインコに「数」という抽象的概念を教える研究があるのです。３つのコインを並べ、「How many?」と問いかけると「One」「Two」などと答えるのだから驚きです。しかし訓練が続いて飽きてしまったのでしょう、部屋の中をピーチクパーチク飛び回ります。そこで研究者が叱りつけると、すぐに手の平に戻り「I'm sorry」と喋ったのを見たときは、目が点になりました。もちろんこれは条件付けの賜物だと思われますが。

広がり続ける「人間」の定義

ここまで「人間」について語ってきましたが、歴史上その定義に含まれなかった人間がいた点に触れておかなくてはなりません。「英語の場合、ｍａｎ（人間）イコールｍａｎ（男）という図式は、大半のヨーロッパ言語よりも長きにわたって続いてきた」*3という指摘があります。つまり、そこに女性は含まれていなかったのです。あるいは、かつてアメリカ合衆国憲法では「黒人奴隷は５分の３の人間」として数えられていました。*4これらの点を無視することはできないでしょう。

あるいは言語の使用とも関連しますが、複雑なコミュニケーション力や自己客観化も人間ならではの能力ですし、模倣や教育（「真似《まね》ぶ」と「学《まな》ぶ」は同語源）などにより情報を世代間伝達し、文化を形成することができたのも人間だけでしょう。*5そして、家族以外の見知らぬ他人にさえ共感や同情を示す互恵性も、人間だけに備わった特質です。[*6] この互恵性あってこそ、ポリス的動物となり得たのです。

近年の人工知能（ＡＩ［artificial intelligence］）の開発も「人間とは何か」という問いを加速させています。２０１３年に発表された、オックスフォード大学の准教授らと野村総合研究所が行った共同研究『雇用の未来』[*7]によると、10〜20年後に米国の47％の仕事が機械に取って代わられるといいます。「スポーツの審判」「電話オペレーター」「銀行の融資担当者」「レジ係」「集金人」「ネイリスト」「データ入力作業員」などは近い将来消えていなくなる……穏やかではない話です。学校の教員とてヒトゴトではなく、既に予備校の人気講師の授業がいつでもどこでも聞けるアプリが人気を博しています。タブレット端末で注文できる飲食店も増えました。将棋やチェスでは一流のプレイヤーが敗北した、というニュースもあります。ビッグデータを活用した統計に基づくシステマティックな仕事では確かに勝ち目が無さそうです。一方、医療・福祉関係の職種やセラピスト、振付師、経営者……そういった感情の機微に触れざるを得ない仕事は人工知能の苦手とするところであるようですし、芸術を生み出すなどのクリエイティブな仕事も人間にしかできない仕事です。裁縫師も「99％」無くなると予想されてはいますが、その技術を芸術にまで高めることができれば、生き残ることができるのではないでしょうか。

「世界でいちばんめんどくさい生き物」？

皆さんにとって「人間」とは何だと思われましたか。どれが答えか、という問題ではなく、この問いを発し続けることが人間を人間たらしめているのかもしれません。ある時、高校生に予備知識抜きで人間の定義について自由に意見を出してもらいました。すると、「知能がある」「意志をもち、考えられる」「感情や欲望があり、それを律することができる」「言葉をもつ」「自己中心的な生き物」「文化を創造できる」「自分なりの答えを出せる」「道具をもつ」……並み居る哲学者の見出した定義が次々に飛び出してきて、その柔軟な発想に唸らされました。「応用力」「コミュニケーション力」「想像力」「問題解決能力」といった力や「無限の可能性をもつ」「暴力と優しさを併せもつ」「不完全な自分を補ぅ発明ができる」といった点を挙げた人もいました。いずれも当てはまっているように思えます。ちなみに、「悩む」「過去に縛られた不幸者」などというユニークな答えもありました。今まさに恋愛で悩んでいる……といった個人的な体験に基づく定義かもしれません。ハッとしたのは「世界でいちばんめんどくさい生き物」。おっしゃる通り！　こんなことをごちゃごちゃ考えている人間存在というのはなんと「めんどくさい生き物」でありましょうか。

注

＊1　ベルクソン『笑い』（林達夫訳、岩波書店、1991年）。
＊2　ホイジンガ『ホモ・ルーデンス』（高橋英夫訳、中央公論社、1973年）。
＊3　レイモンド・ウィリアムズ『完訳キーワード辞典』（椎名美智・武田ちあき・越智博美・松井優子訳、平凡社、2002年）。
＊4　猿谷要『アメリカ黒人解放史』（サイマル出版会、1981年）。
＊5〜6　長谷川寿一『心の進化』（『はじめて出会う心理学　改訂版』）（有斐閣、2008年）。
＊7　Carl Benedikt Frey and Michael A. Osborne,THE FUTURE OF EMPLOYMENT: HOW SUSCEPTIBLE ARE JOBS TO COMPUTERISATION?,2013.
(http://www.oxfordmartin.ox.ac.uk/downloads/academic/The_Future_of_Employment.pdf)

34章　青年期の課題（1）

長期化する青年期

高校「倫理」には心理学分野（青年期の課題）の学習も含まれています。「文学青年」「青年の主張」「好青年」などという言葉はもはや死語でしょうか。「青年期」はちょっと古い表現だと思われるかもしれませんが、「アドレッセンス［adolescence］」の訳語です。思春期［puberty］という言葉の方がなじみが良いかもしれません。青年期は精通・初潮という**第二次性徴**[*1]を経験し、子どもから大人になる時期を指します。第二次性徴を経験する、ということはつまり、子どもが産める身体になるということです。近代化以前の人々は一般的に、第二次性徴を経験した後に結婚・独立し、子どもを産み育てていました。しかし近代以降の文明社会では、専門教育を施してから社会に送り出すべく、子どもを産める身体になっているにもかかわらず、学校に通わされるのです。さらに先生や親の言うことを聞かされ、経済的な自立も許されません。ハッキリ言ってこれこそが、高校生や大学生が日々イライラ、悶々《もんもん》とする原因です。

日本の2019年の高校進学率（高等専門学校等含む）は約98・8%、大学・短大進学率（過年度卒含む）は約58・1%です（文部科学省『学校基本調査』）。4年制大学に現役で進学すれば22歳ごろまで青年期は続きます。大学院に進学すれば30歳近くまで続く人もいるわけです。1955年の高校進学率が約51・5%、大学進学率が約10・1%

だったことと比較すると、義務教育終了後の進学率は大幅に上昇しています（併せて「高校の中学化」「大学の高校化」がおこっている）。進学率の上昇は、物質的に豊かになったことや、職業に高い専門性が求められるようになったことも関係しています。ゆえに、青年期は長期化する傾向にあるのです。

米国の文化人類学者**マーガレット・ミード**（Margaret Mead）［1901―1978］は『サモアの思春期』[*2]において、文明国以外の青年期は短く、安定している点を指摘しました。前近代的社会に青年期は存在せず、何らかの**通過儀礼**（**イニシエーション**［initiation］）を経て子どもから大人になった、というのです。例えば「バンジー・ジャンプ」というアトラクションをご存じでしょうか。これはもともと、バヌアツ共和国のペンテコスト島でナゴールという通過儀礼だったものです。勇気を出して飛び降りた者は大人になれる……この島に生まれたら、私は一生大人になれないでしょう（笑）。日本にも通過儀礼がありました。縄文時代には永久歯を抜く「抜歯《ばっし》」があり、歯を引っこ抜く痛みに耐えられたら大人になれたのです（痛そうである）。また、奈良・平安時代以降は「元服」がありました。現在も「成人式」が形式的な通過儀礼として残っています。実際は成人式を迎えても学生生活を送っている人が多く、皆が経済的自立を果たし大人の自覚を得ているわけではないため、地域によってはときにバカ騒ぎをして会場が荒れることもあるようです。とはいえ地域の同窓会の場として、重宝されてもいるのですが。

青年期は文化・社会的に生み出された

いずれにしても青年期は、文化・社会的に「生み出された」時期だといえるでしょう。生み出された時代は「近代」です。産業革命がおこると、都市の工場で蒸気機関を用いて均一な商品を大量生産することが可能となり、均等な時間に従って効率的に働く労働者が必要とされるようになります。そこで近代国家は一様に学校（義務教育）を制度化し、まずは朝決められた時間に自分の座席に座ることをしつけさせました。これは都市の工場労働者として、始業時間に決められた仕事の持ち場に座らせるための「隠れたカリキュラム（ヒドゥン・カリキュラム）」でした。太陽が出たら仕事を始め、太陽が沈んだら仕事を止める……季節によって変わる不定時法と併せて、これが前近代的な農作業のリズムだったわけですが（自然のリズムと共振していた）、これを季節に関わらず均等な時間割に沿って働くよう、規律化したのです。もちろん遅刻や授業中のお喋り、副業は処罰の対象となりました。工場労働者は一定時間内に所定のパフォーマンスを発揮することが求められ、学校は定期的にテスト（一定時間内にどれだけのパフォーマンスを発揮できるかを測り、数値化する）を実施し、合格して一定のラインに到達した者だけを社会に送り出すしくみを整えました（一定のライン以上に達しない者は何度も追試を課される）。

そもそも現代社会において、しつけられ、保護され、可愛がられる存在と考えられている「子ども」は、近代になって「誕生」しました。古代ギリシアでは子どもは一人前とみなされず、年齢において教育すべきものと考えられていました。古代ギリシアのポリス（都市国家）・スパルタにおいては、7歳の時分から厳しい軍事教練を課したといいます（いわゆるスパルタ教育）。フランスの歴史家**フィリップ・アリエス**（Philippe Ariès）［1914―1984］の『**〈子供〉の誕生　アンシァン・レジーム期の子供と家族生活**』によれば、中世の子どもは「小さな大人」として奉公人となり、大人の世界に入っていったそうです。*3 服装も大人と同じで、当時の書物の挿絵《さしえ》に描かれている子どもの姿は、なんだかリアルで可愛げがないように見えます。つまり子どもは可愛がりの対象ではなく、小さな労働者として、すぐに大人の仲間入りをすることが望まれていたのです。よって、性や猥談《わいだん》から子どもが守られることもありませんでした。*4

しかし中世末期以後の近世（16～17世紀）、そして近代（17～18世紀）に入ると、児童期（子供期）が認められるようになり、「子ども」と「大人」が分離します。これは、近代の学校制度が確立されたことにより、自立の準備期間としての青年期が整備されるようになったためです。産業革命後の都市文明においては、均一な専門教育を受けた労働者が必要となり、すぐには大人にさせられず、しばらく学校で教育を受けさせられるようになりました。従ってその間、子どもは庇護《ひご》の対象として可愛がりのまなざしが向けられるようになり、親の一番の関心事となります。子ども服が作られ、現代でいえば子ども部屋*5が用意されるようになるのです。現代に作られた歴史物の小説・ドラマ・映画に描かれる、可愛く教育すべき存在としての「子ども」像は、近代以降の「子ども」像にしばしばデフォルメされているといえるでしょう。

葛藤の三類型

第二次性徴を経験するのは10～12・13歳（プレ青年期）です。一般に激しい性衝動を経験し、他人と区別された自分自身である**自我**（**エゴ**［ego］）が芽生えます。その頃になると、異性を気にし始め、「自分は何者だろう」と自問自答を始めるようになります。日記をつけるなどの内省的傾向も見られ、近年「中二《ちゅうに》病」と命名される心性も見られるようになるのです。

12・13～16・17歳（青年前期）になると、今度は強烈な自我が、親や教員などといった周囲の大人や社会に向けられます。いわゆる**第二次反抗期***6です。一昔前ならミュージシャンの尾崎豊《おざきゆたか》［1965―1992］が歌ったように「盗んだバイクで走り出す」（『15の夜』）ということもあったでしょうし、今でも親と殴り合いをするとか、男子なら部屋の壁に穴があくといった程度のことはあるでしょう。この時期は欲求不満（フラストレーション）を生む多くの**葛藤**（**コンフリクト**［conflict］）（相反するアンビバレントな感情が共存する状況、両面感情）を経験します（子どもを産んで自立したいけれど経済的にできない、という葛藤も本能的にあるように思える）。こうした葛藤をドイツの心理学者**クルト・レヴィン**（Kurt Lewin）［1890―1947］は3つの類型に分けました。三類型は「接近―接近型」「接近―回避型」「回避―回避型」です。「医者になりたい、でも弁護士にもなりたい」というのが「**接近―接近型**」、「医者になりたい、でも勉強したくない」、これは「**接近―回避型**」。「勉強したくない、留年したくない」、これが「**回避―回避型**」

です。日常の葛藤は大体この３つに大別できるはずです。

アイデンティティの確立

17・18〜22・23歳（青年後期）・23〜30歳（プレ成人期）は人生で最も大切な時期です。この時期に晴れて大学生となり、青春を謳歌《おうか》する人も多くいることでしょう。青年期のど真ん中でもあるこの時期は、**アイデンティティ**［identity］（**自我同一性**）確立[*7]のための**心理社会的モラトリアム**［psycho-social moratorium］期と呼ばれています。アイデンティティとは米国の発達心理学者**エリク・エリクソン**（Erik Erikson）［１９０２—１９９４］の言葉で、連続性（細胞が入れ替わっても変わらない）・社会性（生徒として、息子として、弟や姉として、電車の乗客として……）・主体性（与えられたキャラを演じるのではなく、自ら選び取る）をもつ一貫性のある自分のことです。「ＩＤカード」の「ＩＤ」は、「私は何者か」という「identity」を指しています。一方、モラトリアム［moratorium］（役割猶予期間）とは、もともと経済用語で、地震などが起こった際、一定期間債務の支払いを猶予することを意味しました。つまりこの時期は人生において、社会に羽ばたく準備期間として、労働・受験と言う責任・役割を猶予された期間なのです。大学生は「人生の夏休み」とよく言われます。働く必要はなく、社会的な責任を負わされることもない……あんなに自由で何ものにも束縛されない時期は人生でもなかなかないでしょう。「大学＝レジャーランド」論もありましたが、そうであってはならないにしても、「人生最後の夏休み」を楽しむレジャー施設と捉えられる側面はあるのかもしれません。私もできることなら大学時代に戻ってみたい、と思うことがしばしばあります。

しかしエリクソンはこの「人生（最後）の夏休み」である青年期において、アイデンティティを確立することを最重要視し、一歩間違うと自分が何者かわからなくなり、**アイデンティティの危機**（**同一性拡散**）に陥る、と指摘しました。ですから、「青年期の課題」とは「**アイデンティティの確立**」を意味しているのです。実はエリク

エリクソン

ソン自身もアイデンティティ確立に苦しみ悩んだ経験があります。デンマーク人の両親をもち（母はユダヤ系）、ドイツ・フランクフルトに生まれた彼は、父を知らない幼い日々を過ごし、学校にもなじめず、若い頃は画家として放浪の日々を送りました。ウィーンで精神分析学の祖ジークムント・フロイト［1856―1939］の娘アンナ・フロイト［1895―1982］から精神分析学を学んだ後、米国に渡り（米国籍も取得した）、ミードやルース・ベネディクト［1887―1948］と交流し、ライフサイクル論を発表するのです。大学の学位をもたなかったエリクソンでしたが、ライフサイクル論で発達心理学者として認められ、自身のアイデンティティを確立できました。

ライフサイクル［life cycle］とは、生まれて死にゆくまでの「人生周期」のことです。エリクソンは人生を8つの**発達段階**（乳児期・幼児期初期・遊戯期・学童期・青年期・前成人期・成人期・老年期）[*8]に分けた上で、それぞれに**発達課題**[*9]と対抗要素を配置しました。例えば**乳児期**の発達課題は「**基本的信頼感**」の獲得です。動物の赤ちゃんは生まれてすぐに一人で立ち、自分で動いてエサを取ることもできます。しかし、人間の赤ちゃんは一人で移動することも、食べ物を取ってくることも、お尻を拭《ふ》くこともできません。人間は生まれた時と死ぬ時に、とにかく手がかかるんです。赤ちゃんは不快な気持ちになれば仰向けになって泣きます。泣いた時に、お父さんやお母さんがやってきてくれれば、親に対する「基本的信頼感」が育っていくのです。もし泣いても誰もやって来なかったら、信頼感が育たないまま「**不信感**」が芽生えます。この「不信感」が対抗要素です。

青年期の発達課題は、先ほど述べたように「アイデンティティの確立」です。そしてその対抗要素は「アイデンティティの危機」でした。「部活のキャプテンはお前しかいないよ」「リレーの選手はやっぱり君でしょう」「パソコンのプログラムならあいつに聞け」「英語のスピーチはあなたに敵わない」……高校生や大学生の頃に信頼できる友人や仲間と出会い、こうして自分を認めてもらうことで、自らのアイデンティティが確立されるのです。友達100人できるかな……とはいいますが、友達が100人もいる必要はありません。信頼してくれる人がたった1人でもいれば、それで十分です。逆にそうした友人や彼氏・彼女に1人でも出会えなければ、アイデンティティの危機に陥り、社会にソフト・ランディングすることは極めて難しくなるでしょう。

とはいえ、「これぞ自分」といえる「アイデンティティ」なるものがあると考えるのは実は近代的発想、モダンの発想です。「近代」も「現代」も英語では「モダン［modern］」といいますが、モダンは人間（個人・近代的自我）が社会の主人公となった時代です。モダンに生きる私たちは、他人とは違う「私（自我）」を確立しなければ……と常に迫られるのです。ですから「自分探し」は「近代の病」といっても過言ではないでしょう。

ちなみにエリクソンは、人生の最期、**老年期**の発達課題を「**自我の統合**」であると考えました。「自我の統合」……これは、良い部分も悪い部分もひっくるめて自分（自我）を受け入れる、ということです。優しいけれども、だらしない……良い部分と悪い部分が共存するのが人間です。いつも同じ轍《てつ》を踏んでしまう自分……人間には直せる部分もあれば、直せない部分だってあるでしょう。そういう自分の欠点も、欠点として受け入れること、それが「自我の統合」です。歳をとれば目が見えなくなり、耳も遠くなり、足腰も衰え、歯も抜けます。忘れっぽくなり、疲れやすくなり、当然年寄り扱いされて、親しい人や役割を失い、孤独や寂しさと戦う……こうした自らの有り様を受容し、肯定することができないとどうなるか……エリクソンが対抗要素と考えたのは「**絶望**」でした。人生の最期に「絶望」だけはしたくない、と思ってしまいます。*9

青年期の特徴を表す言葉

われわれはいわば二度生まれる。一度は生存するため、二度めは生きるために。一度は人類の一員として、二度めは性をもった人間として。（『エミール』）*10

これは、「または教育について」という副題がついているルソー〔1712—1778〕の教育論『**エミール**』の一節です。人為の介入を避け、自然に逆らわず教育する消極的教育を説いたこの本は、カント〔1724—1804〕の人間観（ルソーから「人間を尊敬することを学んだ」と語っている）にも多大な影響を与えました。ルソーによると、青年期は「**第二の誕生**」の時期です。母親のお腹から生まれるのが「第一の誕生」だとすると、第二次性徴を経て、男性・女性といった性の自覚を得るのが「第二の誕生」というわけです。この時期になると自我に目覚め、自分と他者を比較するようになり、外見を意識するようになります。今まで何の疑問ももたなかったような悩み（「なぜ自分は生まれてきたのか」など）もこの時期に生まれます。

米国の心理学者**レタ・ホリングワース**（Leta Hollingworth）〔1886—1939〕は、青年期に親から精神的に自立することを**心理的離乳**と呼びました。いわゆる子どもの親離れのことです。とはいえ、親離れして精神的に自立できたとしても、経済的自立は学生生活を終えるまで先延ばしされますから、子どもにとってはなかなかもどかしい時期になります。一方、親離れできない**パラサイト・シングル**（社会学者・山田昌弘〔1957—　〕の造語）もなかなか深刻です。学生生活を終えても、寄生虫のように親元を離れない子ども……これが30～40歳まで、果ては50歳まで続く場合もあるわけです。住居費も光熱費もタダですから、給料は全部お小遣いになります。長期休暇は豪華な海外一人旅に興じたりもできるわけです。ただこの辺りは、バブル崩壊以降の就職難に起因した時代性もありますし、地方なら過疎化が進み、配偶者が見つからないことなども原因でしょう。あるいは、親と子が共依存関係になっている場合も考えられます。

さらに親離れはできたとしても、核家族化や少子化の進展に伴い、子離れできない親もいます。いわゆる過保護・過干渉な保護者です。近年、大学のオープンキャンパスでは、保護者向けの研究室見学が活況だと聞きます。理系だと「化学実験で息子が怪我しないか心配なので見学に来ました」なんてこともあるみたいです。子どもからすれば「お母さんやめてよ……」って感じでしょうけれど。大学の入学式や卒業式も保護者の参加率が高くなっていると聞きます。私の時代だと高校まではともかく、大学の式典にまで保護者は付いて来ない雰囲気があったのですが。さらには「就職までは親の仕事」と考えるムードもあるらしく、入社式に参加したいという保護者の申し出が多くなり、あらかじめ保護者を呼ぶことにしている企業も増えていると聞きます。ここまで来ると、私は少々呆れてしまうのですが。

先ほどの葛藤の三類型で紹介したレヴィンは、青年期の青年を**マージナル・マン**［marginal man］（**周辺人・境界人**）と表現しています。大人と子どもの境界……ときに「もう大人なんだから」と言われ、ときに「まだ子どもでしょ」と言われるのです。しかしこの立ち位置は重要です。社会の歪みや不正に気付けるのは、社会の中心にいる者ではなく、マージナルな立場にいる者だからです。境界に立っているからこそ、親や教員といった身近な大人の欺《ぎ》瞞《まん》に気が付くんです。いずれ名実ともに大人のど真ん中に立ってしまえば、そのような視点は失われてしまうでしょう。

最後に、心理学者グランヴィル・スタンレー・ホール（Granville Stanley Hall）［1844—1924］が名付けた**疾風怒濤**《しっぷうどとう》**の時代**《じだい》［Sturm und Drang《シュトゥルムウントドラング》］を紹介しておきましょう。ドイツの文豪ゲーテ［1749—1832］初期のロマン主義の作風（理性より感情を重視する）を引用して、青年期をこのように表現しました。今思い返してみても青年期は、今日泣いたと思ったら、明日笑うような……「疾風怒濤の時代」だったと思います。

将来が不安です

子どもから大人へと羽ばたく青年期は、社会へ船出することへの不安を抱く時期でもあります。年齢的に大人になっていても、大人になり切れない男性の心理を米国の心理学者ダン・カイリー（Dan Kiley）［1942—1996］は**ピーター・パン・シンドローム**[*11]［Peter Pan Syndrome = PPS］と名付けました。もちろんネバーランドに住む、永遠の少年ピーター・パンから名付けられています。ピーター・パン人間は12～50歳の男（長男が多い）で社会的・経済的地位は中流から上流、12～17歳の頃に無責任・不安・孤独感・性役割の葛藤という基本症状が現れ、18～22歳でナルシシズム（自己愛）と男尊女卑志向（ショービニズム）に取り憑かれます。[*12] 23～25歳で急性の危機が訪れて（この頃まではたいてい独身）、26～30歳で慢性化し、31～45歳で結婚して父親となりますが退屈な人生に絶望するようになります。[*13] そして中年の45歳以降になると憂鬱やいらだちの傾向がひどくなってしまうのです。[*14]

ユング［1875—1961］の共同研究者だったマリー＝ルイズ・フォン・フランツ（Marie-Louise von Franz）［1915—1998］は、フランスの作家・パイロットのアントワーヌ・ド・サン＝テグジュペリ（Antoine de Saint-Exupéry）［1900—1944］の『星の王子さま』を取り上げて、**永遠の少年**の真理を分析しています。それによると、永遠の少年は普通より長く思春期の心理に留まり、極端なマザー・コンプレックスがみられます。[*15] よって他の女性との間に性関係が結べず、社会への適応が困難で、どんな職業に就いても、どんな女性に出会っても、それが最善だと思えません。[*16] そして本当の未来がいつかやってくるという空想をいつも抱いています（ある種の「救世主《メシア》コンプレックス」をもち、「哲学や宗教や政治、芸術などの分野で、自分が最後の決定的な発見や活動を行うのだと信じたり」する）。[*17] また、現実からの逃避願望から飛行や登山のような高く登るスポーツに強く惹かれるのだといいます。[*18] １００％とはいわないまでも、幾つかが当てはまりドキッとした人もいるのではないでしょうか。

精神分析学者の**小此木啓吾**《おこのぎけいご》［1930―2003］は1977年に、アイデンティティ確立を先延ばしにする戦後世代の青年の心理構造「**モラトリアム人間**」[19]が、あらゆる階層・年代の共有する社会的性格になったと述べました。その特徴は無党派、脱管理社会、万年青年的心性、当事者意識の欠如（配置転換を繰り返す管理社会により「待ち」の姿勢が生まれる）で、1960～70年代のヒッピーや全共闘運動が先駆であったと指摘しています。モラトリアム人間はエリクソンの古典的なモラトリアム観とは違い、「半人前意識から全能感へ」「禁欲から解放へ」「修業感覚から遊び感覚へ」「自立への渇望から無意欲・しらけへ」と変容しました[20]。小此木は、モラトリアム人間の1つのパターンとして、自己実現型の「プロテウス人間」（プロテウスは、ギリシア神話における変身・予言能力をもつ海神）も取り上げています。これは各発達段階において、自らを一時的・暫定的な存在とみなしてアイデンティティを再編成し、自己実現を繰り返していく自我のあり方です。米国の最新の生活文化に同一化したかと思うと、反米的ニューレフト運動、毛沢東主義に入れ込み、かと思えば一流企業に就職してエコノミック・アニマルになり、ナショナリズム的な日本人意識に目覚める……今読み返してみると、これは現代にも引き継がれた戦後の日本国の自我そのものだと思えました。

青年期の女性の心理に**シンデレラ・コンプレックス**があります。グリム童話やディズニーでおなじみの『シンデレラ』。みじめな境遇で、継母や連れ子にさんざんいじめられていたシンデレラは、魔法使いのおばあさんの「ビビディ・バビディ・ブー」の呪文で、かぼちゃの馬車に乗ってお城の舞踏会に向かい、結局王子に見初められるのでした。同じくディズニーの『白雪姫』にも「Some Day My Prince Will Come（いつか王子様が）」という歌がありました。「いつの日か白馬の王子様が迎えに来てくれる」……女の子だったら一度は夢想するシンデレラ・ストリーです。夢を壊すようで大変申し訳ありませんが、絶対に白馬の王子様はやって来ません（笑）。シンデレラは確かに可哀想な境遇ではありますが、取り立てて努力をした形跡はありません。自分から動いて努力しない限り、そんな夢物語は望めないのです。とはいえ、小さな女の子が夢見るのならいいのですが、30代・40代になっても「いつの日か、白馬の王子様が迎えに来てくれる」……では困ります。棚からぼた餅式に、向こうから幸せがやってくるなんてことは、人生ではほとんど有り得ないのです。

大学受験に全身全霊を捧げて、大学に入った途端燃え尽きてしまう**スチューデント・アパシー**[*21]も、いまだに多く見られます（「アパシー［apathy］」は「無関心・しらけ」）。大学に入ることだけを至上の目的にすると、いざ入った後、燃え尽きてしまいます。大学に入ることが重要ではなく、大学に入って何をするかが重要だ……聞き飽きたセリフですが、結婚や就職にもそういった側面があると思います。

あるいは就職しても、自分に見合う仕事がきっと他にあるはず……と転職を繰り返す人がいます。私自身、何度も職業を変えましたから、人のことは言えないんですが。これをモーリス・メーテルリンク（Maurice Maeterlinck）［１８６２－１９４９］の『青い鳥』（幸せの青い鳥を捜し求めるチルチルとミチル）になぞらえて、**青い鳥症候群**といいます。『青い鳥』によると、幸せの青い鳥は結局、身近な鳥かごの中にありました。自己理解や身の程を知ることが重要だということかもしれません。とはいえ、高度経済成長期を支えた雇用慣行である日本型終身雇用制も崩壊して来た昨今、キャリア・アップのために転職を繰り返す、という発展的理由もあり得る時代になって来ました。これを一概に青い鳥症候群とは言い切れないでしょう。

ロスト・ジェネレーションの叫び

最後は、バブル経済崩壊以後の「失われた10年」に社会に漕ぎ出した「ロスト・ジェネレーション」が過剰に反応せざるを得ない……フリーターとニートです。私が社会に出た２０００年代初頭は例えるならば、一面の焼け野原のような状況でした。東京都の教員採用試験の倍率は社会・公民科が約１３５倍……当時、資格試験最難関といわれた司法試験の倍率ですら約25倍でした。戦後のベビーブーマーである団塊《だんかい》の世代が上につかえていて、私たちが入り込む余地など全くなかったのです。そのくせ親世代にあたる団塊の世代は「自分たちは激しい競争を潜り抜けてやってきた、お前たちにはそうした努力が足りない」と言ってフリーター・ニート世代を追い詰めました。団塊世代の競争人数が多かったことは確かですが、一方でその受け皿も多くありました。私たちの時代は1社の内定を貰えればそれで御《おん》の字《じ》、といった感じでした。日本の場合、人生のレールを外れると軌道修正が極端に困難ですから、「新卒」というブランドを維持するために、不本意な就職先を蹴り、わざと1年留年した友人までいました。バブル期は4社、5社と内定が出る売り手市場で、船上パーティーで内定者を接待して新入社員を奪い合った……それは、どう考えてみても遠い昔のお話でした。

「**フリーター**」という言葉は、「フリーアルバイター」（和製英語）の略称で、1987年にアルバイト雑誌『フロム・エー』の編集長が用いたのが初出です。この頃は、夢追い型とよくいわれましたが、ミュージシャンやお笑い芸人になるためにアルバイトを続ける例がありました。よってフリーターは、正社員として会社に縛られない生き方として肯定される側面もまだあったのです。しかし、バブル崩壊以後の雇用情勢の悪化に伴い、非正規労働者という負のニュアンスを帯びるようになっていきます。一方、**ニート**［NEET］はもともと英国生まれの概念で、「Not in Employment,Educaton or Training」、つまり雇用されておらず、教育も受けておらず、職業訓練も受けていない人のことです（「自宅警備員」*22という自嘲《じちょう》もある）。フリーターはアルバイトで賃金を得ていますが、ニートは一切働いておらず、引きこもりの文脈でも語られます。2015年の時点でフリーターは約154万人、ニートは約57万人でしたが、統計上15～34歳における数字であるため、不可視化されている35歳以上のフリーター・ニートの存在も社会的には無視できないでしょう。

フリーター・ニートが生まれた理由は明らかです。努力や辛抱が足りない人はどんな時代にも一定数いるものです。私や、私と同世代のいとこがフリーターやニートに片足を突っ込まざるを得なかった、あの時代の異常さを果たして理解していただけるでしょうか。フリーター・ニートの増加と精神論は、一切関係がありません。単純に就職希望者の人数と比して、企業の新卒採用者数が圧倒的に少なかっただけです。さらに、政府は規制緩和によって不安定な非正規雇用を創出しました。これは、大企業からの要請によるものでした。日本の高度経済成長を支えた雇用慣行である終身雇用制の下で新卒採用した以上は、退職まで面倒を見なければいけません。そこで新卒採用を大幅に減らし、不景気になったら雇用の調整弁として切り捨てられる非正規雇用を増大させることを許した、というわけなのです。正社員を打ち負かすスーパー派遣社員が大活躍する『ハケンの品格』というドラマが放送されたのは２００７年のことでしたが、そのスポンサーが大手人材派遣会社だったことを知ったときは唖然としました（24時間ＣＭといってもよいテレビ番組のスポンサーは、逐一チェックしてみると大変興味深い）。実際の派遣労働というものが、ドラマのような夢物語であるはずがありません。正社員と比べて待遇も悪く、働けど働けど、キャリアにならない単純労働が中心です。賃金水準の上がる40代を無情にもお払い箱にする「派遣切り」なども問題視されています。労働者のその後の人生を何だと思っているのでしょうか。ちょっと強い物言いになってしまいますが、一人ひとりの人間をお互い大切にすることができない組織や社会に、明るい未来はやって来ないように思えるのです。

注

＊1　第一次性徴は卵巣（女性器）・精巣（男性器）という生殖器に見られる外見的性差を指す。

＊2　文明化された西洋が東洋やアフリカの未開地域を観察する、という文化人類学のまなざしは近年批判されている。また、ミードの研究が誤解に基づいており不十分だという指摘もある（デレク・フリーマン『マーガレット・ミードとサモア』みすず書房、１９９５年）。とはいえミードの研究は、男女の性別役割分業は文化・社会的に構築されたものにすぎない、とするジェンダー論の先駆としてフェミニズムの文脈で評価されており、反フェミニズムの立場からは批判されている点も指摘しておきたい。

＊3〜4　フィリップ・アリエス『〈子供〉の誕生　アンシァン・レジーム期の子供と家族生活』（杉山光信・杉山恵美子訳、みすず書房、１９８０年）。

＊5　日本では高度経済成長期以降に普及した。欧州では19世紀に「子ども部屋」が誕生すると、屋根裏に子どもを置くことがあった。屋根裏の子ども部屋

は『ピーター・パン』や『赤毛のアン』などの文学作品に登場している。

＊6　第一次反抗期は３～４歳に見られる。

＊7　「青年期の最後に定着した確定的なアイデンティティというものは、過去のさまざまな人間にたいする個々の同一視を超越するものである……それは、重要な意味をもつ同一視をすべて含んではいるが、同時に、それらを作りかえることによって、一つの、合理的に首尾一貫した、独特の統一体を形づくっているのである」（Ｅ・Ｈ・エリクソン『アイデンティティ　青年と危機』岩瀬庸理訳、金沢文庫、１９８２年）。

＊8　馬場禮子・永井撤 共編『ライフサイクルの臨床心理学』（培風館、１９９７年）。

＊9　発達課題は米国の教育学者ハヴィーガーストが既に提唱していた。

＊10　ルソー『エミール』（『世界の名著30』）（戸部松実訳、中央公論社、１９６６年）。

＊11　ピーター・パン・シンドロームには「感情麻痺」「怠惰」「社会的不能症（本当の友達がいない）」「思考の魔術（「考えなければ、そのうちどうにかなってくれる」「むずかしく考えると、かえって本当にそうなってしまう」という発想により「ごめんなさい」が言えず、責任転嫁する）」「母親へのとらわれ」「父親へのこだわり」「セックスに対するコンプレックス」という7つの心理学的傾向がある（ダン・カイリー『ピーター・パン・シンドローム――なぜ彼らは大人になれないのか』小此木啓吾訳、祥伝社、１９８４年）。

＊12～14　ダン・カイリー『ピーター・パン・シンドローム――なぜ、彼らは大人になれないのか』（小此木啓吾訳、祥伝社、１９８４年）。

＊15～18　Ｍ．Ｌ．フォン・フランツ『永遠の少年』（松代洋一・椎名恵子訳、紀伊國屋書店、１９８２年）。

＊19～20　小此木啓吾『モラトリアム人間の時代』（中央公論社、１９８１年）。

＊21　１９６１年にウォルターズが大学生に特有の無気力状態をこのように名付けた。

＊22　傷つくことを極端に恐れて、他人と深く付き合うことができない「永遠の少年」の一種であるとも言われる。評論家の宇野常寛は１９９０年代後半に見られる「「行為によって状況を変える」ことではなく「自分を納得させる理由を考える」」という「「引きこもり／心理主義」的傾向」を指摘し、それを「古い想像力」であると喝破している（宇野常寛『ゼロ年代の想像力』早川書房、２０１１年）。

35章　青年期の課題（2）

欲求と適応

人間のもつ欲求は様々です。学校の授業中に生徒の皆さんを観察すると、「眠い」「お腹減った」「俺に当てるな」……など様々な欲求が見て取れます。複数の欲求がぶつかる葛藤（レヴィン〔1890―1947〕）については既に触れました。米国の心理学者**アブラハム・マズロー**（Abraham Maslow）〔1908―1970〕は欲求を5段階に分け、低次の欲求から高次の欲求へと、順番に満たされていくと考えました（**欲求の階層説**）。第1に「生理的欲求」……これは極めて本能的・動物的な欲求で、食欲・睡眠欲・性欲などが挙げられます。第2に身体が安全でありたいという「安全欲求」、第3に集団に所属し、愛されたいという「所属・愛情欲求」、そして第4は他者から認められたいという「尊重（承認・自尊）欲求」です。ここまでが満たされると、第5の「**自己実現欲求**」を抱くに至ります。自己実現〔self-actualization〕とは自分の能力・可能性を最大限実現させることで、これが満たされると至高体験〔peak experience〕が得られ、健全な人格（パーソナリティ）が完成するのです。生理的欲求（一次的欲求）から社会的欲求（二次的欲求）へ……これは例えば、被災して避難所に置かれた際にどんな欲求から満たされていくか、という優先順位を想像すれば理解しやすいかもしれません。

こうした欲求が実現されることを適応といいます。しかし多くの場合、その欲求の実現は叶いません。これを不適応といいます。不適応状態は**欲求不満**（**フラストレーション**［frustration］）を生みます。なんとか努力や工夫をしたり（**合理的解決**）、八つ当たりなどの衝動的行動（**近道反応**）で解決する手段もありますが、それらがうまくいかないと、人間の心はとてもしんどい状態になります。そこで、欲求不満（フラストレーション）解消のため、「無意識」的に自我（エゴ［ego］）を守ろうとする**超自我**（**スーパーエゴ**［super ego］）の働きがおこるのです。**精神分析学**（**深層心理学**）の祖**ジークムント・フロイト**［1856―1939］は、これを**防衛《ぼうえい》機制《きせい》**［defense mechanism］と呼びました（厳密にいえばジークムント・フロイトは「防衛」と呼び、娘の**アンナ・フロイト**（Anna Freud）［1895―1982］がこれを「防衛機制」と名付けて整理した）。

無意識［unconscious］という言葉は日常用語になっていますが、これは父フロイトが発見した概念です。近代の主人公は理性をもった個人（人間）でした。つまり個人の自我が社会の主人公になったのが近代だったのです。しかしフロイトは不気味なことを言いました。あなたが「自分」だと思い込んでいる、社会の主人公であるところの「自我」は氷山の一角にすぎず、「自我」の底には「無意識」の泥沼が広がっている、と。その無意識の領域とされたのが**エス**［es］（**イド**［id］）です。そのエスには**リビドー**［libido］（性衝動）がうずまいています。理性的な近代人は性欲が自我の領域に出て来ないよう無意識の奥底に沈めますから、リビドーが溜《た》まってしまうんです。リビドーを中心とした無意識の欲望は、常に自我における意識を脅かしてきます。目の前に1万円札が落ちていれば、「盗んじゃいなよ……」といった風に。でも、そうした無意識の欲望をちゃんと検閲してくれる働きがあるんです。それが（自我とエスの両方の領域にまたがる）超自我です。目の前に落ちている1万円札を「盗んじゃおうかな」と思ったとしても、「ダメ！　ゼッタイに盗んだらダメ！」と止めてくれる……これが超自我の働きです。これから紹介する防衛機制は自我を守るための超自我の無意識的な働きです。この働きがないと、心理的な症状や犯罪などにつながってしまう場合もあるのです。

自我を守る「防衛機制」

フロイト父娘やそれに続いた心理学者が示した防衛機制にはいろいろな種類があります。[*1] 不安を引き起こす欲求を無意識下に沈めるのは**抑圧**です。「無かったことにする」というのもそうですし「昔は良かった」という過去の美化もそれに当たります。「昔は良かった」わけがないですよね（「戦前の日本は良かった」なんていう人がいますが、全体的に見て物質的に豊かな現代より良いはずがありません）。ミュージシャンの夢に挫折して楽器を売り、音楽を聴かなくなる人もいます。これも抑圧でしょう。ちなみに、抑圧された苦しい体験における情動・観念・記憶をコンプレックス［complex］といいます。「コンプレックスがある」という場合がありますが、ここでいう「コンプレックス」とは厳密には、劣等感が無意識下に固定化した「劣等コンプレックス」のことです。

ちなみに抑圧とよく似ている防衛機制に**逃避**があります。苦しみに直面するのは辛いことですから、そこから無意識的に逃げるんです。自分の能力に起因する仕事への不適応を病気のせいにしたり、あるいは試験前に急に机の掃除を始める人もいますよね。机の上が片付いたら、今度は引き出しの掃除を始めてみたり……そんなことより、早く試験勉強を始めた方がいいと思うんですが（笑）。

欲求と正反対の行動を取る**反動形成**もあります。「弱い犬ほどよく吠える」というのもそれですし、大嫌いな人に優しくしようとするのもその一例です。大好きな女の子にいじわるをする小学生男子、という典型もありますね。面と向かって嫌われたら、さすがに立ち直れなくなりますから、あらかじめ自分が嫌われる理由を作っておくことで自我を守るんです。

イソップ童話の「キツネとすっぱいブドウ」はご存知でしょうか。棚の上のブドウが取れなかったキツネが「あのブドウはまだ熟れていない」と負け惜しみを言った、という話です。[*2] これは**合理化**という防衛機制で、もっともらしい理由をつけて納得しようとすることを指します。本社勤務でエリートコースを歩んでいると思われた社員が地方に飛ばされた時、「きっと物価も安いし、暮らしやすいはずだ」などと正当化するのもその一例です。

　似た欲求で満足する**代償**もあります。子どもに恵まれず、動物を飼っている夫婦がいます。子どもは犬と同じか、と突っ込むのはやめてください。**アルフレッド・アドラー**（Alfred Adler）［1870―1937］が提唱した**補償**も代償の一種です。これは、勉強が苦手なので部活動に打ち込む、といったように、劣等感を他の面で補おうとするものです（アドラーは治療の際、劣等感を把握することを重視した）。

昇華《しょうか》は日常用語にもなっています。社会的に価値の高い欲求に代えることです。辛く苦しい失恋経験を詩や曲に昇華させ、多くの人々を癒す、ということもあるでしょう。相撲部屋に入門した新弟子の中には、地元で手の付けられない札付《ふだつ》きのワルもいるわけです。ボクシングなどもそうですが、腕《うで》っ節《ぶし》の強さを喧嘩ではなく、社会的価値の高いスポーツに使うのは良いことです。

　幼児返りを意味する**退行**もあります。弟や妹が生まれると、両親の愛を独占できなくなった長子が甘えたり、赤ちゃん言葉を使ったりすることはよくあります。仕事でミスを犯し、上司に叱責されたサラリーマンが公園のブランコに乗っている……という、うら寂しい事例もあります。私も20代の頃、忙しい進学校に配属された1年目を思い出します。年度当初の4月半ばの時点で馬車馬のように働き、心身共に疲れて果ててしまいました。5月になるとクラス親睦のための遠足行事が富士五湖の一つ、西湖《さいこ》で行われることになっており、同年代の同僚と下見に行ったんです。当日の生徒の行動と同じスケジュールでカレーを自炊して、集団行動のシミュレーションをし終わると、あっという間に帰る時間です。しかし富士湖畔です。バスが来る時間まで約1時間もありました。ふと、気がつくと同僚と私の2人共、湖畔で無言のまま石ころを拾い、延々水切りをしていた……という経験があります。これも一種の退行だったのかもしれません。

投射（**投影**）は自分の感情を相手の中に投影することです。例えば自分の相手に対する嫌悪感を「（相手が）自分を嫌っている」と相手の中に投影することで正当化するのです。自分の責任を相手になすり付ける責任転嫁《てんか》もそれに当たります。

最後は**同一視**、他人の能力や業績を自分のものとして満足することです。アニメのヒーローになりきる子どもはよくいます。あるいは憧れの芸能人と同じファッションやメイクに身を包んでみたり。日本人がノーベル賞を取ると自慢する人、もよくいますよね。あなたがノーベル賞を取ったわけではない、という話になるんですが。

人格（パーソナリティ）とは何か

人格（**パーソナリティ**［personality］）とは何か……先ほど自己実現欲求が満たされると人格が完成するという話が出てきました。パーソナリティは古代ギリシアの仮面劇の仮面（**ペルソナ**［persona］）に由来する言葉です（「個人・人間」を意味する［person］の語源）。私たちは家庭で（親・息子・娘）、職場で（会社員）、学校で（生徒）、コンビニで（客）……様々な仮面をかぶって生きているんです。

かけがえないその人らしさである人格は、**気質**［temperament］・**能力**［ability］・**性格**［character］の3つからなります。気質とは、怒りっぽかったり、鈍感だったり……という先天的な感情的特性です。能力は、**知能**［intelligence］や**技能**［skill］を含むもので、知性・感情・意志といった活動全般を指します。知能というのもなかなか定義しづらい言葉です。学校のテストで測られるものが果たして知能か、と考えてみるのもいいでしょう。「intelligence」は近代になって英国の社会学者・哲学者スペンサー［1820－1903］が使い始め、優生学の文脈で議論されました。「知能」の語が人間の能力を序列化するニュアンスを帯びているのはそうした理由です。

情報を一時的に保存するワーキング・メモリ（作動記憶）は知能に近いものと考えられており、短期記憶の概念も含まれます。人間を序列化し、差別することにもつながるため、あまり表立っては語られませんが、ワーキング・メモリの容量には先天的に差があるそうです。私はそれを聞いた時に震えました。学校でどんなに一生懸命教えたって、覚えられる容量に差がある……なんてことになれば、余りにも身も蓋《ふた》もない話だと思ったからです。でもその研究結果をちゃんと読んで安心しました。たとえワーキング・メモリの容量に先天的な差があったとしても、好きなことに関する知識は「好きこそ物の上手なれ」式で反復して記憶されるため、相対的な容量の少なさを補うことができるそうです。そうでなくっちゃ、困りますよね。

性格[*3]（「キャラクター」の原意はギリシア語の「刻み付けられたもの」）は広義では人格を意味しますが、狭義では行動や考え方の型を指します。これは経験の積み重ねから形成される後天的なものだといえます。氏《うじ》か育ちか、という言葉もありますが、人格は、**遺伝**（先天的要因）と**環境**（後天的要因）の相互作用で形成されるのです。遺伝要因に関しては、音楽家バッハのような家系に関する研究や双生児研究があります。環境要因に関していうと、一卵性双生児はやはり性格に相関があるようです。しかし一方で異なる環境で育った一卵性双生児の方が、同じ環境で育った一卵性双生児よりも性格の相関が大きい、という研究もあるんです。[*4]この辺りは興味深いものがあります。ちなみにミュージシャンでその両親も同業者、という例は多く見受けられます。しばしばそんな2世・3世を前にして「才能を受け継いだ」と言う場合があります。ただ考えてみると、もちろん遺伝的な音楽的才能もあるかもしれませんが、それ以上に家に楽器があったり、音楽関係者が身近にいたりといった環境が多大な影響を及ぼしているはずです。性格はその他にも、性別、兄弟の有無やその順番、国民性、与えられた地位・役割、個人と集団、年齢など様々な要因が影響を与えます。性格は不変ではなく、変わっていくものでもあるのです。

類型論

人格研究には大きく分けて**類型論**と**特性論**があります。類型論は十人《じゅうにん》十色《といろ》に思われる人格を典型的なものに分類して整理したものです。

天才と狂気の関係を研究するなどしたドイツの精神医学者**エルンスト・クレッチマー**（Ernst Kretschmer）［1888―1964］は、精神疾患のある患者の性格と体型の関連性を3つの類型にまとめ、それを健常者にも一般化させました。クレッチマーが精神疾患のある患者の例として選んだのは、古今東西の「天才」と呼ばれる偉人達です。「**細長型**（**分裂気質**）」は物静か・真面目で控えめ、無愛想で気難しい印象があり、思春期に精神的危機を迎えます（例えばカント［1724―1804］やイエス・キリスト*5［B.C. 4?・?―A.D. 29?］）。「**闘士型**（**粘着気質**）」は几帳面で固執的、実直だが、頑固で強い自己主張があり、エスプリや繊細な感受性に欠けています（例えばヘーゲル*6［1770―1831］）。てんかん患者に多く見られる体型だそうです。「**肥満型**（**躁鬱《そううつ》気質、循環気質**）」は温厚で親切であるものの、ハイテンションの躁とダウナーな鬱が交互にやってきます（例えばゲーテ*7［1749―1832］）……いかがでしょうか。西洋では当てはまるものの、日本では当てはまらない、ともしばしばいわれる類型ですので、一概にいえない気もします。

ところで、二大精神疾患といわれるものに統合失調症と双極性障害があります。ポリティカル・コレクトネス（PC）の観点で言い換えられる前は、それぞれ精神分裂病・躁鬱病と呼ばれていました（先ほどの分裂気質・躁鬱気質はこれに対応している）。ちなみに自殺の多くは双極性障害が原因です。英国の首相を務めたウィンストン・チャーチル（Winston Churchill）［1874―1965］や明治の文豪・夏目漱石［1867―1916］も患っていました。歌人・精神科医だった斎藤茂吉《もきち》［1882―1953］の次男で作家・精神科医の北杜夫《きたもりお》［1927―2011］は、人気エッセイ「どくとるマンボウ」シリーズで自身の双極性障害を軽妙に綴り、病気への偏見を薄めました。芸術家や作家には多く見られる印象があります。躁状態のときには作品が湧き出るように生まれ、テンションが上がり過ぎるとパチンコで大枚《たいまい》をすってしまったり。逆に鬱状態になると「死にたい……」なんてことになってしまうんです。一方、耳を切り落とした末にピストル自殺した画家ヴィンセント・ヴァン・ゴッホ（Vincent van Gogh）［1853―1890］は統合失調症を患っていたとする説があります。いずれの精神疾患も、現在では投薬治療で劇的に症状が改善します。

フロイトの弟子で、性を過度に重視する師から後に離反した**ユング**〔1875—1961〕は、関心の向きから人格（パーソナリティ）を**内向型**〔introversionstypes〕と**外向型**〔extraversionstypus〕に分類しました。これは、「外向的な性格」などと今でも日常的に用いられる類型です。ユングによれば「内向型の人間は客体に対して抽象的な態度」をとり、「外向型の人間は……客体に対して積極的な態度」をとります。*8 しかもプラトン〔B.C.427—B.C.347〕とアリストテレス〔B.C.384—B.C.322〕を、「敵対的な対立をつづけてきた、異なった人間天性の二つのタイプ」*9 であるとして、それぞれ内向型と外向型に対応させているんです。これはなかなか興味深い指摘です。ちなみに西洋思想で対照的に語られるプラトンとアリストテレスは、理想と現実、理性と感性、合理論と経験論、理論と実践……の関係に対応しています。

さらにユングによれば、内向型と外向型はそれぞれ感覚・直感・思考・感情タイプの計8種類に分けられます。古い本ですが『性格の本』*10 の中には「内向型」「外向型」の質問紙が掲載されており、集計すると自分の性格を8つのタイプに当てはめて、客観的に眺めることができます。授業中に高校生に答えてもらった結果によると、どれか1つの性格タイプに偏ることはなく、40人のクラスでおよそ各タイプが5人前後で、「8人8色」といった趣になります。また、内向型と外向型両方の性格を兼ね備えた人がいることもわかりました。

「追求する価値」に着目したドイツの哲学者・教育学者**エドゥアルト・シュプランガー**（Eduard Spranger）〔1882—1963〕の分類もあります。「理論型」（整合性・合理性に価値を置く）、「経済型」（利益追求に価値を置く）、「審美型（芸術型）」（美に価値を置く）、「社会型」（友情・福祉・奉仕などに価値を置く）、「政治型」（権力に価値を置く）、「宗教型」（救いに価値を置く）の6類型です。皆さんはどれに当てはまるでしょうか。高校生に1つずつ手を挙げてもらうと、どれも大体同じくらいの数になるのが興味深いです。金子みすゞ〔1903—1930〕の詩「鈴と、小鳥と、それから私、みんなちがって、みんないい」（『わたしと小鳥と鈴と』*11）を思い出しますが、社会は様々な価値をもった人々によって構成されているという事実に、思わず感動してしまいます。

特性論

次は一貫した傾向・まとまりの組み合わせから人格を記述する特性論を紹介しましょう。米国の心理学者**ゴードン・オルポート**（Gordon Allport）［1897－1967］は成熟した人格の特性を挙げています。それによれば、「自我（自己意識）の拡張」「他人との温かい関係の確立」「情緒の安定・自己受容」「現実認知と技能・課題」「自己客観化・ユーモア」「人生観（人生哲学）の確立」……これらが成熟した人格の特性であるようです。「**自我の拡張**」はちょっとわかりにくいですが、自己中心性を捨て[*12]て、自分の周囲の人々に対し、自分のことのように情愛をもつ、という意味です。思い返してみると、私が尊敬している人は、たいていこれらを兼ね備えているように思います。個人的には特に「自己客観化」が重要だと思えます。「こんなこと言っちゃってるよ、バカだね～自分」と言える「もう一人の自分」をもっているということです。教育の世界で注目されているメタ認知（学習において重要な働きがあるとされている「認知を認知するもう一人の自分」）もそれと関連しています。

米国の心理学者ルイス・ゴールドバーグ（Lewis Goldberg）［1932－　］が提唱する特性5因子論（**ビッグファイブ**）もあります。因子分析を通じて万人共通の人格特性として抽出されたのは、「神経症傾向（不安の強さ、情緒安定性）」「外向性（社交性、活動性）」「開放性（好奇心や想像力など、開かれている度合い）」「調和性（やさしさ）」「誠実性（まじめさ）」の5つです。どこに比重が置かれているかがその人の人格だということです。

血液型性格診断の非

私が大学で心理学を学んでいた頃、先生が口をすっぱくして力説していたのが血液型性格診断の非でした。確かにその頃（２０００年代前半）、テレビをつければ血液型と性格を結びつけるバラエティ番組がしばしば放映されていました。しかも科学的番組という体裁を装っていたため、信じてしまった人も多くいたわけです（現在はその失敗を踏まえて、そうした番組は見かけなくなった）。それでも巷《ちまた》にいまだ流布しています。

この血液型性格診断は科学的言明とはいえない占いの一種で、典型的な疑似科学です。日本はＡＢＯ式で各血液型のバランスが良い（Ａ型約40%、Ｂ型約20%、Ｏ型約30%、ＡＢ型約10%）ため、成立するのです（例えば南米のインディオは90%以上がＯ型ですから成立し得ません）。そもそも、１９３２年に教育学者の古川竹二《たけじ》［１８９１―１９４１］が書いた『血液型と気質』がベストセラーとなり、軍隊の班編成などに利用されたのが端緒です。戦後は古川に影響を受けた能見正比古《のみまさひこ》［１９２５―１９８１］の『血液型でわかる相性』（１９７１年）がロングセラーとなり、テレビなどのメディアで拡散され一般化しました。Ａ型とＢ型の特徴を入れ替えても約９割の人が自分に合っていると思った、という実験もあります。*13 確かにどの血液型の特徴にも、自分に当てはまると思える部分があります。

Ａ型は几帳面で真面目だと言われますが、整理整頓がそれほど得意ではないＡ型の私は、常々おかしいな、と思っていました。血液型性格類型を幼い頃から刷り込まれたことで、そのような性格になる、という環境要因はあるかもしれません。一方、「血液型性格類型を信じる人の性格類型」も存在します。なかなか嫌味な研究です（笑）。それによると、人と一緒にいたい（親和欲求）、権威や人の意見に従いたい（追従欲求）、気が変わりやすく情緒不安定（回帰性傾向）、人付き合いが好き（社会的外向性）*14……これらが血液型性格診断を信じる人の特徴であるそうです。大勢の人の中心にいて、噂好きで、笑ってワイワイやるのが好きな人っていますよね。そういう人が飛びつくネタだった、ということです。

ところで、血液型性格診断の流布を「集合的同一性を確立する手掛かりが乏しい場合、あるいは集合的同一性の拠りどころとなる集合体との関わりを実感できない場合、血液型などの手近にある手掛かりを利用して代理的なあるいは予期としての集合的同一性を獲得しようとする動機づけが高まる」*15と説明する向きもあります。集合的同一性とは社会の中における自分（肩書き）のことです。確かに、古川竹二が『血液型と気質』をベストセラーにした1930年代は世界恐慌後で日本でも失業者が急増し、社会不安が高まっていた時期です。能見正比古の『血液型でわかる相性』がロングセラーとなった1970年代は高校進学率の上昇や産業構造の変化があり、親世代が経験していない未知の社会に船出する社会不安がありました。血液型性格診断がテレビのバラエティ番組で活況を呈していた2000年代前半は、冷戦が終結し、バブル経済も崩壊、高度経済成長期を支えた日本的雇用慣行（終身雇用制、年功序列型賃金）が機能しなくなった時期です。社会の先行きに対する茫漠とした不安……寄《よ》る辺《べ》ない自身を支えるための確固たる裏付けを求めた人々が、血液型性格診断に飛びついたのではないでしょうか。

注

＊1　重野純編『キーワードコレクション心理学』（新曜社、1994年）。

＊2　「腹をすかせた狐君、支柱から垂れ下がる葡萄《ぶどう》の房を見て、取ってやろうと思ったが、うまく届かない。立ち去りぎわに、独り言、「まだ熟れてない」このように人間の場合でも、力不足で出来ないのに、時にひとのせいにする人がいるものだ」（『狐と葡萄』）（『イソップ寓話集』中務哲郎訳、岩波書店、1999年）。

＊3　オルポートによると性格（キャラクター）の定義は、(1)人とちがうという独自性、(2)いつも同じだという一貫性、(3)かわるものだという形成性、(4)互いに影響しあうという相互影響性、(5)まとまりがあるという統合性、(6)人の一生は1回きりという一回性、(7)遺伝で決まるという遺伝性、(8)絶対わからないという不可知性、のいずれかを強調しているという（清水弘司『はじめてふれる性格心理学』サイエンス社、1998年）。

＊4　清水弘司『はじめてふれる性格心理学』（サイエンス社、1998年）。

＊5～7　E．クレッチュマー『天才の心理学』（内村祐之訳、岩波書店、1982年）。

＊8　ユング『心理学的類型』（『世界の名著続14』）（吉村博次訳、中央公論社、1974年）。

＊10　別冊宝島⑥『性格の本』（宝島社、1977年）。

＊11　金子みすゞ『金子みすゞ童謡集』（角川春樹事務所、1998年）。

＊12　フランスの発達心理学者ピアジェは、児童期になって幼児期の自己中心性から脱却することを「脱中心化」と呼んでいる。

＊13　大村政男『血液型と性格』（福村出版、1990年）。

＊14　詫摩武俊・松井豊（1985）血液型ステレオタイプについて　東京都立大学人文学報,No.172,15-30.

＊15　永田良昭『心理学とは何なのか』（中央公論新社、2011年）。

36章　自然哲学者、ソフィスト

子どもは哲学者

「子どもは哲学者だ」とよくいわれることがあります。「なぜ空は青いの」「悪いって何」「なぜ地球は丸いの」「人が死ぬとどうなるの」……子どもと接すると、自分を取り巻く世界や誰かが発した言葉に驚き、疑問をもち、その意味や構造を理解しようと次々に質問を繰り出してくることがあります。その質問に対し、科学的かつ客観的な解答を用意したところで、全然納得してくれないことだってあります。しかしどうして大人になってしまうと、そうした質問をすることを止《や》めてしまうのでしょうか。

子どもの無邪気な疑問のように、自分を含めた世界［world］を理解しようと問いを繰り返し、普遍の真理［truth］[*1]に辿りつこうとするプロセス……それこそが「**哲学**（**フィロソフィー**［philosophy］）」です。しかも哲学とは人から教えてもらい、「これが哲学ですよ」という解答をありがたく頂戴するものではなく、答えを求めて自分なりに「哲学する」、その過程に他なりません。もちろん哲学から派生した科学という学問で、世界を説明する方法もあるでしょう。現在の学問は、自然科学・社会科学・人文科学と分類されますから、文系と言われる学問分野でも科学的な方法論で現象解明を行うのが常です。その場合、「3は素数である」という自然科学的命題の真偽であれば、客観的な「真」という答えがひとまずは出るでしょう。しかし一方で、「正義とは」「自由とは」「神とは」……そのようなはっきりとした形をもたない形而上学的《けいじじょうがく》概念については、誰しもを納得させる客観的な答えを出せそうにありません。「これが自由です、さあ見て下さい」と手のひらに載せて見せることはできないものだからです。また、たとえ法律学における「自由」を語ることができたとしても、それはある時代の、ある国における「自由」にすぎません。一方、宗教も哲学同様、世界を説明する一つの方法ですが、「信じるか、信じないか」という部分が重要になってきます。そう考えると、哲学の一つの意義は「科学的・客観的な答えの出ない問いを問い続けることにある」といえるかもしれません。哲学の世界にはその他にも「嘘をつくのは悪いことか」といった道徳を哲学する倫理学（エシックス［ethics］）、「ピカソの絵とゴッホの絵はどちらが上手か」といった美的判断に関わる美学（エスティックス［aesthetics］）という分野もあります。「科学で世界の全てが解明できる」というのは極めて傲慢《ごうまん》な近現代人の思い込みであり、例えば価値判断の問題などにしても、まだまだ哲学が活躍する領域は多くあるのです。

「当たり前」を疑う

私にとって、私たちが一様に信仰する科学という思想・学問の全能性に疑いをもったことが、哲学に興味を抱くきっかけになりました。ニーチェ［1844―1900］が「神は死んだ」と宣言したように、近代人は神への信仰を捨て去り、代わりに科学を信仰・崇拝するようになりました。いわば近現代人は総じて「科学教の信者」になった……ということになるでしょう。科学が私たちの生活を便利で豊かにし、幸せに導いてくれていることには疑いを挟みませんが、一方で全能なはずの科学が大量破壊兵器や核兵器を生み出し、人殺しを行い、自然を人間のための食い物にして環境破壊を行っている事実を、一体どう説明すればいいのでしょうか。あるいは科学が生命の誕生や死を操作し、それをビジネスとすることは、果たして人間社会における道徳的な筋道＝「倫理」[*2]として許される行為なのでしょうか。科学もたかだか人類にとって500年余り、大方は有益だとみなされている思想の1つにすぎないのです。

科学をはじめとしたわれわれを取り巻く「当たり前」を疑うためには、時間や勇気が必要です。「哲学（フィロソフィア［philosophia］・愛知）」の語を生んだ古代ギリシアの哲学者ソクラテス［B.C.470?―B.C.399?］は、アテネの民主政治（デモクラチア）の下で死刑判決を受け、自ら毒杯を煽《あお》り、刑死の憂き目に遭いました。いつの時代も「当たり前」を疑う人間は為政者にとって不気味な存在なのです。そしてまた、「これは本当に正しいことなのか」と突き詰めて考えさせない方が、上に立つ人間にとっては都合よく、効率的なのです。部下が上司に「その指示は本当に正しいんですかね？」と問うて来たら、上司はすごく嫌でしょうし、あまりにもしつこいとクビにされてしまうかもしれません。「グダグダ言わずに今すぐ指示通りに動け！」ということになるわけです。そんなわけで「哲学者」だった子どもも、大人になれば、そうした為政者や社会の無言の圧力に屈して、物事の本質を問い、真理を希求することをやめてしまうのです。それでも私は、「時間の無駄だ」「非生産的だ」といわれようと、対話の中で「ああだ、こうだ」と「哲学する」ことが大切だと考えています。その理由は、世界史や日本史を一瞥《いちべつ》するだけでわかります。人間は愚かな間違いをこれでもかと繰り返してきた生き物だからです。

神話の時代

子どもが抱くような、自分を取り巻く世界への疑問。「なぜ雨が降るの」「なぜ雷が落ちるの」「なぜ昼と夜があるの」……はじめに人間は「神話」の世界でそれらを説明しました。世界神話に関する事典類は数多く出版されており、一時期興味をもって集めていましたが、世界津々浦々、その構造に似たものが多いことに驚かされました。いずれも**カオス**〔chaos〕（**空虚・混沌**）から**コスモス**〔cosmos〕（**秩序**）が生まれる世界の起源を叙述し、自分を取り巻く世界を人間の想像力の範囲内で説明するという形をとっています。日本神話の『古事記』も同様です。

> まず原初にカオスが生じた　さてつぎに　胸幅広い大地《ガイア》　雪を戴くオリュンポスの頂に宮居する八百万《やおよろず》の神々の常久《とこしえ》に揺ぎない御座《みくら》なる大地と路広《みちびろ》の大地の奥底にある曖々《あいあい》たるタルタロス　さらに不死の神々のうちでも並びなく美しいエロスが生じたもうた……カオスから　幽冥《エレボス》と暗い夜《ニュクス》が生じた　つぎに夜から澄明《アイテル》と昼日《ヘメレ》が生じた（『神統記《しんとうき》』）*3

古代ギリシアで**神話**は**ミュトス**〔mythos〕と呼ばれました（英語の「myth（神話）」の語源）。詩人**ホメロス**（Homer）〔B.C. 8C?〕による、トロイ戦争をモデルにした『**イリアス**』や『**オデュッセイア**』の英雄伝説、あるいは**ヘシオドス**〔B.C. 8C?〕の『**神統記**』がその代表です。

ギリシア神話の世界では自然現象を説明している箇所もあります。例えば雷（雷霆《らいてい》）は全知全能の主神ゼウスの武器ということになっています。不可思議な雷という自然現象を、擬人化された神の武器として説明し人々を納得させたわけです。ところで西洋というと一神教のイメージがありますが、古代ギリシアは日本やインドと同じく多神教でした（一神教はヘブライ人＝イスラエル民族の発明といってもよい）。主神ゼウス、愛と美の神アフロディーテ、光明神アポロン、海神ポセイドンなどのオリュンポス十二神は特に有名です。そもそもオリンピックはオリュンポスの神々の競技会でした。ギリシア神話の神々は実に人間味があります。巨人族タイタンの神の一人プロメテウスは、火を盗んで人類に与えたため、ゼウスの怒りを買い、山頂で肝臓を鷲《わし》についばまれる責め苦を受けました。火は人類に文明・技術をもたらした反面、ゼウスが恐れた通り、武器を作り戦争を始めることにもなるのです。あるいはポセイドンは美貌のメドゥーサに惹かれ、事もあろうに処女神アテーナーの神殿で密通してしまいます。アテーナーは怒り狂い、メドゥーサは見た者を石にしてしまう怪物になるのです。
オウィディウス（Ovid）［B.C.47—B.C.18／17］の『**変身物語**』*4にみられる河神の子ナルキッソスの神話も有名です。ナルキッソスは高慢で、どんなに人から愛されても、決して自分から人を愛することができない美少年でした。森の妖精エコーは若くて美しいナルキッソスにぞっこんになります。ある時、おしゃべりなエコーはユノー女神から言葉を奪われ、他人の話の終わりを繰り返すことしかできなくなりました。そんなエコーに偶然会ったナルキッソスです。「誰かいないのかい、この近くに?」「この近くに」「ここで会おうよ」「会おうよ」……ナルキッソスの語尾を繰り返しながら、好意をあらわにするエコーに対しナルキッソスは、「いっそ死んでから、きみの自由にされたいよ!」というひどい言葉を投げつけてしまいます。他人からは愛されても、自分からは人を愛せない美少年の言葉にひどく傷つけられたエコーです。結局森の奥に引っ込んでしまい、他人の言葉を繰り返す木《こ》霊《だま》になりました。これが「エコー［echo］」、つまり「こだま（山びこ）」の語源となっています。不可思議な「こだま」という自然現象をやはり神話の形を取って説明しているのです。そんなナルキッソスは神の怒りを買い、結局澄み切った泉に映る自らの姿に恋焦がれ、そのまま死んでしまいました。最後に「さようなら!」というと、「さようなら」とエコーが答えたといいます。その亡骸《なきがら》の跡に咲いたのが黄色い水仙（ナルキッソス）の花でした。このエピソードからナルシシズム［narcissism］（自己愛）やナルシスト［narcist］という言葉が生まれています。今も昔も見られる人間の性《さが》が、深遠な神話の形をとって描かれているのです。

「暇」から哲学がはじまる

世界の思想史上、哲学と呼べる思想はギリシア・ペルシア・インド・中国でほぼ同時期に誕生しました。ドイツの実存主義哲学者ヤスパース［1883—1969］は、その時代を「**枢軸時代**《すうじくじだい》」と呼んでいます。西洋哲学誕生の地は古代ギリシアです。ギリシアというと2010年代には金融危機がおこり、EU（欧州連合）のお荷物のような負のイメージもありますが、ヨーロッパ文化の源流となった重要な場所です。

紀元前6世紀頃になると、古代ギリシアの**ポリス**（都市国家）では奴隷制が発達します。アテネでは人口の約3分の1が奴隷となり、スパルタにも奴隷階級が存在していました。彼ら奴隷は家事労働や農業労働、銀山の採掘などに従事させられます。勤労はこの時代、積極的な意味合いをもちませんでした（勤労が積極的な意味合いをもつのはルネサンス以降）。一方、奴隷に雑事を押し付けたことで支配層の市民には暇《ひま》が生まれます。この**閑暇**《かんか》（**スコレー**[schole]）が、実用性と無関係な哲学（学問）、芸術、競技……という文化を生んだのです。奴隷に負担を負わせることによりもたらされたとはいえ、「ゆとり」は社会にとって大切なものなのです。「schole」は「school（学校）」や「schola（スコラ・学校）」の語源にもなっています。学校に通ううちは、人生の中で最も暇な時期だということです。だからこそ、好奇心に基づいて自分なりに学問探求を行ったり、スポーツに打ち込んだりすることができるのです。近年では、学校教育にもえげつない程の実利が求められるようになり、新たに導入される教育内容は増える一方です（「ゆとり教育」は失敗したとみなされ、揺り戻しが来ている）。企業側は入社してからの教育コストを安く抑えるべく、「英語をやれ」「プログラミングをやれ」と即戦力を求めて騒ぎ立てています。生徒も教員も息つく暇がない程ですが、学校や学問の本質からはかけ離れてきている気もします。仕事中にボーっと思索にふけっていれば、「早く仕事しろ！」と怒鳴られ、暇であるはずの通勤中の車内も思索や読書どころかスマホで延々とゲームやLINE《ライン》（コミュニケーションアプリ）に興じている人が多くなりました。シャレにもなりませんが課金課金（カキンカキン）とコインの音が聞こえるようです。閑暇すら経済活動に絡めとられている現状は果たしてどうなんだろう、と思うときもあります。

さて、そうして暇になった市民たちは、**理性**（**ロゴス**[logos]）に基づき、自然の中にある**万物の根源**（**アルケー**[arche]）*5探求を始めます。これが哲学のはじまり、**自然哲学**です。神話ではなく、理性（ロゴス）に基づいて自然現象を理解しようとした点が重要です。「ロゴス」とは「言葉」のことで、そこから転じて「論理・理法・理性」という意味にもなりました（「ロジック［logic］」「ロジカル［logical］」という語もある）。古代ギリシア人は秩序だったコスモス（宇宙）としての世界を、人間に備わるロゴスによって把握する合理的世界観をもつようになり、これが近代の自然科学を生み出す母体となるのです。そして哲学のみならず、あらゆる理性的な学問に備わる、個別・特殊・具体的で多様なものの中に、普遍・一般・抽象的なものを見いだす営みが始まるのです。

万物の根源（アルケー）は水

自然哲学者を含むギリシアの哲学者についてのエピソードでしばしば参照されるのが、ディオゲネス・ラエルティオス（Diogenes Laertius）［3C?］の『ギリシア哲学者列伝』です。*6 この本は哲学者の人間性を伝えるエピソードが俗な興味をかき立てられるため大変面白く、彼らの「変人ぶり」を含めて、惹きつけられてしまいます。ニーチェはもともと文献学者で、このディオゲネス・ラエルティオスのエピソードの出典を逐一調べ上げる仕事で評価された人でした。

この『ギリシア哲学者列伝』やアリストテレス［B.C.384─B.C.322］の『形而上学《けいじじょうがく》』冒頭の記述（「あの知恵の愛求（哲学）の始祖である」）*7 に従って、ギリシア七賢人の1人*8 **タレス**（Thales of Miletus）［B.C.624?─B.C.546?］から話を始めましょう。彼が自然哲学の祖です。彼は小アジア西岸イオニア地方のミレトス（現トルコ）という植民都市で、ミレトス学派を形成しました。実はギリシアの中心地だけで哲学の萌芽が見られたわけではなく、むしろイオニアや南イタリアで自然哲学が盛んだったのです。自然哲学者は「世界の万物は何からできているのか」というアルケー探求に熱中するのですが、タレスはそれを「**水**」だと考えました。万物は全て「水」から成っている、というのです。なにしろ「水」は液体（水）・固体（氷）・気体（水蒸気）の3側面をもっています。そしてまた、全ての動植物は「水」を必要とします。これを現代人なら荒唐無稽だと一笑に付すかもしれませんが、経験に基づいて合理的に突き詰めた結論である点が重要です。「机は何からできているのか」→「木からできている」→「木は何からできているのか」……とたどっていって、突き詰めた先が「水」だったのです。たとえ「万物は神が作った」といったとしても「神は何からできているか」という疑問は残るわけですから。ちなみにタレスは天文学に精通しており、なんと日蝕《にっしょく》を予言的中させています。天空を観察して歩いていたら井戸に落ちた……という少々間抜けなエピソードもありますが。

一方、**アナクシマンドロス**（Anaximander）〔B.C.610?—B.C.546?〕はアルケー（そもそも「アルケー」は彼が使い始めた言葉）を「**無限なるもの**（**ト・アペイロン**〔to apeiron〕）」と考えました。ちょっと反則のような気もしますが、これはアルケーを「水」「空気」「火」などに限定できないのではないか、と突き詰めて考えた結論です。「無限なるもの」とは、神のようなあらゆる事物を生み出した根源とみなすことができます。これはある種、形而上学的な抽象的思考の端緒です。しかし弟子の**アナクシメネス**（Anaximenes）〔?—B.C.525〕は誰にも確認できるわけがない「無限なるもの」を斥《しりぞ》けて、再び形のある「**空気**（**アエール**）〔aer〕」（「エアー〔air〕」の語源）がアルケーだと考えました。

教祖ピュタゴラスの哀しい死

「三平方の定理」[*9]で有名な**ピュタゴラス**（Pythagoras）〔B.C.6C?〕をご存知でしょうか。彼の考えたアルケーは「**数**」です。数という超自然的原理で存在を説明するという彼の発想が後にプラトン〔B.C.427—B.C.347〕に受け継がれ、そのプラトニズム（プラトン主義）が西洋哲学、及びそこから派生した科学という思想の屋台骨となります。サモス島出身で南イタリアに移住した彼は、「数」と「**音楽**（**ムーシケー**）〔mousike〕」（文芸の女神ムーサ〔musa〕に由来する）を崇拝する秘教結社・ピュタゴラス教団の開祖でした。学校現場では数学の教員に音楽に長《た》けた人が多いような気がするのですが、実際数学と音楽には関連性があるのです。物理学に「音」という単元があることからもわかりますが、音楽は数学的に説明することが可能です。ピュタゴラスは、ピンと張った1弦琴の2分の1がオクターブであり、3分の2（五度）、4分の3（四度）の長さの弦を同時に弾くと、心地よい音を奏でることに気付きます（1、2、3、4を足した「10」は完全な数字とみなされた）。そのことから、音楽における秩序・規則性が保たれた状態を「ハルモニア［harmonia］」と呼び、これが「ハーモニー［harmony］」の語源となりました。ちなみに、宇宙の7つの惑星の位置や軌道も、7弦琴の7つの音に調和してハーモニー（天体の音楽）を奏でている、と考えていたようです。[*10] さらに、音楽と感情にも関係があります。きれいなハーモニーを聴くと心（魂）が洗われるようですが、不協和音を聴くと、なんだか気持ちが悪くなります。つまり、心（魂）の秩序と宇宙（コスモス）[*11]の秩序は同じ数的秩序に基づく構造だということです。かなり斬新なことを言っています。私たちを感動させる音楽の美も、突き詰められれば数学的比率の問題である……もちろん実際は音符を表現する楽器の特性や声の抑揚、演者の風貌など様々な要素が音楽の美的判断に関わってくるとは思いますが。

また、ピュタゴラス教徒は数に人格を見出していました。「1」は理性・知性（ヌース［nous］）、確実な実体（ウーシア［ousia］）です。生殖器から類推して男性は奇数（「3」）、女性は偶数（「2」）と考えられました。女性は感性的存在とされ、「2」には思い込み（ドクサ［doxa］）の意味合いもあります。これに理性（「1」）を足すと男性（「3」）です。最初の奇数（「1」）と最初の偶数（「2」）を足した「3」は始めと真ん中と終わりをもつ完全な数で、西洋では聖数とされています（西洋思想では「～の3原則」の類がやたらと登場します）。「3」は線でもあり面でもあり、さらに立体の最初でもあります。女性（「2」）と男性（「3」）を足した「5」、これは結婚です。プラトニックな友愛・同性愛は「3」＋「3」で「6」になります。後述しますが、古代ギリシアでは同性愛（「6」）は異性愛（「5」）よりも尊いものとされていました。素数の「7」はいかなる数を生むこともなく、いかなる数からも生まれないため、処女神アテーナーになぞらえられて不思議な数字とされました。[*12]「7」は1週間の日数や幸運の数字とし

豆から顔をそむけるピュタゴラス

ても西洋では馴染みがあります。そして先ほども述べた通り最後の「10」、テトラクテュスは「1＋2＋3＋4」からなる特に神聖な数でした。こうした話は興味深いのですが、後世の後付けもあり得ますからこの辺りにしておきましょう。

ところで先ほど「魂」という言葉を使いましたが、ピュタゴラスは魂の不死と輪廻《りんね》を信じていました。不完全な肉体の牢獄に閉じ込められた魂は、肉体が滅びるとまた別の不完全な肉体の牢獄に閉じ込められてしまいます。そこで数を理解し、きれいなハーモニーの音楽を聴くことで、魂を清らかな神的世界に救い出し、輪廻から解脱することを目指したのです。これは元々、古代ギリシアの**（ディオニュソス・）オルペウス教**（ギリシアの伝説的詩人オルペウスを祖とする）の「ソーマ（肉体）は魂のセーマ（墓場）」という思想の影響ですが、これはピュタゴラスのみならず後述するソクラテスやプラトンに採用された点でも大変重要です。

ちなみにピュタゴラス教団に入団を認めてもらうのはなかなか困難だったようです。あるとき教団本部（ミロンの屋敷）は、入団を認められなかった者らに襲撃され放火されてしまいます。数を崇拝し、いつも怪しげな音楽が聴こえてくる……少々不気味にも思われていたのかもしれません。ピュタゴラス一同は逃げまどい、暴徒は追いかけます。結局、そら豆畑に辿り着きますが、教団にはそら豆を食べてはいけないという禁忌があったため、ピュタゴラスはここで観念しました。そうして住民により撲殺《ぼくさつ》されてしまったということです。[*13]「三平方の定理」のピュタゴラスの哀しい最期《さいご》です。

万物は流転《るてん》する

「**万物流転**《ばんぶつるてん》」（パンタ・レイ［panta rhei］）。書道の題材に選ばれることもある言葉ですが、これはプラトンが引用した**ヘラクレイトス**（Heraclitus）［B.C.540?—?］の言葉です。万物は絶えず対立・変化し、万物を支える「ロゴス」（ヘラクレイトスがこの言葉を初めて用いた）が、世界を支えるアルケーとしての「**火**」に秩序を与えているとヘラクレイトスは考えたのです。世界は火からできている、と言ったわけではなく、アルケーとしての火は生成変化の象徴、というわけです。「同じ河に二度はいることは出来ない」*14という言葉は、鴨長明《かものちょうめい》［1155—1216］の『方丈《ほうじょう》記《き》』の冒頭「行《ゆ》く河の流れは絶えずして、しかも、もとの水にあらず」*15にちょっと似ています。後者は仏教の「無常観」に基づくものですが、ヘラクレイトスが言いたかったのは、世界を「〜は……である」と同一性を規定することの困難さです。何しろ万物は流転します。例えば、暖をもたらす火は善であるかと思う一方で、火事をもたらす悪でもあり得る、ということです。これは「言語」というものの相対性を指摘してもいるのです。それにしても、変わらぬ固定的な実体などなく、万物は矛盾対立により生成変化する運動である……という発想の新しさには驚かされます。近代に入ってヘーゲル［1770—1831］が唱えた「弁証法」やニーチェの「永劫回帰《えいごうかいき》」の思想の下敷きにもなっています。確かにこの世には固定的な自分も、人間関係も、自然現象も、いずれも存在しません。そこに在るのは絶えず続けられる運動であり相互作用であるといえるでしょう。

日本における縄文時代に、現代物理学に近い原子《げんし》の定義を行った人もいます。**デモクリトス**（Democritus）［B.C.460?—B.C.370?］は「**アトム**［atom］（**原子**）」をアルケーだと考えました。「アトム」は「アトモス［atomos］」（それ以上分割できない、不可分な）を語源とする言葉です。宇宙にはアトムと、アトムが動き回る場である**虚空間**《きょくうかん》（**ケノン**［kenon］）が存在します。無数のアトムが運動し、偶然的に結合することで万物は生まれるのです（ちなみに現代ではアトム（原子）より小さい素粒子《そりゅうし》、クォークとレプトンの存在が確認されている）。

デモクリトスは徹底した唯物論者として、快楽主義者・エピクロス〔B.C.341―B.C.270?〕にも影響を与えました。存在論〔ontology〕における唯物論《ゆいぶつろん》（マテリアリズム〔materialism〕）とは、「精神〔mind/spirit〕よりも物質〔matter〕」を世界の根源だと考える立場です。土台は「物質」ですから、その土台の上で「精神」的に生み出された神などは信じない、という思想にもつながります。よって、唯物論者のマルクス〔1818―1883〕は無神論者でした。存在論において唯物論は唯心論《ゆいしんろん》（スピリチュアリズム〔spiritualism〕＝「物質よりも精神」を世界の根源だと考える立場）と対比されます。存在論における唯物論と唯心論の対比は、認識論〔epistemology〕における実在論（リアリズム〔realism〕＝事物は事物は表象としての存在以外に、それ自体としての存在をもつ）と観念論（アイデアリズム〔idealism〕＝事物の存在は事物の観念に規定される）の対比と混同して理解されることもあります。

デモクリトスは世界の成り立ちについて透徹な唯物論を貫き、近代科学に先行する発想をもっていました。その一方で、人生の目的は明朗闊達《めいろうかったつ》さであり、魂が情動に乱されないのが幸福であるといっています。つまり人生の目的・価値について語るという、ソクラテス以来の哲学の萌芽もここに見られるのです。

アキレスと亀

高度な自然哲学の高みに辿り着いた人たちもいました。**パルメニデス**（Parmenides）〔B.C.544?―B.C.501〕は「**有るものは有り、有らぬものは有らぬ**」と当たり前のようなことを言いました。つまり、ヘラクレイトスが唱えた万物の運動・変化の否定です。タレスはアルケーは「水」だと言いましたが、目の前の机が「水」からできたとは到底考えにくいでしょう。そこで、「経験的・感覚的に」ではなく、とことん「理性的・合理的に」突き詰めて考えた結果が「有るものは有り、有らぬものは有らぬ」だったのです。合理主義の祖として理性的に物事を捉えるそのやり方は、後のプラトンのイデア論などに影響を与えています。

さて、そのパルメニデスは、高度な知識を有する南イタリアのエレア学派に属していました。**エレア学派**の**ゼノン**（Zeno of Elea）〔B.C.490—B.C.430〕のパラドクスは有名です。「**パラドクス**〔paradox〕」とは「妥当な推論から受け入れられない逆説的結論を得ること」をいいます。「飛んでいる矢は静止している」*16というパラドクスは有名です。さらに「アキレス（アキレウス）と亀」の話もあります。アキレスは亀の2倍のスピードだと仮定し、亀の100メートル後ろから同時に出発したとします。アキレスは亀を追いかけますが、亀の出発地点（100メートル先）にアキレスがたどり着いた時、亀は50メートル先に進んでいます。50メートル先にアキレスがたどり着くと、亀は25メートル先にたどり着き、アキレスが25メートル先にたどり着くと、亀は12・5メートル先にたどり着きます。つまり……一生アキレスは亀に追いつけない、というわけです。この難問は17世紀に入り、ニュートン〔1642—1727〕やライプニッツ〔1646—1716〕の微分積分法で初めて解決されました。種明かしをすれば、空間や線分は無限に分割できる特性があるため、このようなパラドクスが生じたのです。一方で距離や時間は有限ですから、実際はもちろん追いつけるわけですが。

最後は自然哲学の集大成ともいえる**エンペドクレス**（Empedocles）〔B.C.493?—B.C.433?〕です。自然哲学者たちが言ったことを寄せ集めたようですが、世界は「**土・火・水・風**（**空気**）」の4元素からなり、万物は「**愛**」（引き付け合う）と「**憎しみ**」（反発し合う）という力によってそれぞれ生成・分離すると考えました。ちなみにこの「4」という数字は古代ギリシアによく登場します。後に出てくるプラトンの四元徳《しげんとく》やアリストテレス〔B.C.384—B.C.322〕の四原因説などがその代表です。

以上のような自然哲学者が現れたとき、日本は縄文時代でした。そんな時代に現代科学につながる発想をもった自然哲学者が多くいたことには、本当に驚かされます。

ソフィストの登場

紀元前5世紀頃になると、あれほどまでに熱中したアルケー探求に代わり、**弁論術**（**レートリケー**［rhetorike］）が人々の関心事となります。その背景には、約50年間にわたり4回行われたペルシア戦争がありました。アケメネス朝ペルシアがギリシアの植民都市（イオニア地方）――自然哲学が発達していた地域――に侵攻し、平定した後にアテネと2度にわたって争ったのです。結果的にアテネを中心とするギリシアのポリス（都市国家）の勝利に終わり、アテネの黄金時代が始まりました。

アテネでは市民参加型の政治デモクラチア［demokratia］が行われます。「デモクラチア」は「民衆［demos］＋権力・支配［kratia］」からなる言葉で、「デモクラシー［democracy］（民主政治）」の語源となっています。アゴラ（広場）には多くの市民（成年男子）*17が集まり、アテネの民会では直接民主制が敷かれ、多数決が行われます。人々の関心はアルケーを突き止める自然探求から、いかに他者を説得し、人々の暮らしを良くしていけるか、という点へと向かうようになるのです。これは換言すれば、人々の関心が「**自然**（**フュシス**〔**ピュシス、フィシス**〕［physis］）」の法則から「**人為**（**ノモス**［nomos］）」的な法律・制度へと移行したことを意味しています。「川の水は低い方へ流れる」という自然法則は「**絶対的**」であるのに対し、法律や制度はあくまで「**相対的**」です。法律は、ある国では違法であっても、別の国では合法になり得るのです。「人為（ノモス）」に絶対はない……となると、「いかにして人々を説得するか」が重要となってきます。これが弁論術（レートリケー）に人々の関心が移った理由です。「レートリケー」は効果的に説得する原理を説く学問、「レトリック［rhetoric］（修辞学）」の語源となっています。

相対主義を前提にして市民から金を取って弁論術を教えていた職業教師が**ソフィスト**［sophist］です。真理は相対的であるわけですから、正しくもあれば正しくないともいえる、つまり相手をいかに説得・論駁《ろんばく》するか、が目的となるのです。嘘でも本当だと言いくるめる技術ですから、これはもっともらしい**詭弁**《きべん》［sophism］です。そうした詭弁を弄《ろう》するソフィストが「知者《ちしゃ》」と呼ばれていたのです（教育者としては確かに有能で、尊敬を集めていたことは間違いない）。ここに詭弁の例を1つ挙げましょう。修辞学の祖とされるシラクサのコラックス（Corax of Syracuse）［B.C. 5C］は、弟子のティシウス（Tisias）［B.C. 5C］がいつまでたっても授業料を払わないので、裁判にかけることにしました。ティシウスは「もし自分が裁判に勝ったら、もちろん勝ったわけだから授業料は払わない」と言いました。その一方で「もし自分が裁判に勝てなかったら、弁論術の授業が無意味だったことになるわけだから、もちろん授業料は払わない」と言ってのけたのです。こう畳み掛けられては、ギャフンと言うほかないでしょう。

代表的なソフィストは**プロタゴラス**（Protagoras）［B.C. 500?―B.C. 430?］です。彼の「**万物の尺度は人間である**」*18という言葉は有名です。絶対的な基準・物差しはなく、人によりけり……真理は相対的であることを語っています。これは、あらゆる基準を個人の主観・感覚に求める人間中心主義的発想です。そもそもアテネで花開いたデモクラチアは相対主義を前提としています。現代のデモクラシーも同様です。「人それぞれ」であることが尊重された上で、多数決により意思決定を行うのです。となると、現代の民主主義社会における政治家はもちろんソフィストです。絶対的な真理など存在しないわけですから、いかに市民に嘘をマコトと信じ込ませて丸め込むか……いやいや、そこまで悪辣《あくらつ》な政治家ばかりではないかもしれませんが。しかし人間の主観的な感覚に立脚している以上、客観的・普遍的な道徳がいずれ地に落ちてしまうことは明らかです。一部の個人の利害で人々を扇動し、共同体の秩序は乱れていき、衆愚政治《しゅうぐせいじ》という名の「愚か者たちの多数決」に堕してしまうのです。現代政治の様相もまさに衆愚政治といえる状況ですが、これはデモクラシーにはつきものです。そもそもデモクラシーは、私たちの知性や集団の中で生きる上での道徳心が担保されてこそ維持される……実はある種、危うい政治制度なのです。アテネとスパルタは紀元前431年から、27年にも及ぶペロポネソス戦争を繰り広げ、結局アテネは敗北し、ポリスは衰退します。アテネでは疫病の大流行までおこりました。デモクラチアを担保するはずの人心が荒廃し、乱世となってしまったその時……普遍の真理を探求するソクラテスが登場するのです。

さて最後にプラトンの対話篇[*19]に登場するソフィスト、**ゴルギアス**（Gorgias）［B.C.483?—B.C.376?］を取り上げておきましょう。彼は「**何ものも有らぬ。有るにしても、何ものも知り得ない。たとい知り得るにしても、それを何人も他の人に明かにすることは出来ない**」[*20]という**懐疑論**《かいぎろん》・**不可知論**《ふかちろん》を説きました。人間の認識はあくまで相対的です。「普遍の真理など存在せず、知り得もせず、伝えられない」というわけです。高校生に「真理は存在するか」という問いを発して、発表をしてもらうと、「真理は知り得ない」という懐疑論者が結構多いことに気付かされます。ここには民主主義ないし相対主義の徹底を見ることもできるわけです。

注

＊1　「真理」をギリシア語では「aletheia」という。「lethe（隠蔽・忘却）」を「a（欠く）」、つまり隠されも、忘れられもしない存在を意味する。

＊2　「倫理」の「倫」は「仲間」、「理」は「不変の道理」「ことわり」を意味する。つまり「倫理」とは「社会におけるあるべき道筋・道理」のことである。また、英語の「ethics《エシックス》」はギリシア語の「ethos《エートス》」（習慣・習俗）を語源とするように、習慣の中で形作られ、共同体で共有された主体的・内面的行為のことである。

＊3　カオス（混沌）からガイア（大地）、タルタロス（地底）、エロス（愛）が生まれ、カオスからエレボス（闇）、ニュクス（夜）が、エレボスとニュクスから、アイテル（光）とヘメレ（昼）が生まれた（ニュクスからはタナトス（死）やネメシス（復讐）も生まれる）。さらにガイアからウラノス（天空）とポントス（海）、オケアノス（海渦）が、ガイアとウラノスからはタイタン十二神などが生まれた（ヘシオドス『神統記』廣川洋一訳、岩波書店、１９８４年）。

＊4　オウィディウス『変身物語（上）』（中村善也訳、岩波書店、１９８１年）。

＊5　「考古学［archeology］」は「アルケー」＋「ロゴス」の意。

＊6　ディオゲネス・ラエルティオス『ギリシア哲学者列伝（上）（中）（下）』（加来彰俊訳、岩波書店、１９８４年・１９８９年・１９９４年）。

＊7　アリストテレス『形而上学（上）』（出隆訳、岩波書店、１９５９年）。

＊8　タレス、ソロン、キロン、ピッタコス、ビアス、ペリアンドロス、クレオブロスの７人。

＊9　ピュタゴラス教徒は「３とは三角形」といったように、数を図形として捉えていた。

＊10　岡崎文明ほか『西洋哲学史——理性の運命と可能性——』（昭和堂１９９４年）。

＊11　「コスモス」を「宇宙」の意として用いたのはピュタゴラスが初めてであったといわれる。

＊12　ジャン・ブラン『ソクラテス以前の哲学』（鈴木幹也訳、白水社、１９７１年）。

＊13　山本光雄『ギリシア・ローマ哲学者物語』（角川書店、１９７９年）。

＊14　山本光雄訳編『初期ギリシア哲学者断片集』（岩波書店、１９５８年）。
＊15　鴨長明『方丈記（全）』（武田友宏編、ＫＡＤＯＫＡＷＡ、２００７年）。
＊16　山本光雄訳編『初期ギリシア哲学者断片集』（岩波書店、１９５８年）。
＊17　奴隷や女性は参政権を与えられなかった。
＊18　山本光雄訳編『初期ギリシア哲学者断片集』（岩波書店、１９５８年）。
＊19　プラトン『ゴルギアス』（加来彰俊訳、岩波書店、２００７年）。
＊20　山本光雄訳編『初期ギリシア哲学者断片集』（岩波書店、１９５８年）。

37章　ソクラテス

愛知者ソクラテス

「哲学」という営みの行く末を思うとき、**ソクラテス**（Socrates）〔B.C.470?—B.C.399?〕に思いをはせざるを得ません。哲学すれば哲学するほど、最後はソクラテスに戻ってきてしまうのです。このソクラテスこそが「哲学する」営みの正真正銘の生みの親です。

哲学は世界や人間についての普遍の真理、根本原理の希求です。自然哲学で探求されたアルケー（万物の根源）とは異なり、「世界とは何か」「自由とは」「正義とは」「人間はいかに生きるべきか」……それらの答えは容易に見つかりません。人の為す事、つまり人為（ノモス）なのだから人によりけりではないか、と言う人もいるでしょう。一人一人の「自由」「正義」「生き方」がある……既に紹介したソフィストは、そうした相対主義を説いた知者でした。しかし一方で、誰もが納得できる普遍的な「正義」や望ましい「生き方」がきっとあるはずだ、とは思えないでしょうか。人それぞれですね、で終わってしまうのは少々寂しい気もします。だとすると、万人が納得できる普遍的な「正義」、そして真に望ましい「生き方」とは何か……そうした答えのないものを、一人ひとりが希求し続けることが重要になります。これこそが**知**（**ソフィア**［sophia］）を**愛する**（**フィレイン**［philein］）、つまり**フィロソフィア**［philosophia］（**愛知**）という営みです。フィロソフィアはソクラテスが用いたことで一般的になった言葉で、哲学（フィロソフィー［philosophy］）の語源となりました。ソクラテスは、知を解答として提示し説得するソフィストのような知者ではなく、知の希求者（愛知者）たろうとしたのです。哲学とは、哲学の「解答」を学ぶことではなく、各人が「哲学する」営みです。明治日本の啓蒙思想家・西周《にしあまね》［1829―1897］は「philosophy」を「哲学」と翻訳しました。当初、西が「希哲学《きてつがく》」と翻訳したこともよく知られています。人名にも用いられる「哲」という字には「知恵がある」という意味があります。「知恵を希求する」から「希哲学」……「philosophy」の原義にある「哲学する」という動詞のニュアンスをくみとろうとした名訳だと思います。名訳だっただけに、それが「哲学」と短縮されてしまったのは少々残念な気もします（これは日本人が主体的に「哲学する」ことをせず、学者の講じる「哲学」をありがたく受容し、称揚してきた態度に由来する）。

さて、アテネに生まれたソクラテスです。母は助産師（産婆）でした（これも後に彼の哲学の方法論と関係する）。妻は悪妻伝説のあるクサンティッペ（Xanthippe）［生没年不詳］です。ところで、ソクラテスの肖像を見たことがあるでしょうか。彫像などは一般的に少しは美化して造られるものですが、彼はどうでしょう。ギリシア彫刻に一般的に見られる、りりしい風貌の男性像とは似ても似つきません。頭は禿《は》げ上がって、団子鼻《だんごばな》で、髭《ひげ》を蓄えた無男《ぶおとこ》……私は別に悪口を言っているのではありません。実はその風貌も彼が死刑判決を受けた最期《さいご》に関わってくるのです。この風体でいつも裸足《はだし》、同じ服を着て、広場（アゴラ）で論議にふけっている……一種、異形《いぎょう》の人だったことは想像がつきます。その一方で話せば聡明で、多くの若者から慕われていました。ただ、妻のクサンティッ

ソクラテス

ぺから慕われていたかというと、後世に伝えられるところではそうではありません。あるとき、甲斐性《かいしょう》なしの夫に激しくまくしたてた揚げ句、黙ったままなのを見て、コップの水をひっかけました。ソクラテスは「雷の後には嵐がつきものだ」と言ったそうです。また、「ぜひ結婚しなさい、よい妻をもてば幸せになれる。悪い妻をもてば私のような哲学者になれるだろう」なんていう名言もあります。

「無知の知」

ソクラテスの哲学の営みのきっかけになるのが、**デルフォイの神託**事件です。ソクラテスの友人だったカイレフォン（Chaerephon）［B.C. 470／460—B.C. 403／399］が古代ギリシアの聖地デルフォイのアポロン（予言の神）神殿で、巫女《みこ》（硫黄性ガスを吸って神懸《かみがか》りした）から神託《しんたく》（神のお告げ）を受けました。当時、神託は重要な意味合いをもっていました。それによると「**ソクラテス以上の知者は存在しない**」……しかも三大悲劇詩人として知られるソフォクレス（Sophocles）［B.C. 496?—B.C. 406］やエウリピデス（Euripides）［B.C. 485?—B.C. 406］より賢い、というのです。ソクラテスは己の無知を信じていたので、おかしなことだ、と思います。そこで当時、知者（ソフォス［sophos］）と呼ばれていた人々を訪ね歩き、自分以上の知者が本当に存在しないのか、確かめに行くのです。当時、知者と呼ばれていたのは主にソフィストです。ソフィストに尋ねてみると、彼らは事物の本質について、知ったかぶりばかりで驚くほど何も知らないことがわかりました。事物の本質とは、人間性にとって重要な究極の知である**カロカガティア**［kalokagathia］（**善美《ぜんび》の事柄《ことがら》**）のことです。いわゆる「真《しん》・善《ぜん》・美《び》」ですね。古代ギリシアでは善いものは正しく美しく、悪いものは不正で醜い、と考えられていました。ソクラテスはこのカロカガティアを知ることで、魂を優れたものにできると考えていたのです。

> この人間より、わたしは知恵がある。なぜなら、この男も、わたしも、おそらく善美のことがらは何も知らないらしいけれど、この男は、知らないのに何か知っているように思っているが、わたしは、知らないから、そのとおりにまた、知らないと思っている。だから、つまり、このちょっとしたことで、わたしのほうが知恵があることになるらしい。つまり、わたしは、知らないことは知らないと思う、ただそれだけのことで、まさっているらしいのです。（『ソクラテスの弁明』）*1

ソクラテスは、ソフィストの知ったかぶりに触れて、このように考えました。「自分は知らないということを知っているだけ、ソフィストよりはましである」……ちょっと皮肉な物言いなのですが、これがソクラテスの「**無知《むち》の知《ち》**」です。この態度が彼の哲学希求のスタートラインになるのです。ちなみにデルフォイのアポロン神殿には「**汝自身《なんじじしん》を知《し》れ**」という碑文《ひぶん》がありました。これは「分《ぶ》をわきまえろ」「身の程を知れ」といった意味だったのですが、ソクラテスはそれを「無知の知を自覚せよ」と捉えて、自身のモットーとしました。

ソクラテス・メソッド

それからのソクラテスです。積極的にソフィストら知者を論駁《ろんばく》してかかります。彼が用いたのは**問答法《もんどうほう》**（**ディアレクティケー**［dialektike］）という手法です（「ソクラテス・メソッド」ともいう）。自分が知者だと思い込んでいるソフィストを「無知の知」に至らしめるには、**対話**（**ディアロゴス**［dialogos］）（「ダイアログ［dialog］」）の語源）の実践が必要でした。ちなみに英語の「di」や「bi」は「2」を表す接頭辞です（「bicycle」なら「2つのサイクル」、つまり「（2輪の）自転車」という意味）。そうなると、対話（ディアロゴス）とは「ロゴス［logos］（言葉・理性）」を「2人で」分かちもつ、という意味になります。ソクラテスは対話の中で「～とは何か」をひたすら問い続けます。しかも空とぼけた態度で、何も知らないフリをしてソフィストに近づくのです。「何も知りませんが教えていただけますか」「いいだろう」「ところで嘘をつくのは悪いことですよね」「もちろん」「では病気の人に、苦い薬を苦くないよ、と言って飲ませるのは悪いことですか？」「それは悪くない」「あれ？　あれれ〜？　さっきあなた、嘘は悪いことだって言いましたよね〜？　おかしいな〜」とこのように、ちょっと嫌味な迫り方をしたんです。このようにソフィストの矛盾を指摘して、無知を晒《さら》す手法を**エイロネイア**［eironeia］といい、これは「アイロニー［irony］（皮肉）」という言葉の語源になりました。そうして相手の「思い込み（ドクサ［doxa］）」を廃し、「無知の知」に至らしめることができれば、相手に真の知への憧れ、つまりフィロソフィアがおこるのです。

ソクラテスは問答法を重視したため、ソフィストのように「これが知です」と示すことは一切しませんでした。ゆえに著書を一冊も残していません（弟子のプラトン［B.C.427—B.C.347］が書き残したダイアログ形式の「対話篇」に登場するソクラテスの姿から、彼の思想を推測するほかない）。そんなソクラテスの手法は、子どもがお腹から出てくるのを手助けする**助産術・産婆術**になぞらえられています（ソクラテスの母の職業が助産師・産婆でした）。『ハーバード白熱教室』が２０１０年にテレビ放映されて一躍有名になった、ハーバード大学教授のマイケル・サンデル［１９５３—］の人気講義「Justice（正義）」は、生徒にマイクを渡しながら活発なやりとりが展開されるという、まさに問答法スタイルの授業です。それに比べて一方的に喋っている私の授業などはソフィストか凡人そのものですね。「教育［education］」の「educate」が「引き出す」という意味だったことも思い出しつつ、反省してしまいます。

徳とは何か

ソクラテスが問答法で問うた内容を見てみると、**徳**（**アレテー**［arete］）に関して多く語られていることに気がつきます。徳とは元来、「優秀性・卓越性・よさ」のことです。馬の徳は足が速いことですし、ナイフの徳はよく切れること、になります。では人間の徳は……というと、ソクラテスは魂が優れていることだと考えました。そして、弟子のプラトン同様、魂を優れたものにする「知恵」「節制」「正義」などという人間の徳を定義したのです。人間としてどうあることが善いことで、どうあることが悪いことなのか……ここに倫理的な問いかけが生まれていることが見て取れるでしょう。ソクラテスによると、カロカガティア（善美の事柄＝知）を知ることで、魂が磨かれて、徳（魂が優れていること）が実現します（**知徳合一**《ちとくごういつ》）。[*2] そうした「善さ」を知っていれば、自然と正しい行いが実行できるようになります（**知行合一**《ちこうごういつ》）。[*3] さらに徳を実践すれば、そこには真の幸福があるのです（**福徳一致**《ふくとくいっち》）。「いかに生きるべきか」「どうすれば幸せになれるか」…こうした人生の普遍の価値を語ったところもソクラテスの斬新な点でしょう。

ところでソクラテスがこうした考えをもつに至ったのは、先述のピュタゴラス［B.C.6C?］と関係があります。ピュタゴラスはオルペウス教に影響され、自分の肉体に閉じ込められた魂を清いものとして神的世界に救い出し、輪《りん》廻《ね》から解脱《げだつ》することを目指していました。ソクラテスもその影響を受け、カロカガティアを知ることで、魂を神的世界に救い出せると考えました。もし不正や不善を好めば、魂は不完全な肉体の牢獄に閉じ込められて輪廻を繰り返し、神的世界に救い出すことはできなくなります。こうした話を、科学教の信者であるところの現代人なら荒唐無稽に思う人もいるでしょう。それでも、「嘘をついてしまい心が痛んだ」とか、崇高な行いに触れたことで「心が清らかになった」……なんて経験はあるのではないでしょうか。ここでいう「心」とは「**魂（プシュケー[psyche]）**」のことです。現代人同様、「心」なるものの存在を人々が自覚していたのです。「魂（プシュケー）」は「心理学（サイコロジー[psychology]）」（プシュケー＋ロゴス）や「霊能者（サイキック[psychic]）」の語源にもなっています。ソクラテスやプラトンを「文学の一種だ」などと言い放つ現代の哲学者もいるのですが、このような表現をすることで、言葉にするのが難しい自分の心の中の感情が腑に落ち、自らを見つめ直し、人生の意味を問うことができるのです。

魂への配慮

片っ端からソフィストを論破していったソクラテスです。とうとうアテネのデモクラチアの下で裁判にかけられ、死刑を求刑されます。罪状は国家の認めない新奇な神「**ダイモン**［daimon］（**神霊**）」を信じたことと、アテネの青年たちを堕落させたことにありました。ソクラテスは不正・不善を侵さぬよう、**ダイモニオン**［daimonion］に従っていました。「ダイモニオン」とは「ダイモン的なもの」……これは「善き知性の声」「良心の声」のことです。ちなみに「daimon」は英語の「デーモン［demon］（悪魔）」の語源です。語源から考えると「デーモン」とは絶対悪というより、民主主義という数の政治によって「デーモン」とみなされてしまったもの……と理解することもできますね。一方アテネの青年たちを堕落させた、というのは、古代ギリシアの同性愛の風習によるものです。聡明なソクラテスの周りには多くの美しい若者が集結していました。しかし異形のソクラテスの風貌と美しい若者はそぐわない……古代ギリシアでは善いものは正しく美しいと考えられていたのです。ちょっと可哀想ですが、ソクラテスが疎《うと》まれた一因です。それより何より、当時知識人として尊敬されていたソフィストを次々に論破して恥をかかせたことが大きいでしょう。舌鋒《ぜっぽう》鋭い哲学者は恨まれるのです。[*4] 政治的には、衆愚政治化するデモクラチアを批判する貴族派に近いソクラテスを潰すための、民主派の策略と見る向きもあります。

いずれにしても、死刑判決を受けたソクラテスです。周囲は嘆き悲しみ、悪妻クサンティッペですら最後は動揺するのですが、ソクラテスは全く動じず、死を恐れる様子もありませんでした。親友のクリトンは、お祭りで30日間死刑が延期されたことを受けて脱獄を勧めますが、ソクラテスは応じません。ソクラテスはペロポネソス戦争に3度従軍したほどの愛国者でした。[*5] よって、たとえ不当な判決であったとしても、アテネの国法に背き、不正・不善を侵すことで魂を汚したくはなかったのです（ソクラテスが「悪法も法なり」と言った、とされていますが、それは誤りです）。プラトンの『ソクラテスの弁明』では裁判で自身の意見を信念のままに述べる感動的な様子が描かれており、不正・不善を侵して魂を傷つけぬよう配慮することの必要性（**魂《プシュケー》への配慮**）が説かれています。

大切にしなければならないのは、ただ生きるということではなくて、善《よ》く生きるということなのだ。（『クリトン』*6）

当時のポリスでは、人々は名誉や地位、金銭を追い求め、堕落していました。ソフィストのまやかしの知恵がそうさせてしまったのです。現代の民主主義社会を生きる私たちだって同じ様な状況だといえるでしょう。しかしソクラテスは、名誉や地位、金銭よりも「**善《よ》く生きる**」ことを選んだのです。「生き方」という「人為（ノモス）」の問題に対して、相対主義で解決せず、普遍的・絶対的な善さを追い求めたのです。ちなみに「善《よ》く生きる」をラテン語に訳すと「ベネッセ」という教育関連企業の名前になります。

結果的にソクラテスは悲しむ弟子たちや妻を前に、毒杯を飲みます。「正しく哲学している人々は死ぬことの練習をしているのだ」*7と言って……。つまり、カロカガティアを希求すること（フィロソフィア）によって、肉体という不完全な牢獄から魂を神的世界に救い出せるのだから、死は魂にとって善いことだ、と言って周囲を慰めたのです。魂は神的世界に救い出され、生き続ける（魂の不死）……死をも恐れず「善く生きる」ことを求めたソクラテスの信念には心を動かされずにはいられません。プラトンの『パイドン』によると、遺言は「クリトン、アスクレピオスに鶏《にわとり》をお供《そな》えしなければならない。忘れないで供えてくれ」*8というものでした。アスクレピオスはギリシア神話の医術の神です。その神に鶏を供えるのは、病気回復の暁《あかつき》です。死ぬことで人間の災いが回復し、魂が清らかになることを最後まで信じていたのです。

注

＊1　プラトン『ソクラテスの弁明』（『世界の名著６』）（田中美知太郎訳、中央公論社、１９６６年）。

＊2　ソクラテスは感情よりも知性を重視する「主知主義［intellectualism］」の立場をとった。この「主知主義」（知性主義）は西洋哲学の王道となる。とはいえ、ニーチェが指摘したように、「アポロ的なもの」（知的な芸術神）に対比させられる「ディオニュソス的なもの」（情熱〔パトス〕的な酒神）もギリシア文化の一側面であった。

＊3　陽明学における知行合一（知っていたら行動に移せ）とはニュアンスが異なる。

＊4　哲学者の出隆《いでたかし》は国家総動員体制で戦争に邁進する１９４１年にあって、「「哲学」はその最初の人ソクラテス一代で、アテナィ政界と絶縁した。アテナィはソクラテスと共にその「哲学」を殺し、よってその哲学を骨抜きにした……しかしながら、哲学と政治とは、いつまでも無縁のものであることは許されない……我々の政治はソクラテスを殺しプラトンの直言を封じたようなアテナィのそれであってはならない」と述べている（「哲学を殺すもの」『哲学を殺すもの　出隆著作集２』勁草書房、１９６３年）。

＊5　日本を代表するソクラテス研究の第一人者であった田中美知太郎が、戦後を代表する保守系知識人であったことも記憶しておきたい。

＊6　プラトン『クリトン』（『世界の名著６』）（田中美知太郎訳、中央公論社、１９６６年）。

＊7　プラトン『パイドン』（岩田靖夫訳、岩波書店、１９９８年）。

＊8　プラトン『パイドン』（『世界の名著６』）（池田美恵訳、中央公論社、１９６６年）。

38章　プラトン

西洋哲学はプラトンに対する一連の脚注

ソクラテス〔B.C.470?―B.C.399?〕の思想を書物の形で残したのが弟子の**プラトン**（Plato）〔B.C.427―B.C.347〕です。彼が生きた時代、日本はまだ弥生時代でした。英国の哲学者・数学者アルフレッド・ノース・ホワイトヘッド（Alfred North Whitehead）〔1861―1947〕が西洋哲学の歴史は「プラトンに対する一連の脚注」であると評していますが、彼の哲学が西洋哲学の屋台骨となっていることは、これからはっきりしてくると思います。

本名はアリストクレス、プラトンというのは肩幅が「広い」という意味のあだ名でした（レスリングをやっていた）。母方は学者、父は政治家というアテネの名門に生まれ、20歳でソクラテスの弟子となって哲学の道を志します。彼こそがソクラテス最大の理解者であったことは間違いないでしょう。40歳の時にはアテネ郊外に学園**アカデメイア**（学問・学術を意味する「アカデミー〔academy〕」の語源）を建設し、そこではソクラテス譲りの対話重視の教育が行われました。

プラトンの師ソクラテスがアテネのデモクラチア（民主政治）の下で裁判にかけられ、刑死したことは既に触れました。その時プラトンは28歳、愚か者の多数決政治である衆愚政治《しゅうぐせいじ》に堕していたアテネのデモクラチアをさ

プラトン

ぞや恨んだことでしょう。現代における日本や世界の民主政治も同様ですが、デモクラシーとは市民の教養や知性、良識を前提に担保される危うい制度であり、多数決がときに暴力と成り得ることには留意しておくべきです。しばしば私たちは「政治家が悪い」と口にしますが、それを選んだのはいったい誰ですか、という話になって跳ね返って来るわけです。後にプラトンは、これを踏まえた上で理想の国家について論じます。

プラトンは、対話を重んじるあまり著書を残さなかった師ソクラテスの思想を「対話篇」というダイアログ形式で残しました。**『ソクラテスの弁明』『クリトン』『パイドン』『饗宴』**（原題はワインを飲んで語り合う「シュンポシオン［sumposion］」*1で公開討論会を意味する「シンポジウム［symposium］」の語源）というソクラテスの四福音書、そして**『国家』**やソフィストが登場する『ゴルギアス』などの著書がよく知られています。

どこまでがソクラテスの思想で、どこまでが彼本人の思想であるか、については判断しづらいのですが、初期はソクラテスの思想、中期以降はプラトンが独自に展開させた思想だと見ることができます。

ソクラテス思想に輪郭を与える

プラトンの功績は、師ソクラテスの思想を明確に理論化したことにあります。「魂《プシュケー》への配慮」といった時の「魂」とは何か、「善《よ》く生きる」と言った時の「善」とは何か……ソクラテスははっきりとそれを語りませんでした。そこでプラトンは「イデア論」を提起して、ソクラテスの愛知（フィロソフィア）の思想を理論化し、理想主義の基礎を作るのです（プラトンの**理想主義**［idealism］*2は、後に紹介するアリストテレス［B.C.384―B.C.322］の**現実主義**［realism］としばしば対比される）。

「イデア」とは、英語でいうと「アイデア〔idea〕」のことです。「idea」は思い描いた「考え」や「観念」「理念」そして「理想」などと訳されます。簡単に言えば私たちが「美しい」「正しい」「平和」「三角形」「犬」……という言葉を聞いた時に頭に思い描く、完全無欠な「美しさ」「正しさ」「平和」「三角形」「犬」……「そのもの」のイメージのことです。プラトンはこれを「**真実在**」と呼びました。私たちが現実界にある個々の美しいものを「美しい」と思うのはなぜでしょうか。イデア論に従えば、真に美しいものの不変のイメージ＝「美のイデア」を想定しているからだといいます。目の前にある個々の花や彫刻を美しいと思うのは、「これぞ美そのもの」という完全無欠の「美のイデア」に当てはまっているから美しいと思う……というわけです。あるいは目の前を歩くダックスフントやゴールデンレトリバーを見たときに、そこに共通する「これぞ犬そのもの」という完全無欠の「犬のイデア」に合致しているから、「犬だ」と認識できるわけです。間違っても「猫だ」と認識することはないのです。

「ぼくたちは、正しさそのものというものがあると認めるか、それとも認めないか」「認めますとも」「また、美とか善は？」「もちろん認めます」「では、君はいままでに、そういうものをどれ一つでも目で見たことがあるかね？」「いいえ、けっして」（『パイドン』[*3]）

とはいえ「美しさ」や「正しさ」、「平和そのもの」は理性（知性）でしか捉えられず、五感では捉えられないのだといいます。確かに私たちは、「平和そのもの」（平和のイデア）を目や耳で確かめたことはありませんが、世界で起こった個々の出来事を「平和であるか、そうではないか」と判断することはできます（個々の出来事は五感で捉えられる）。では、黒板に書いた「一辺15センチメートルの正三角形」はどうでしょう。「一辺15センチメートルの正三角形そのもの」（一辺15センチメートルの正三角形のイデア）を五感で（視覚で）確かめられるではないか、と思う人がいるかもしれません。しかし、黒板に描かれた図形をよくよく見てみれば「一辺15センチメートルの正三角形」の線には太さがあります。どんなに機械で正確に作図したとしても、何ミクロンか「一辺15センチメートルの正三角形そのもの」からはズレているはずです。つまり、「一辺15センチメートルの正三角形そのもの」＝「一辺15センチメートルの正三角形のイデア」は感覚を超えた観念・イメージであり、それを五感で捉えることは不可能なのです。

イデアはどこに

では「真実在」である「イデア」は一体どこにあるか……といえば、「**現実界**」ではなく、天上の普遍的な「**イデア**（理想）**界**」にあるのだといいます。「イデア界」は五感で認識できませんから、見ることも聞くことも触ることも叶いません。このプラトンの「イデア界と現実界」という「二元論［dualism］・二項対立的思考」は西洋の発想に脈々と受け継がれていくものです（「心（精神）と身体（肉体・物体）」を別物と考えるデカルト［1596―1650］の「物心《ぶっしん》（心身《しんしん》）二元論《にげんろん》」や、「西洋と東洋」「理性と感性」「二大政党制」「右翼と左翼」……など色々ある）。

プラトンは**洞窟**《どうくつ》**の比喩**《ひゆ》［allegory of the cave］を使って「イデア界」と「現実界」を説明しています。地下の洞窟に閉じ込められた囚人が壁を見ると、一匹の犬が見えます。囚人は感覚を信じて、「あれは犬だ」と思い込んでしまうのですが、それはたき火によって投影された本物の犬の「影」にすぎなかったのです。つまり、私たちが「現実界」で目にしている犬は、完全無欠な「犬のイデア」の「影」にすぎない……という例え話です。限りなく犬に近いもの（「犬のイデア」の影）ではあるけれど、完全無欠の「犬そのもの」（犬のイデア）ではない、ということです。先ほどの三角形の例を挙げれば、「黒板に書いた一辺15センチメートルの正三角形」も、「一辺15センチメートルの正三角形のイデア」を分かちもつ（分有する）虚像・似姿であるところの「一辺15センチメートルの正三角形のイデア」の「影」にすぎない……ということになります。

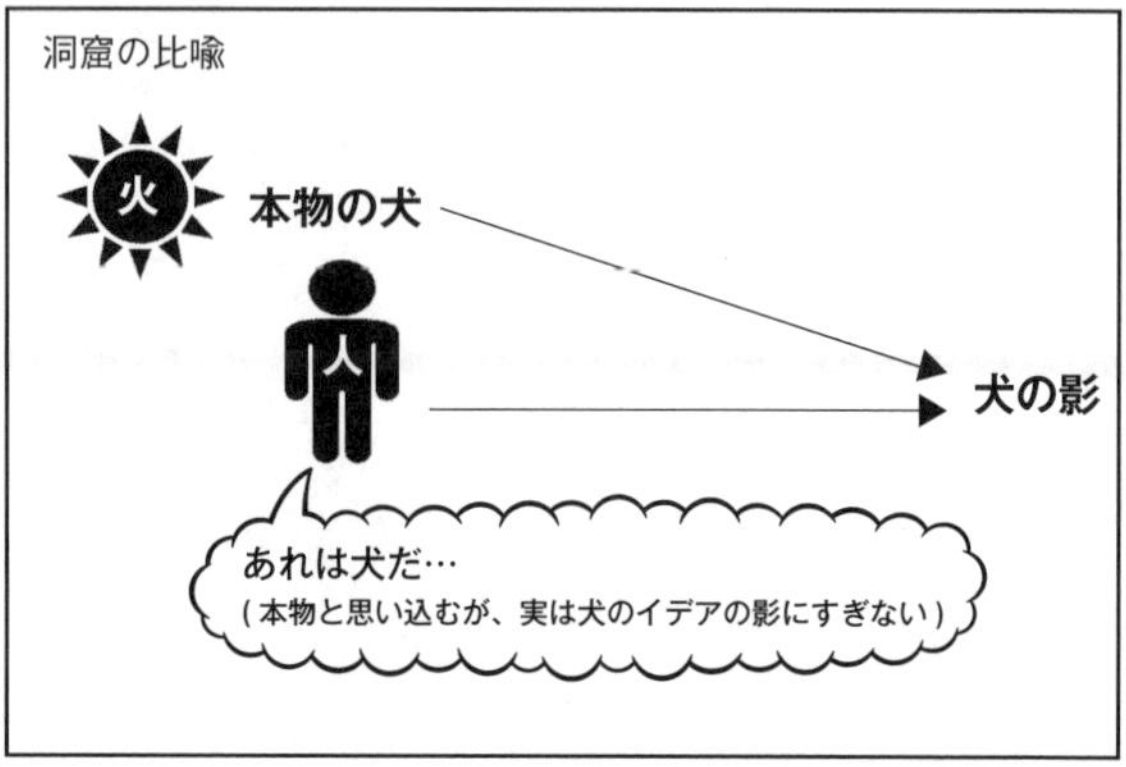
洞窟の比喩
火
本物の犬
人
犬の影
あれは犬だ…
（本物と思い込むが、実は犬のイデアの影にすぎない）

そうなると、「イデア界」には「犬のイデア」や「三角形のイデア」「美のイデア」に「正義のイデア」……といった様々な「イデア」があることになるわけですが、それら全てを秩序付けているのは「**善のイデア**」です。ソクラテス同様、プラトンは「善」に最上の価値を見出しました。「善のイデア」は太陽のように「イデア」を秩序づける「イデアのイデア」とされました（これを「**太陽の比喩**」という）。

このように超自然的なイデアによって現実界（自然）の存在に形が与えられる……という少々不自然な発想は西洋（哲学）独特のもので、プラトニズム（プラトン主義）と呼ばれます。ギリシア語で「自然」を意味する「フュシス」が「生成する」という意味の「フュエスタイ［phyestai］」を語源としているように、ソクラテス以前のギリシアでは『古事記』に描かれる神話的世界観と同様、自然を（丸山眞男《まさお》［1914―1996］のいう）「なる」論理で捉えていました。しかし「フュシス」をラテン語に訳した「ナトゥラ［natura］」（ネイチャー［nature］）が神の天地創造直後とみなされたように、キリスト教世界では自然を超自然的な神の被造物と捉えるようになるのです（丸山のいう近代的な「つくる」論理）。[*4] アウグスティヌス［354―430］に代表される古代キリスト教の教父哲学が新プラトン主義の影響を受け、超自然的なイデアと神を重ね合わせた点は66章で触れますが、そもそもプラトンはユダヤの一神教（キリスト教やイスラームに継承されるヘブライズムの原点）に触れて、超自然的原理から存在がつくられるという発想を得た可能性があるようです。[*5]

魂の想起説

ここまでの話をおさらいしましょう。「現実界」では（美しい花もいつかは枯れてしまうように）不完全で永続性のない個物（「イデア」の「影」）のみを感覚によって捉えることができます。一方「イデア界」は、（美しい花という観念は枯れることがないように）完全で永続性があり、理性（知性）によって普遍的・本質的な「イデア」を捉えられるのです。では、五感で捉えられないという「イデア」を知ることなど、果たしてできるのでしょうか。プラトンはピュタゴラス［B.C. 6C?］や師ソクラテスが説いた魂の不死と輪廻《りんね》を信じていました。それによると、「現実界」において私たちの心の中にある魂は肉体という不完全な牢獄に閉じ込められています。肉体が滅んだ後も、魂は死にません。魂はまた別の人間や動物などの魂として生まれ変わってしまう（輪廻する）のです。それは何としても避けたいことです。そこでピュタゴラスは「数学や音楽」で、ソクラテスは「善く生きる」ことで魂を浄化（カタルシス）させ、永遠の輪廻から救い出そうと考えました。その魂の救出先である神的世界を、プラトンは「イデア界」と呼んだのです。

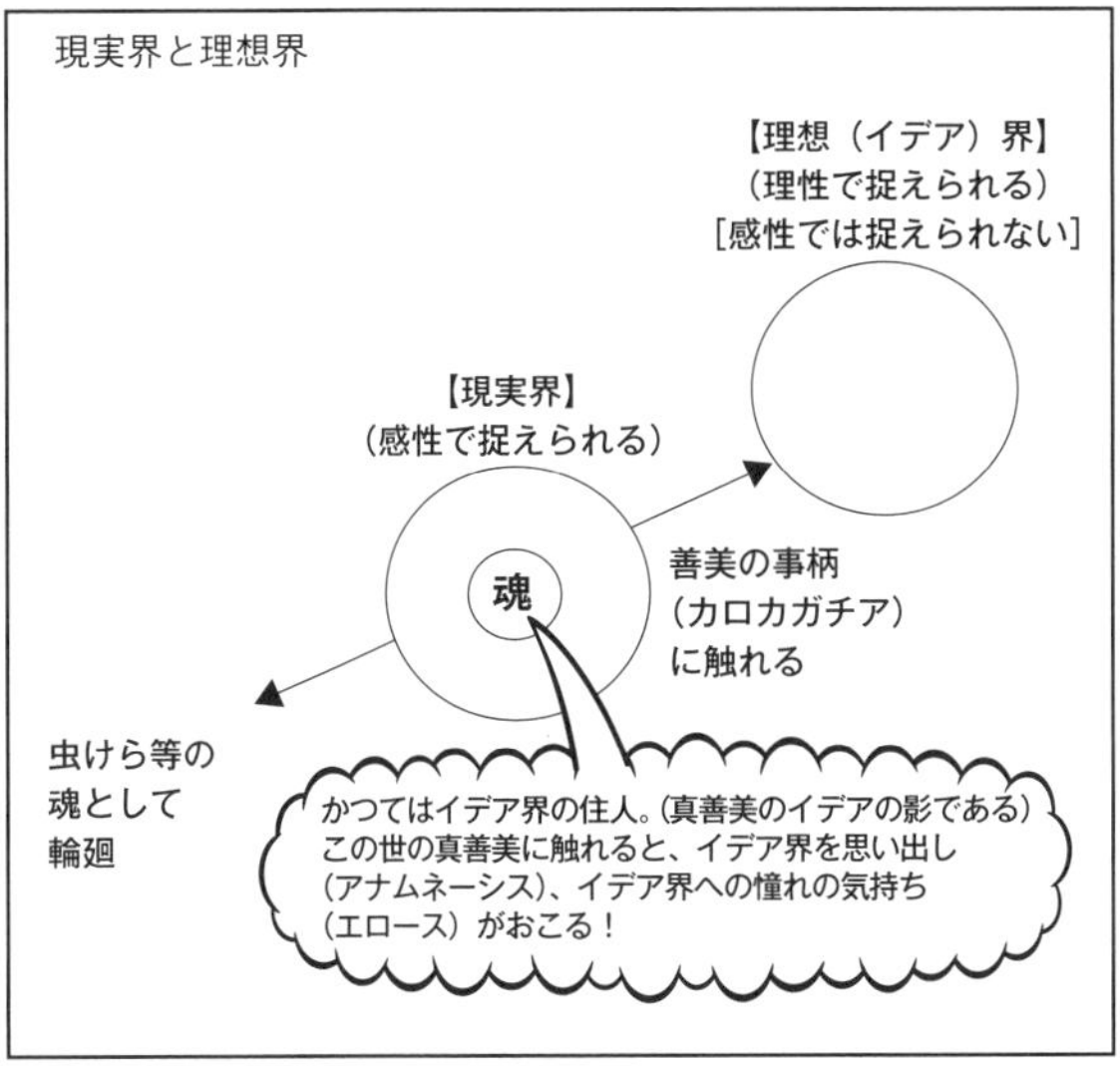

私たちの魂は、もともと「イデア界」の住人であったため「イデア」を知っています（不完全な肉体は「イデア界」を知らない）。よって魂は「現実界」の「真・善・美」（古代ギリシアの究極の「知」）

に触れたとき、（それらは「真・善・美そのもの」ではなく、「真・善・美のイデア」の「影」であるにせよ）限りなく「イデア」そのものに近いものになりますから、元の居住地であり、「真・善・美そのもの」である「イデア界」を思い出します。美しい絵を観たり、身を賭して人助けをする人や、無償のボランティア活動を行っている人に出会ったとき、私たちの魂が動くような感覚を覚えることがあるでしょう。これをプラトンは**想起**（**アナムネーシス**［anamnesis］）と呼びました。こうして、魂が「イデア界」に恋焦がれる気持ちから、理性でしか捉えられない**知**（**エピステーメー**［episteme］）への憧れがおこります。これこそが**エロース**［eros］であり、ソクラテスのいう知への希求・フィロソフィア（愛知）なのです。よく考えてみれば、知らないことを知りたい、と思えるのは不思議ですよね。これは魂が「イデア界」を思い出した想起（アナムネーシス）の瞬間だったのです。

ちなみに、古代ギリシアに同性愛の風習があったことは既に触れました。永続性がある魂への恋は美しく高貴で、永続性のない肉体への恋は醜く低俗であるとされました。肉体的に結びつくことのない同性愛は高貴な愛の形なんです。このように肉体的な結びつきではなく、人を精神的に愛することをプラトニック・ラブ［Platonic love］（プラトン的な愛）といいます。プラトンによる理想的［ideal］な愛の形です。

理想の国家像

哲学者とは、つねに恒常不変のあり方を保つものに触れることのできる人々のことであり、他方、そうすることができずに、さまざまに変転する雑多な事物のなかにさまよう人々は哲学者ではない、ということであれば、いったいどちらの種類の人々が、国の指導者とならなければならぬだろうか？（『国家』）[*6]

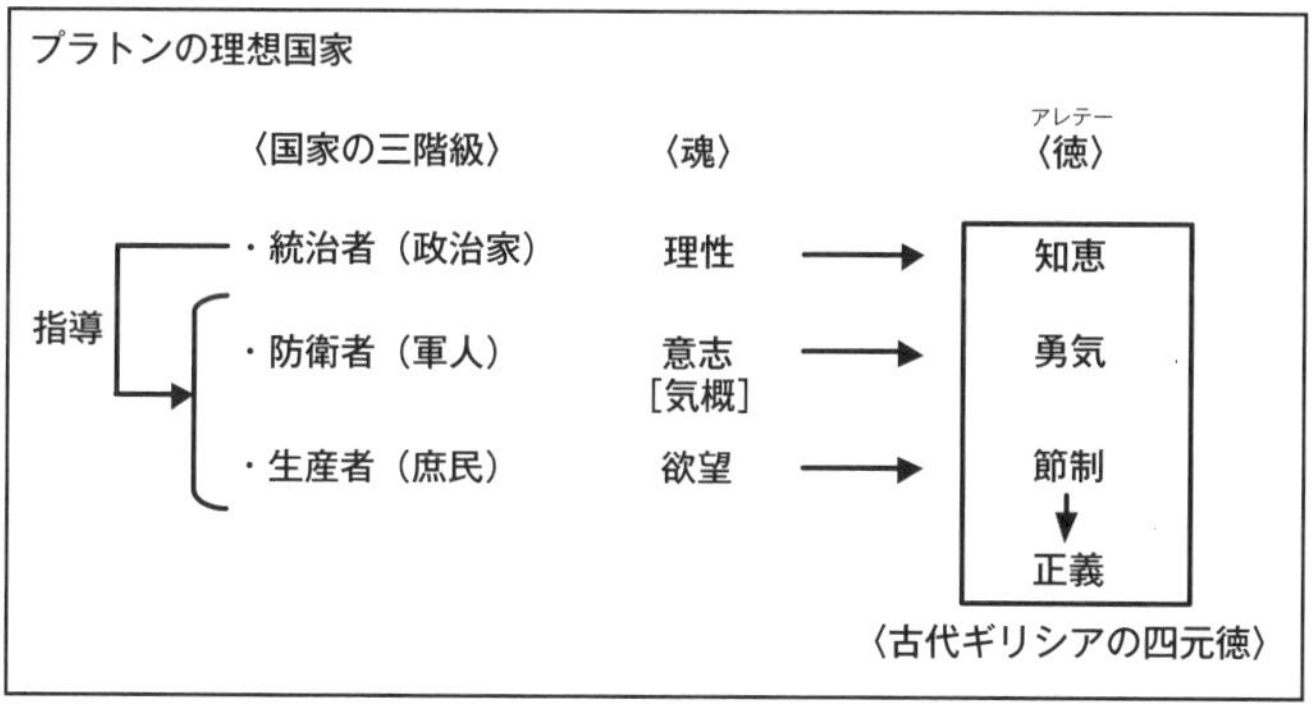

プラトンが、ソクラテスを死に追いやったアテネのデモクラチアを憎んでいたことは既に触れました。そこでプラトンは、『国家』で理想的な国家のあり方を論じています。ソクラテスが示した魂をプラトンは「理性」「意志（気概《きがい》）」「欲望」の3部分に分けました（**魂《たましい》の三分説《さんぶんせつ》**）。これは国家の3階級に対応しています。「**統治者**（政治家）」が「**理性**」、「**防衛者**（軍人）」が「**意志**（気概）」、「**生産者**（庶民）」が「**欲望**」という魂の三部分を分担し、それぞれ「**知恵**」「**勇気**」「**節制**」という徳に転化して活用すれば、「**正義**」の徳が実現した理想国家になるというのです。この「知恵」「勇気」「節制」「正義」は古代ギリシアの**四元徳《しげんとく》**[cardinal virtues]といわれています。ちなみに「統治者」は「防衛者」と「生産者」を指導する立場にあるとされました。

　ではその「統治者」、つまり国の指導者にふさわしいのは一体どのような者なのでしょうか。プラトンは、「真・善・美」という真実在を理性で直観することができる哲学者か、あるいは哲学を学んだ王が国の指導者となるべきであると考えました。理想主義者プラトン（「イデア」は「理想」とも訳される）はこの**哲人政治**を理想とし、弟子（恋人であったともいわれる）ディオン（Dion of Syracuse）[B.C. 408—B.C. 354]の要請でシチリア島のシラクサの王ディオニュシオス2世(Dionysius II)[B.C. 397—B.C. 343]*7を2度にわたり、「哲人王」にするべく教育します。しかし残念ながら、ディオニュシオス2世はプラトンを後ろ盾に哲学の素養があるところを見せようとするに留まり、この試みは失敗するのです（結局ディオンも内紛の中で暗殺され、シラクサは無政府状態に陥る）。この辺りを理想主義の限界が露呈した現実、と見てとることもできるでしょう。また、エリート「哲人王」が政治を行うべき……というのはエリート主義的・独裁主義的でもありますし、デモクラチアの衆愚化を敵視していたプラトンは全体主義的である、と批判されることもあります。この辺りは難しいところです。とはいえ人間の大半は理性的とは言い難く、私欲や感情についつい負けてしまうものです。悲観的な見立てではありますが、理性的な哲学者然とした人物が多数決で選ばれることは、あまりないのかもしれません（これがまさに愚か者による多数決＝衆愚政治の末路）。現実の政治の世界で政治家の横暴や堕落、感情的なポピュリズム（大衆迎合主義）がニュースになるたびに、理性的なエリートによる理想の政治体制を夢想する人もいるのではないでしょうか。

理想主義が退潮する時代

私が高校生の頃の経験です。高校時代の私は、一言でいうと「マイナー・キャラ」でした。全く目立たず、クラスでも居るのか居ないのか、誰も気が付きませんでした（本当です）。教員になって毎日人前で話すようなことになるとは、当時はまさか思いもよりませんでした。クラスメイトからは呼び捨てにもされず「石浦君」と「君づけ」で呼ばれていました。その微妙な距離感が伝わるでしょうか。しかしその頃から音楽に興味があり、ギターを弾き、曲を作りはじめていました。それを知ったクラスのリーダー格の活発な男の子が、マイナーな私に声をかけてくれるようになったのです。クラスメイトが私を見る目はその日から一変しました。相手によって態度を変えず、分け隔てなく接してくれたその姿に私は感動しました。その時、「私もいつかこんな風になれたら」と魂が揺さぶられたんです。これはまさに魂が「現実界」の「真・善・美」に触れ、「イデア界」を想起（アナムネーシス）した瞬間であり、その「理想（イデア）」への憧れ（エロース）が生まれた瞬間だったのだと思います。

ターリバーンの武装勢力による襲撃に屈することがなかった、パキスタンの女性人権活動家マララ・ユスフザイ（Malala Yousafzai）［１９９７―　］（２０１４年にノーベル平和賞を受賞した）の国連におけるスピーチや、黒人差別に非暴力主義で抵抗し、公民権運動を率いたキング牧師〔１９２９―１９６８〕のワシントン大行進（１９６３年）におけるスピーチ「私には夢がある《アイ・ハヴァ・ドリーム》（I Have a Dream）」……これらを聞いたときにも、魂がかつての住居である「イデア界」を想起し、「イデア界」に恋焦がれ、それこそ魂が浄化されるような感覚を覚えたことを思い出します。

このように、私たちは「理想」とする人物や世界に憧れ、恋焦がれることがあります。現実を見ればそうなれるかどうかはわからないにせよ、「理想」を追求することで人間は生まれ変わり、前向きな気持ちでいられるのです。それをプラトンは「イデア」を持ち出して説明してくれたのでしょう。

プラトンの理想主義に対抗したのは、その弟子アリストテレスです。現実主義者のアリストテレスは、プラトンの「イデア論」を荒唐無稽であるとして切り捨てました。浮世離れした「理想」ばかりを思い描く夢想家は小馬鹿にされ、現実を見ろと迫られる……理想主義と現実主義は時代により振り子のように揺れ動いてきました。20世紀に理想主義が花開いたのは、第一次世界大戦後の大正デモクラシーの時代（世界大戦を繰り返さないために国際連盟の設立を訴えたのは米国大統領で理想主義者のウィルソン〔１８５６―１９２４〕だった）、１９６０年代の「ラブ＆ピース」の時代、そして戦後社会が総括された１９９０年代でしょう。「自由」「平等」「平和」……そうした普遍的な「観念・理念・理想（イデア）」が機能した時代です。戦後、60年代のカウンターカルチャー（対抗文化）は、親世代の既成の価値観に抵抗し、「自由」「平等」の理想を掲げ、性別の壁や人種の壁を壊しました。キング牧師や、公民権法を成立させた米国大統領J・F・ケネディ（John F. Kennedy）〔１９１７―１９６３〕（大統領就任演説では「国があなたのために何をしてくれるかではなく、あなたが国のために何ができるのかを問うてほしい」と語った）もそうした時代の空気と共振していました。その60年代に都市の物質文明・管理社会にアンチを突きつけたのが大地に帰る（「Down to earth」）ヒッピー〔hippie〕文化でしたが、そのヒッピーイズムの流れをくんだ米国シリコンバレー産のインターネット文化（今でもIT業界はドレスコードが緩く、ヒッピーイズムの残滓《ざんし》を感じ取れる）は90年代に爆発的に広まり、世界の一体化（グローバリゼーション）を後押ししました。ヒッピーたちの「愛と平和（ラブ＆ピース）の祭典」だった１９６９年のウッドストック・フェスティバルは野外音楽フェスティバルの先駆でしたが、90年代（60年代チルドレン世代の時代）以降に「夏フェス文化」として日本に定着したのも興味深い相同です。

しかし冷戦が終結し、「平等」を理想視する社会主義というユートピア主義の失敗が現実化します（社会主義国の理想には全体主義的で不寛容な部分があり、対立者を粛清するなど負の側面も明らかになった）。その一方で、市場原理に基づく「自由」な経済活動を理想視する新自由主義（ネオリベラリズム）が新たなユートピアとみなされます（日本においても小泉内閣の構造改革や橋下維新ブームに沸いた時代を思い出してみてほしい）。93年にはＥＵ（欧州連合）が発足し、欧州をのみ込む自由貿易圏が誕生しました（まだグローバリゼーションが格差を生むという負の側面は明らかにされていなかった）。「世界はひとつ」「世界平和」「核のない世界」……こうした「理想」をわずかながらも信じることができたのが90年代です。

しかし21世紀に入ると、こうした「理想」が少しずつ、打ち砕かれます。２００１年におこった米国の同時多発テロ以降、現在でもＩＳ（イスラム国）によるテロが後を絶たず、キリスト教文化圏とイスラーム文化圏の対立が鮮明になりました。また、16年には英国が国民投票によりＥＵ離脱を選択（20年に正式離脱）し、17年に米国はＴＰＰ（環太平洋戦略的経済連携協定）から撤退しました。09年にはバラク・オバマ（Barack Obama）［１９６１―　］がアフリカン・アメリカン（黒人）出身で初めて米国大統領に就任しましたが、10年代に入ると、白人警官による不当なアフリカン・アメリカン射殺事件などもおこります。16年の米国大統領選挙では、アフリカン・アメリカンやヒスパニック、イスラーム教徒、女性、同性愛者といったマイノリティに対して不寛容で差別的な発言を繰り返してきたドナルド・トランプ（Donald Trump）［１９４６―　］が、米国内の経済格差と雇用を奪うとみなされた移民への不満を背景に選出されました。不遇な立場に置かれた者の平等を夢見た理想主義は近代の進歩主義が機能した時代だったからこそ、支持を集められたのでしょう。もはや「世界はひとつ」などという「理想」や普遍「理念」が機能しない時代に入ってしまったように思えます。

みなさんの中には、こんどの戦争に、おとうさんやにいさんを送りだされた人も多いでしょう。ごぶじにおかえりになったでしょうか。それともとうとうおかえりにならなかったでしょうか……いまやっと戦争はおわりました……こんな戦争をして、日本の国はどんな利益があったでしょうか。何もありません。ただ、おそろしい、かなしいことが、たくさんおこっただけではありませんか。戦争は人間をほろぼすことです……そこでこんどの憲法では、日本の国が、けっして二度と戦争をしないように、二つのことをきめました。その一つは、兵隊も軍艦も飛行機も、およそ戦争をするためのものは、いっさいもたないということです……これは戦力の放棄といいます……しかしみなさんは、けっして心ぼそく思うことはありません。日本は正しいことを、ほかの国よりさきに行ったのです。世の中に、正しいことぐらい強いものはありません。もう一つは、よその国と争いごとがおこったとき、けっして戦争によって、相手をまかして、じぶんのいいぶんをとおそうとしないということをきめたのです……みなさん、あのおそろしい戦争が、二度とおこらないように、また戦争を二度とおこさないようにいたしましょう。(『あたらしい憲法のはなし』)*8

こうした時代にあって、日本国憲法改正の議論がさかんに行われていることは、正直気にかかります。もちろん戦後70年あまりの時が経ち、時代にそぐわない部分が出てきたことは認めざるを得ないでしょう。人間も70歳になれば足腰は弱り、身体にもガタが来るわけです。ただ問題含みなのは、憲法改正の本丸が第9条の平和主義にある点です。ここに紹介した『あたらしい憲法のはなし』は、日本国憲法公布の翌年（1947年）に文部省（当時）が作った中学一年生用の社会科の教科書です。そこに戦後の新生日本のまぶしいほどの理想主義の色を感じ取ることができます。ちなみに日本国憲法全体に流れる普遍的で崇高な理想主義のトーンは芸術品のような前文に表現されていると思います。人類が多くの血を流すたびに反省し、永年にわたり築き上げてきたその叡智の結晶をぜひ一度味わって読んで頂けたらと思います。

その日本国憲法の最も重要な特色と言えるのが憲法第９条です。これがまさに理想主義の産物、私たちを正しく導いてくれるプラトンの「イデア」のようなものです。国の最高法規である憲法の「理想」・崇高な普遍「理念」によって政府を縛る……というのが近代民主主義の常識である「立憲主義」です。そもそも政府や人間は信用できないものである、とする大前提は幾多の失敗を乗り越えてきた人類永年の知恵でした。平和主義や地方自治、全体の奉仕者としての公務員のあり方にしても今の日本ではその理想を実現し得ていないわけです。実現させられる現実的な目標に安易に書き換えるのではなく、国民全員が高い意識をもって、その理想に近づけていく努力が欠かせないのです。

ＧＨＱ（連合国軍総司令部）は、日本を軍国主義のファシズム国家に逆戻りさせないために、米本国でも実現できないような崇高な「理想」を新生日本に託しました。何しろそこには「戦争の放棄」「戦力の不保持」「交戦権の否認」――これが第９条の「平和主義」の根幹――までもが明記されているのですから。「自衛隊」という世界で飛び抜けてお金をかけた実質の軍隊を有していて何が「戦力の不保持」だ、とか（政府は「戦力」ではなく「必要最低限度の実力」と呼び、「軍隊」ではなく「自衛隊」と言い換えることで憲法第９条と現実との齟齬《そご》をなくしてきた）、米国の核の傘に入ってぬくぬくさせてもらっておいて何が「平和主義」だ、とか。あるいは戦後の平和は、終戦後も米国の施政下に置かれた沖縄に米軍基地の大半を押し付けることで実現した「まやかしの平和」に過ぎない……などなど、現実的に突っ込みたくなる気持ちも確かにわかるのですが、第９条はそもそも、そうした現実主義的性格のものではないのかもしれません。第９条は、天上の「イデア界」にある普遍的「理想」であり、生滅変化する「現実界」の事物を正しく導いてくれる目標のごときものなのです。

私にとって、間違いなく「音楽のイデア」であり続けているザ・ビートルズのメンバー、ジョン・レノン（John Lennon）〔１９４０―１９８０〕の代表曲「イマジン［Imagine］」と第９条の類似も指摘されています。「天国がないって想像してごらん」「国境がないって想像してごらん」「すべての人が平和に暮らしているって想像してごらん」……

こんな風に私たちの想像力を膨らませておいて、ジョンは言うんです。「みんなは僕のことを夢想家だと思うかもしれない、でも僕は一人じゃないんだ、いつかみんなが賛同してくれるといいな、その時世界は一つになるんだ」と。現実を見れば、国境がなくなるわけはないですし、戦争や軍隊がなくなるわけがありません。でも、国境がなくなれば、軍隊がなくなれば……そうした「理想」のヴィジョンを持つ人が一人でも増えれば、世界が変わるきっかけになるかもしれないんです。ジョンはきっと、そう固く信じていたのではないでしょうか。＊9

注

＊1　久保勉の解説によれば、「ギリシア人の間においてはホメロス時代以来飲み食いは単に肉体の栄養であるだけでなく、同時に精神の糧でもあるという考えが行われていた」（プラトン『饗宴』久保勉訳、岩波書店、１９６５年）。

＊2　「idealism」は、認識論では「観念論」と訳される。「物質」より「精神」（イデアのような現実界を離れた観念的なもの）を世界の根源と考える「観念論」の立場は、哲学の世界ではデカルトやバークリー、カント、ヘーゲル、あるいはユートピア思想や社会主義思想の中にも見てとれる。

＊3　プラトン『パイドン』（『世界の名著６』）（池田美恵訳、中央公論社、１９６６年）。

＊4　「「つくる」と「なる」が両極を構成し、「うむ」はその中間に浮動することになる。あるカルチュアでは「つくる」論理の磁力が強いため「うむ」はその方向に牽引され、他のカルチュアでは、「うむ」と「なる」との間にヨリ大きな親和性が働く……前者の典型はユダヤ＝キリスト教系列の世界創造神話であるが、これとちょうど対蹠的に日本神話では「なる」発想の磁力が強く、「うむ」を「なる」の方向にひきこむ傾向がある。それだけ「つくる」論理におけるような、主体への問いと目的意識性とは鮮烈に現れないわけである」（丸山眞男『歴史意識の「古層」』）（『忠誠と反逆』筑摩書房、１９９２年）。

＊5　木田元『反哲学入門』（新潮社、２０１０年）。

＊6　プラトン『国家（下）』（藤沢令夫訳、岩波書店、１９７９年）。

＊7　傲慢な僭主《せんしゅ》だった父のディオニュシオス１世とは仲違いしてプラトンは奴隷として売られたが、何とかアテネに戻り、アカデメイアを開いたという（山本光雄『ギリシア・ローマ哲学者物語』角川書店、１９７９年）。

＊8　高見勝利編『あたらしい憲法のはなし　他二篇――付　英文対訳日本国憲法』（岩波書店、２０１３年）。

＊9　ただしジョンは、米国ニューヨークに居住していた晩年、俳優出身だった共和党の大統領ロナルド・レーガンを支持していた。１９６０～７０年代を象徴するリベラルの理想主義者が１９８０年に入る頃保守化していたことは考察に値する（子どもが生まれると、人間は保守化する場合がある）。「ラブ＆ピース」の象徴としてのジョンのイメージを冷凍保存してきたのは、妻のオノ・ヨーコである。

39章　アリストテレス

現実主義者アリストテレス

プラトン〔B.C.427―B.C.347〕の理想主義がピンとこなかった方は、おそらく現実主義者かもしれません。夢物語のようなことを語っていても、「現実」は何も変わりません。壮大な「理想」を語る前にまず身近なことから行動すればいい、と思うでしょう（とはいえ、実は「理想」と「現実」のバランスこそが重要なのだが）。ルネサンス期にラファエロ〔1483―1520〕が描いた『アテネの学堂』（バチカン市国にある）の中心にはプラトンと**アリストテレス**（Aristotle）〔B.C.384―B.C.322〕がいます。プラトンは指を天に向かって指し示し、アリストテレスは手を前に突き出し、手のひらを地面に向けています。プラトンは天上の「理想」の「イデア界」を示し、アリストテレスはそれと対照的に目の前の「現実」を見ている……というわけなんです。アリストテレスは、師プラトンの「イデア論」を荒唐《こうとう》無稽《むけい》である、として退けた人でした。

アリストテレスが生まれたのは、ギリシア辺境の国マケドニアです。ギリシア人がバルバロイ（野蛮人［barbarian］の語源）と呼んでいた地域にあたります。父はアレクサンドロス（アレキサンダー）大王（Alexander III of Macedon）〔B.C.356―B.C.323〕の祖父の侍医でした。学園アカデメイアに入門したときアリストテレスは17歳、プラトンは60歳

プラトンとアリストテレス
ラファエロ「アテネの学堂」

でしたから、どこまで師弟関係が存在していたかは少々疑問が残ります。師の「イデア論」を批判して、プラトンの死後にアテネを去ったと言われています。ここまで書くと、アリストテレスとプラトンは相反する立場のように思えるかもしれませんが、アリストテレスは長らくアカデメイアに籍を置いていたわけですし、影響を受けたプラトン思想を批判的に継承した人、として捉えるべきだと思います。[*1] プラトンが「若駒が母馬を蹴飛ばすように私を蹴飛ばした」と言った、などというエピソードもありますが、それも実際はアテネの反マケドニアの動きが理由です。アリストテレスは41歳でマケドニアに戻ると、アレクサンドロス大王の家庭教師となります。再びアテネに戻った後は、学園**リュケイオン**［Lykeion］（フランスの高等教育機関リセ［lycée］の語源）を開きました。アレクサンドロス大王の急死後は再び反マケドニア運動がおこり、アテネを追われて、母の故郷で亡くなっています。

アリストテレスが様々な学問を体系づけ、「**万学**《ばんがく》**の祖**《そ》」と呼ばれたことは、下記の著書が種々の学問分野の名称となっていることからもわかります。形而下《けいじか》（形あるもの）を超えた形而上《けいじじょう》の存在を突き詰めた『**形而上学**《けいじじょうがく》（メタフィジックス［Metaphysics］）』（『自然学（フィジックス［Physics］）』の「後（メタ［meta］）」の著作の意）、人間のあるべき生き方を説く『**ニコマコス倫理学**』（「倫理学」は「エシックス［ethics］」、「ニコマコス」は編者だった息子の名前）、ほかにも『論理学（ロジック［logic］）』や『**政治学**（ポリティクス［politics］）』『弁論術（レトリック［rhetoric］）』『詩学（ポエティクス［poetics］）』『自然学（フィジックス［physics］）』など膨大な著書が残されています。後述する中世のキリスト教神学「スコラ哲学」はアリストテレス哲学に依拠し、多大な影響力をもちましたし、デカルト［1596―1650］に代表される近代哲学はアリストテレス哲学体系を見直すことから始まったのでした。

イデア論の批判

「現実界」の事物は、感性では捉えられない「イデア界」の「影」である……アリストテレスはこれを排し、事物の「本質」である「**形相**《けいそう》（**エイドス**［eidos］）」は、事物の「素材」である「**質料**（**ヒュレー**［hyle］）」に内在している、と考えました。「ヒュレー」はラテン語で「materia」と訳され、英語の「material」（物質の／材料）や「matter」（物質）の語源となっています。「現実界」の「犬」とは、「犬」の「素材」（皮膚・内臓・器官など）に犬の「本質」（犬という種）が内在することから成る、ということです。しごく当たり前ですが、「犬」という存在を説明するきわめて明快な定義です。「犬」は「犬のイデア」の「影」である……というのは少し無理があるようにも思えます。このようにアリストテレスは、個物の「本質」は個物を超越した「イデア界」にあるのではなく、個物（素材）に内在していると現実的に考えたのです。

原因というのにも四通りの意味がある。すなわち、我々の主張では、そのうちの一つ(1)は、物事の実体《ウーシア》であり、なにであるか《ト・ティ・エーン・エイナイ》〔本質〕である。けだし、そのものがなにのゆえにそうあるかは結局それの〔なにであるかを言い表す〕説明方式《ロゴス》に帰せられ、そしてそのなにのゆえにと問い求められている当のなには窮極においてはそれの原因であり原理《アルケー》であるからである。つぎにいま一つ(2)は、ものの質料《ヒレー》であり基体《ヒポケイメノン》である。そして第三(3)は、物事の運動がそれから始まるその始まり《アルケー》〔始動因としての原理《アルケー》〕であり、そして第四(4)は、第三のとは反対の端にある原因で、物事が「それのためにであるそれ《ト・フー・ヘネカ》」すなわち「善《タガトン》」である、

> というのは善は物事の生成や運動のすべてが目ざすところの終り《テロス》〔すなわち目的〕だからである。（『形而上学（上）』）＊2

さらに「存在」とは「イデア」のような永遠不変のものではなく、動的なものであると捉えました。アリストテレスはそうした運動の原因を4つに整理しています。1つ目は「**質料因**」（素材・何からできているか）、2つ目は「**形相因**」（それは何であるか）、3つ目は「**始動因**」（運動・変化を引き起こしたのは何か）、4つ目は「**目的因**」（どのような目的をもつか）です。近代以降は、科学の発展に従って物事の「原因」と言えば「始動因」を指すようになりますが、中世までは「目的因」が重要視されていました（こうした自然観を目的論的自然観という）。アリストテレスは、事物にその形相（エイドス＝本質）を実現させているものを**不動《ふどう》の動者《どうしゃ》**（自らは動かずに、他を動かす）あるいは**純粋形相**と呼んでいました。これはいわば「神」と言い換えてもよいものです。「神」がすべてのものを自らに向かって運動させている、ということです。ここまで言っても腑《ふ》に落ちないかもしれないので、例を出しましょう。「人間」という存在、は皮膚・内臓・器官……という「素材」（質料因）にホモ・サピエンスという種、つまり「本質」が内在し（形相因）、父と母によって（始動因）誕生します。そして最後に残されたのは、どのような目的で・何のために生を享《う》けたのか（目的因）という話です。皆さんがこの世に生を享けたのは何のためか……これは正直誰にもわかりません。人間の本能、とでもいうほかないものです。「神様が……」とか「コウノトリが……」などという人もいるでしょう。アリストテレスはこれを、神のような不動の動者や純粋形相をもち出して説明しようとしたのです。後述しますが、キリスト教の神の支配した中世欧州のキリスト教神学（スコラ哲学）では、アリストテレス哲学がその理論的基盤になりました。

アリストテレス

さて、再び「存在」のダイナミックな運動をおさらいしましょう。目の前の木製の机を例にとってみます。机になる前の丸太は、質料（ヒュレー＝素材）の中に、机という形相（エイドス＝本質）が可能性として含まれています。これを机の**可能態**《かのうたい》（**デュナミス**［dynamis］）といいます（質料は可能態）。これが「ダイナミック［dynamic］」という言葉の語源ですが、もともとは潜在的にため込まれた（机になる可能性がある）「エネルギー」という意味合いがあります。この丸太をノコギリで切るのが「始動因」です。こうしてできた机は可能態から移行して、机という形相を実現させたものです。これを机の**現実態**《げんじつたい》（**エネルゲイア**［energeia］）といいます（形相は現実態）。「エネルギー［energy］」という言葉の語源ですが、もともとは「ダイナミック」に実現されたもの、という意味合いがあったのです（「ダイナミック」と「エネルギー」は現在の用法とは真逆なのが興味深い）。さて、丸太（質料因）にノコギリで手を加え（始動因）、机という「本質」（形相因）が内在しました。最後は「目的因」です。この机にパソコンを置いて作業を始めれば、不動の動者により、机という形相を最大限実現させることができるのです。でも油断してはいけません。机の上にお尻を乗せて、どかっと座ってみたらどうでしょう。途端に机はイスになり、イスという形相を最大限実現させたことになるのです。目の前の机という存在だと思っているものも、イスという存在に成り得る……アリストテレスが存在を４つの原因から捉えたことは、極めて妥当だと思われます。六角形の鉛筆も、「1～6」の数字を書いて転がせばサイコロに成り得るのです。

幸福（エウダイモニア）な生活

では、人間を人間たらしめている形相とは一体何でしょうか。それは「理性」です。ソクラテスの言った魂は全ての生物に備わっています。その魂の一部である「理性」は、人間にしかない形相なのです。「**理性**」には２つの働きがあります。１つ目は**観想**《かんそう》（**テオリア**［theoria］）です。[*3] 観想（テオリア）は「理論」を意味する「セオリー

[theory]」の語源ともなりました。アリストテレスによると、人間には3つの生き方があるそうです。まずは「享楽的生活」。快楽を求める生き方です。次に「政治的生活」、これは名誉を求める生き方です。そして最後が「観想的生活」です。『形而上学』の冒頭には「すべての人間は、生まれつき、知ることを欲する」*4とありました。具体的には学問に没頭し、知（エピステーメー）を追い求め、感覚で捉えることのできない万物の目的であるところの不動の動者（プラトンの考えた「イデア」）を「理性」で直観[intuition]するということです。しかもこれは、目的を達成する手段としての実用的な真理探求ではなく、理性により真理を直観することそのものを目的とする、人間最善の徳であり活動である、と考えたのです。確かに知的好奇心の赴くままに本を読み、頭を働かせている時は何とも楽しいものです。私もできれば毎日そんな暮らしをし続けたいと思います。学問を生業にする文系大学教員の中には、そうした実践ができている人が多少はいるかもしれません。でも昨今はそれも難しくなっているように思います。教員の世界にも極度の成果主義がもち込まれ、短期的にお金を生む手段としての学問が称揚されている雰囲気があります。中学や高校の教員を取り巻く現場も観想から程遠くなって久しいです。ただし生徒は違います。特に求道僧のような受験期の生徒は違います。初めは大学合格の手段として嫌々勉強に取り組むわけですが、そのうち「現代文」「古典」「数学」「英語」「生物」「物理」「化学」「地理」「日本史」「世界史」「倫理」「政治・経済」……など各教科の学習内容が有機的に結びつき、純粋な「愛知」そのものが目的となる……高3の12月ごろになると、そうした真理を直観した生徒に出会えます。人生でもこのような「観想的生活」の高みにたどり着ける時期は少ないのではないでしょうか。さて、「理性」の働きの2つ目は、現実的な**中庸**《ちゅうよう》（**メソテース**[mesotes]）*5です。これは、無謀や臆病を避けた「勇気」、放漫やけちを避けた「鷹揚《おうよう》」、自慢や卑下《ひげ》を避けた「正直」といった過超と不足という極端な悪徳を避けた程よさを指します。とはいえ中間を取るということではなく、そのつど適切な選択をすることです。同義ではありませんが、仏教で説かれていた「中道《ちゅうどう》」を思い出します。欲望や感情を理性でコントロールする、ということでもあるわけです。

このような「理性」の２つの働きによって実現される、究極の目的としての最高善が**幸福**（**エウダイモニア**［eudaimonia］）です。これはソクラテスが信じていた「善き［eu］ダイモン［daimon］（新奇な神、良心の声）」に守られている、という意味です。ソクラテスが言った「善く生きる」とも重なり合うものです。中庸を重んじ、学問に没頭する生活により、幸福が実現される……快楽や名誉、金銭など求める生活では幸福を実現できない（一時の幸福は得られるかもしれないが）ということです。アリストテレスは「イデア論」を斥けながらも、個別的・相対的な善ではなく、人間の徳に基づいて魂を活動させることで、普遍的・絶対的な善を設定したのです。

徳という言葉が出てきましたが、アリストテレスは人間の徳を2つに分けています。1つ目は**知性的徳**、つまり知性の働きのよさに関する徳です。例えば「観想」や「知」、原理の直観的把握である「知性（ヌース［nous］）」「知恵（ソフィア［sophia］）」「技術（テクネー［techne］）」「中庸」を判断する「思慮（フロネーシス［phronesis］）」がそれに当たります。また、学習して知識や理論を得ただけではダメで、現実世界で実践しなければ意味がない……とよく言うことがあります。それが２つ目の**習性**（**倫理、エートス**）**的徳**です。欲望や感情をコントロールして、日頃から中庸を守るよう反復的に習慣づけすることが大切なのです。習性的徳には「勇気」「気前のよさ」「友愛」「正義」「節制」などが挙げられます。

人間はポリス的動物である

国家が（まったくの人為ではなくて）自然にもとづく存在の一つであることは明らかである。また人間がその自然の本性において国家をもつ（ポリス的）動物であることも明らかである……動物のうちでひとり人間だけが言論（ロゴス）をもつということこそそれの理由を明らかにするからだ……声を出すだけなら、

> 快と苦を表示するものなのだから、他の動物にも出来ることなのである……しかし言論というものは、利害を明らかにするためのものであり、したがって正邪を明らかにすることにもなるのである……そしてこれらの正邪がもとになって、家族や国家がつくられるのである。（『政治学』）*6

習性的徳の例として、**友愛**（**フィリア**［philia］）や**正義**（**ディケー**［dike］）を挙げましたが、アリストテレスはこれらをポリス（共同体）で生きる上で欠かせないものだと考えました。これらの徳はポリスにおける他者との善き関係性の中で学ばれ、実践されます。ですから、ポリスがなければ「正義」も「幸福」な生活も成立しないということです。こうした文脈で「人間はポリス的（社会的）動物（ゾーン・ポリティコン）である」と言ったのです。社会における利害調整の学である政治学を学ぶと、その導入にしばしばこの一節が出てきますが、アリストテレスが語った文脈はこのようなものでした。ちなみに「友情」とも言い換えられる友愛は3つに分けることができます。1つ目は「快楽による愛」、自分に快楽を与えてくれるものへの愛です。2つ目は「利益•有用さによる愛」、テスト前にノートを見せてくれたり、マンガを貸してくれる友達、といった感じでしょうか。アリストテレスが最も重要視したのは、3つ目の「人柄の善さによる愛」です。お互いが人間性の善さに基づいて結ばれ、相手が善くあれと願う友愛……「友とは――「第二の自己」である」「愛というものは、愛されることによりも、むしろ愛することに存する」*7とも言っています。私たちの「友情」をいま一度見直してみる必要がありそうです。ちなみにアリストテレスは友愛があれば正義が実現されるとし、友愛を正義よりも重視していました。2009年に首相となった鳩山由紀夫《はとやまゆきお》［1947―］が「友愛」を掲げて政権を旗揚げしたことを覚えておられるでしょうか。これはフリーメーソンの流れをくむ友愛思想だったのですが、学者出身らしく普遍「理念」を掲げた首相として期待されたものの、国民の支持を集めることはできませんでした。

正義とは何か

今度はアリストテレスの正義論に触れておきましょう。アリストテレスもプラトン同様、最後は正義が実現した「理想国家」を構想したのです。「正義」「正しさ」とは何か……なかなか一様に定義することは難しく、かといってソフィストのように、相対的に様々な正義がある……と済ましてしまうわけにもいかないものでしょう。まさに哲学的なテーマです。例えば日本語の「正」は、もともと「一」（城を意味する□が変化した）を「止める」という成り立ちの漢字です。つまり、軍事的に強力なものが正しい、というニュアンスが含まれています。「正」に行人偏《ぎょうにんべん》（彳）を付ければ「征」という字になるわけです。現代でも正義論はロールズ［1921─2002］やサンデル［1953─ ］など、政治哲学の分野で現代的かつホットな話題となっています。

ではアリストテレスの考えた「正義」を見ていきましょう。アリストテレスは社会において公平を実現させる狭義の正義を「**部分的正義**」と呼びました。「部分的正義」は、「**配分的正義**」と「**調整的**（**矯正的**）**正義**」に分けられます。「配分的正義」とは、個人差・能力差を重視して名誉や財貨を配分することです。例えば日本の所得税における累進《るいしん》課税があります。商業スポーツにおける1億円プレイヤーは課税所得の半分近く（45％）を取られてしまう一方で、所得の少ない人の中には5％しか取られない人もいるわけです。しかしこうした所得の再配分は、皆が納得する正義の原理になっています。一方、「調整的正義」は、個人差・能力差を無視して一律に利害調整をすることです。例えば一律に基本給20万円を支払ったり、18歳になると全ての国民に選挙権を与えたりする……これも、誰しもが納得する正義の原理です。しかし、これらが法律として明記されていたとしても、守らない人がいたら正義は実現しません。すべての市民がポリスの法を守ること……これが広義の正義である「**全体的正義**」です。ソクラテスが不当な死刑判決を受けながらも、それに従って毒杯を煽ったのは、この「全体的

正義の女神

正義」を実現させるためだったといえるでしょう。自分が守らなければ、他の人々も法を尊重することをやめてしまうかもしれないのです。ギリシア神話の正義の女神はテミスです。テミスは左手に公平を意味する「秤《はかり》」をもち、右手には裁きを意味する「剣」をもっています。「秤」を公平原理である「部分的正義」、「剣」を法を守らない者を裁くことで実現する「全体的正義」とみなすこともできるでしょう。

プラトンが「哲人政治」を理想としたことは既に触れました。では、現実主義者アリストテレスが考える善き政治制度とは、どのようなものだったのでしょうか。アリストテレスは、ポリスの政治形態を3つに分けました。「**君主政治**（**王政**）」は1人の王がポリスを守る制度です。市民が観想的生活に没頭できる最高の政体である一方で、堕落すれば「**独裁政治**（**僭主政治**《せんしゅせいじ》）」に陥る危険性があります。「僭主」とは実力により君主の座を奪い取る「タイラント［tyrant］」（恐竜ティラノサウルスの「ティラノ」）のことです。次に少数の貴族が支配する「**貴族政治**」はどうでしょう。これも堕落すれば、少数独裁である「**寡頭**《かとう》**政治**」に陥る危険性があります。となると、一番安定性が高いのは「**共和政治**」です。「共和政治」は、ポリスの市民が参加する政治制度です。とはいえ市民が観想的生活に没頭できる余裕はありません。現代の民主主義社会においても、日々の雑事に追われて、閑暇（スコレー）があるモラトリアムの学生くらいしか観想的生活を営むことはできません。しかも、市民の教養と資産がなければ**衆愚政治**（愚か者の多数決）に陥る危険性をもっています。実際、ポリス・アテネにおける民主政はペロポネソス戦争の後、衆愚政治に堕していったのでした。それでも「共和政治」が一番安定的だと考えたのが、理想主義に留まらない、現実主義者アリストテレスだったのです。

注

＊1　セルバンテスの『ドン・キホーテ』に引用された「プラトンは親しきなり、されど真理はより親しきなり」もそうした文脈で理解されるべきである（中畑正志『プラトンとアリストテレス』）（『哲学の歴史　第1巻　哲学誕生【古代】』内山勝利編、中央公論新社、2008年）。

＊2　アリストテレス『形而上学（上）』（出隆訳、岩波書店、1959年）。

＊3　アリストテレスは学問をテオリア［theoria］（観想）、プラクシス［praxis］（実践）、ポイエーシス［poiesis］（制作）に分類している。プラクシスは「practice」の語源で、倫理的・政治的な実践／活動を意味し、観想／理論と対比された（テオリアが優位に置かれた）。ポイエーシスは「poem（詩）」「poet（詩人）」の語源となっているが、原義はそれぞれ「作品」「作者」である。

＊4　アリストテレス『形而上学（上）』（出隆訳、岩波書店、1959年）。

＊5　アリストテレス『エウデモス倫理学』（『世界の名著8』）（加来彰俊訳、中央公論社、1972年）。

＊6　アリストテレス『政治学』（『世界の名著8』）（田中美知太郎・北嶋美雪・尼ヶ崎徳一・松居正俊・津村寛二訳、中央公論社、1972年）。

＊7　アリストテレス『ニコマコス倫理学（下）』（高田三郎訳、岩波書店、2009年）。

40章　ヘレニズム時代の思想（エピクロス派、ストア派）、新プラトン派

ヘレニズム時代

欧州文化はヘブライズムとヘレニズム[*1]という二つの文化・思想が源流にあります。**ヘブライズム**はユダヤ教・キリスト教の文化・思想のことです。一方、**ヘレニズム**とは東方オリエントと融合したギリシア的な文化・思想のことです。「ヘレニズム」の語源である「ヘレネス」はギリシア人の祖である英雄ヘレンの子孫のことで、古代ギリシア人はそのように自称していました。ちなみに対置されたのが異民族「**バルバロイ**」で「barbarian（野蛮人）」の語源となっています。ギリシア文化が東方オリエントと融合したのは、マケドニアの**アレクサンドロス大王**〔B.C.356—B.C.323〕の東方遠征です。先述したようにアリストテレス〔B.C.384—B.C.322〕が家庭教師を務めていた名君です。ギリシアはアレクサンドロスの父の時代に制圧されています。アレクサンドロスは東方遠征により、ギリシア、エジプトからインド西部までを含む世界帝国を作り上げました。そして各地にアレクサンドリアというギリシア風都市を作ります。エジプトのアレクサンドリアに作った研究機関ムセイオン〔Museion〕（文芸の女神達ミューズ〔muse〕の神殿の意）はミュージアム〔museum〕の語源となっています。アレクサンドロスは、制圧したペルシアの文化を尊重した統治を行ったため、東西文化の融合がおこりました。1世紀後半以降のインドのガンダー

ラ美術にはギリシア風の仏像が見られ、日本にも中国を通じてヘレニズム文化が伝播しています。例えば、ギリシアのパルテノン神殿と同様に、下部が膨らみ上部が細くなった柱の構造（エンタシス）を法隆寺の柱に確認することができます。ヘレニズム時代はプトレマイオス朝エジプトが滅亡するまで、約300年間続きました。

ここで思想的に着目したいのは、ポリスの崩壊とそれに続く世界帝国の誕生に伴って、普遍的な**世界市民主義**（**コスモポリタニズム**［cosmopolitanism］）が生まれたことです。「**コスモポリテース**［cosmopolites］（**世界市民**）」とは「ポリスを失った者」を意味します（英語では「コスモポリタン［cosmopolitan］」）。前述したように古代ギリシア人は異民族を「バルバロイ」と呼んでいましたが、これは「聞き苦しい言葉を話す者」という意味でした。強制的に世界帝国の中に組み込まれたギリシア人たちは、ギリシアの共通語コイネーで会話し、それまで「バルバロイ」と呼んで蔑んでいた人々も、同じ普遍的な「理性」を分かちもつ人間である、と思うに至りました。これは思想史上初の平等思想であり、後にキリスト教の平等主義を受け入れる基盤ともなります。さらに、よりどころとしてのポリスを失った不安なギリシア人達は、心の平安を求める個人主義的な思想を生み出しました。これは、ヒト・モノ・カネ・情報が国境を越えて行き来する昨今のグローバリゼーション状況の中で、よりどころを失い、いくぶんか内向きになっている私たちの実情ともよく似ています。

エピクロス派

「エピキュリアン［epicurean］」という言葉があります。「快楽主義者」のことを指すのですが、その語源となっているのが**エピクロス派**の開祖**エピクロス**（Epicurus）［B.C.342?―B.C.271?］です。先述したディオゲネス・ラエルティオス［3C?-］は、『ギリシア哲学者列伝』の最終章全てを彼に当てたほど入れ込んでいたようです。エピクロスはアテネの植民地だったサモス島で、入植者の子として生まれます。母は祈祷師でした。兵役でアテネに赴いた際、学園アカデメイアやリュケイオンの学派の教えを受けたともいわれています。35歳頃には、わずかなお金でアテネ郊外に庭園付きの家を手に入れて、**エピクロスの園**《その》として開放します。そこには市民から娼婦（交流があった彼は、当時蔑まれていた彼女らと関係をもっているなどと悪口を言われていた）、奴隷に至る多くの人々が、自給自足の、質素ながらも友情に満ち足りた生活を共にしました。

エピクロスは、心を乱す原因である死を恐れていませんでした。なぜなら人間の肉体や魂は**アトム**（**原子**）でできており、死ぬということはそのアトムが分解されるにすぎないと考えたからです（分解されたものは感覚をもちません）。ここには唯物論者デモクリトス［B.C. 460?—B.C. 370?］（あるいはデモクリトスの師レウキッポス（Leucippus）［B.C. 435?-］）の原子論の影響が見られます（唯物論者で無神論者だったマルクス［1818—1883］の卒業論文は、デモクリトスとエピクロスの比較研究だった）。[*2] 実はエピクロス自身には膀胱《ぼうこう》結石という病気の苦しみがありました。その苦しみを背負いながらも、死は痛くもかゆくもなく、恐れることはない……と説いたのです。エピクロスは、肉体の苦痛を取り除き、恐れや不安から解放された魂の平安を求めました。これを**アタラクシア**［ataraxia］（**平静心**）といいます。ここで注意しておきたいのは、真の快楽であるアタラクシアは、肉体的快楽ではないということです。「快楽主義者」というと肉体的・刹那的快楽を求める者[*3]とみなされがちですが、そうではなく、エピクロスが目指したのは精神的・永続的快楽でした。[*4] どんなに刹那的な幸せを求めても、いつかは飽きてしまいます。お金で何かを買ったり、美味しいものを食べたり、酒やギャンブル、麻薬などの破滅的な快楽に耽《ふけ》っても、人間満たされることはないんです。「水とパンで暮しておれば、わたしは身体上の快に満ち満ちていられる」「チーズを小壺に入れて送ってくれたまえ、したいと思えば豪遊することもできようから」[*5] という言葉もあります。

エピクロスは「**隠れて、生きよ**」[*6] と個人主義的な倫理を訴えました。ケノン（虚空間）におけるにアトムのように社会の中に投げ出された人々にとって、公共的な政治活動をすることは煩わしく、心をざわつかせます（後述するストア派は政治活動をよしとしたため、対立した）。そこで、心をざわつかせない親しい者同士が集まった「エピクロスの園」で慎ましく、ゆったり、まったりと共同隠遁《いんとん》生活を営んだのです。結婚をせず、子どもも作るな、などとも言っています。確かにある種の異文化交流である結婚は心をざわつかせますし、子育ても大変です。子どもが育ったら育ったで、他人の子どもと比べてしまったりと、悩みは尽きません。この少々内向きなユートピア志向は、現代的心性ともシンクロします。『絶望の国の幸福な若者たち』[*7]という2010年代の若者論がありました。恋人をつくるのは煩わしいので避ける、趣味の友人と集まって、ゆったり、まったりと、今ここが幸せであればよい……異論はあると思いますが、近年の高校生からもこうした心性を感じ取ることができます。

ストア派

今度は「禁欲主義者」である**ストア派**です。「ストイック［stoic］（禁欲的）」という言葉の語源にもなったストア派の開祖は**ゼノン**（Zeno of Citium）〔B.C.335?—B.C.263?〕です。自然哲学者のエレア学派のゼノン〔B.C.490—B.C.430〕と区別して、キプロス（小アジア半島の南でパレスチナの近くのキティオン）のゼノンと呼ばれています。ゼノンは、広場（アゴラ）の中にある柱廊ストア・ポイキレーで講義を行ったとされており、これが「ストア派」と呼ばれる所以《ゆえん》です。ゼノンはアテネでキュニコス（キニク、犬儒《けんじゅ》）派のテーバイのクラテス（Crates of Thebes）〔B.C.365—B.C.285〕に学び、学園アカデメイアに籍を置いたともいわれており、小さなパン、蜂蜜、少量のブドウ酒を食すというストイックな生活をし、98歳の長寿を保ったとする説もあります。[*8]

ゼノンは、神の「ロゴス」の種子は、「理性」として万人に宿っていると考えました。[*9] これが、異民族も同じ理性を有する平等な仲間である……という世界市民主義（コスモポリタニズム）です。もともとこの言葉はキュニコス派のディオゲネス（Diogenes of Sinope）〔B.C.412?—B.C.323?〕の作った言葉でした。ちなみにこの発想は、近代欧州の自然法思想につながっていきます。イスラームにおける「イスラーム法」にあたるものが、キリスト教における「キリスト法」であるところの「自然法」でした（「自然［nature］」とは「神による天地創造直後」を指す）。天地創造直後でも、宇宙のロゴス（理性・理法）を分有する人間であるならば、生まれながらにして殺人や盗みは犯してはならない、とわかっているはず……この人間本性［human nature］に基づく普遍的なルールが自然法です。しかし、自然法しかない自然状態では、万一自然法を破る者がいても処罰する強制力がありません。ホッブズ［1588―1679］やロック［1632―1704］、ルソー［1712―1778］はここから、人民が強制力を国家（政府）にもたせ、自然権を保障してもらおうという社会契約説を構想したのでした。近代自然法の父とされるオランダの法学者**ヒューゴー・グロティウス**（Hugo Grotius）［1583―1645］は、ドイツの新旧キリスト教徒による三十年戦争（1618～48年）の惨禍を目《ま》の当《あ》たりにします。そこで『戦争と平和の法』を著し、国家間の平和を維持するためには自然法に基づく**国際法**が必要である、と訴えたのです。日本もアメリカも中国も、そこに住む人はロゴスの種子（理性）を分有しているから、国際社会共通のルールを作ることができるはずだ、という発想です。ちなみに中世では、スコラ哲学者の**トマス・アクィナス**（Thomas Aquinas）［1225／26―1274］に代表されるように、実定法（歴史的・人為的に制定された法）に先立つ自然法は神の永遠法を人間が分有したものであると説かれました。プロテスタントのグロティウスは実定法の淵源である自然法は人間本性に由来するとして、神とのつながりを断ち切ったのです。

さて、ゼノンに戻りましょう。ゼノンは、人間は神のロゴスを分かちもっており、「**自然に従って生きる**」ことが大切だと説きました。「自然」とは「自然界」のことではなく、「理性」と言い換えるとわかりやすいです。理性に従って生き、心の中の**パトス**［pathos］（**情念**）を制御することが肝心だ、というのです。パトスとは感情や欲望のことで、「パッション［passion］」の語源になっています。こうした感情や欲望の制御は、仏教や儒教でも同様に説かれていますが、理性を優位に置いて、不完全な肉体の情念を克服せんとするのは極めて西洋的な発想です（精神分析学の父フロイト［1856―1939］による無意識（エス）のリビドー（性衝動）を意識・無意識の双方にまたがる超自我で抑圧するという図式も同様）。*10 快苦・喜怒・好悪といった感情や、富・名誉・権力・健康・命など心をざわつかせる欲望に囚われてはいけません。それらから無関心の態度をとり、心をざわつかせない**アパテイア**［apatheia］（**不動心**）がストア派の理想の境地でした。「アパテイア」とは「パトスがない」という意味で、「アパシー［apathy］」の語源となっています。しかしよくよく考えてみると、禁欲主義のストア派が説いたアパテイアと前述の快楽主義者エピクロスのアタラクシアは、実はよく似た境地だと気付かされます。真逆に思える「禁欲主義」と「快楽主義」……実は似たような境地を目指していたのです。いずれもポリスを失い、不安を抱いた人々が心の平安を求めようとした、個人主義的な思想でした。皆さんはどちらがしっくりきたでしょうか。

素朴な肉体的快楽主義である、と誤解を交えて語られたエピクロス派に対し、ストア派はローマ時代にも発展しました（後期ストア派）。ストイックな思想というものは、いつの時代にも一貫して人々の心を打つ何かがあるような気がします。「**友情**」「**義務**」「**老年**」についての著書を残した政治家・哲学者の**マルクス・トゥッリウス・キケロ**（Marcus Tullius Cicero）［B.C106―B.C43］は特に有名です。さらにローマ皇帝となるネロ（Nero）［37―69］の家庭教師を務めた**ルキウス・アンナエウス・セネカ**（Lucius Annaeus Seneca）［B.C.4?―65］は「**怒り**」や「**心の平静**」を哲学的に論じました。人生はあまりにも短いが、それは多くの時間を浪費するからであり、「人間の生は、全体を立派に活用すれば、十分に長く、偉大なことを完遂できるよう潤沢に与えられている」[*11]という箴言《しんげん》を残してもいます。[*12]また、五賢帝の1人である**マルクス・アウレリウス**（Marcus Aurelius）［121―180］は自分自身と内省的に対話する『**自省録**』を著しました。「すべては主観であること」「必要なことのみをせよ」「死について。原子ならば分散。統一ならば、消滅か若《も》しくは移住」「もっともよい復讐の方法は自分まで同じような行為をしないこと」「「自分は損害を受けた」という意見を取り除くがよい。そうすればそういう感じも取り除かれてしまう。「自分は損害を受けた」という感じを取り除くがよい。そうすればその損害も取り除かれてしまう」「君の分として与えられた環境に自己を調和せしめよ。君のなかまとして運命づけられた人間を愛せ。ただし心からであるように」「遠からず君はあらゆるものを忘れ、遠からずあらゆるものは君を忘れるであろう」「ここで生きているとすれば、もうよく慣れていることだ。またよそへ行くとすれば、それは君のお望み通りだ。また死ぬとすれば、君の使命を終えたわけだ。以上のほかに何物もない。だから勇気を出せ」[*13]……２０００年たっても心にずーんと響く言葉の数々です。また、奴隷出身で足が不自由であったと伝えられる**エピクテトス**（Epictetus）［55?―１３５?］の思想は、弟子による『**語録**』『**要録**』の中に残されています。「心にとめておくがいい、欲求の本領は欲しているものを得るということであり、忌避の本領は避けているものに出会わぬということだ。そして欲求して得そこねる者は不仕合せであり、忌避して出会う者は不幸である。それでもしきみが、きみの権内にあるもののうち、反自然的なものだけを避けるならば、きみはきみが避けているもののなにものにも出会うことはないだろう。だが、もしきみが病気や死や貧乏を避けるならば、きみは不幸になるだろう。」「だが、意欲と拒否とだけはやってみるがいい。しかし、気軽に、控え目に、ゆったりとやるがいい」[*14]……マルクス・アウレリウスも著書で引用している彼は、運命に対して「**耐えよ、控えよ**[*15]」と不動心を説きました。『語録』は後世のフランスのヒューマニスト（人文主義者）であるモラリストに影響を与えています。

狂ったソクラテス

どこから来たのか、と聞かれて、ディオゲネスは答えた、「私は世界市民だ」。（『後期ギリシア哲学者断片集』）[*16]

先ほどの世界市民主義の説明でも触れたキュニコス派の**ディオゲネス**のエピソードも紹介しておきましょう。エピクテトスにも影響を与えた人です。生まれたギリシアの植民都市の名を取ってシノペのディオゲネスと呼ばれた彼は、ヘレニズム期に古代ギリシア哲学を発展させた人で、ソクラテス［B.C.４７０?―B.C.３９９?］の弟子アンティステネス（Antisthenes）〔B.C.445—B.C.365〕のそのまた弟子にあたります。父親の贋金《にせがね》作りに加担して追放されたとか、粗末な着物一枚で頭陀袋《ずだぶくろ》を背負い、皿もコップも捨てて、樽の中で犬のような生活（「犬儒派《けんじゅは》」の名前の由来）をしていたとか、「変人」エピソードに事欠かない哲学者です。キュニコス派の祖である師アンティステネスを「自分の声を聞かないラッパ」[17]扱いしていたというのもビックリです。「人々が目や足が不自由な人には金を恵むのに、哲学者に金を恵まないのはなぜか」と問われた際には「哲学者になることがあるとは夢にも思わないからだ」と言ったといいます。知識や教養を蔑むところもあったようで、プラトン〔B.C.427—B.C.347〕が人間を「二本足で毛の無い動物」と定義した際に、毛をむしりとった鶏をもって「これがプラトンの人間だ」と言った……というまことに食えないエピソードもあります。[18]プラトンはそんなディオゲネスのことを「狂ったソクラテス」と呼んで、やり返したそうです。「キュニコス〔kynikos〕」とは「犬のような」というギリシア語で、英語で「皮肉屋」を意味する「シニカル〔cynical〕」の語源になっています。一見すると変人ですが、その説を聞いてみればどうにも正論で、物質的な欲望・名誉・財産に振り回されている愚かな自分に気付かされます。ディオゲネスを羨ましがっていたというアレクサンドロスがディオゲネスを訪ね、「何か望みはないか」と尋ねたところ、「日陰になるからそこをどいてくれ」と言ったとも伝えられます。彼のような人物がヘレニズム時代の人々に存在を認められていたのは、素晴らしいことだと思えます。

新プラトン派

努めて第一者の方へと自己を向上復帰させ、末梢に過ぎない感覚物から遠ざかり、いっさいの劣悪から解放されていなければならない。なぜなら、懸命な努力の目標は善にあるからである。そして自己自身のうちにある始原にまで上りつめて、多から一となるようにしなければならない。ひとはそれによってやがて始原の一者を観るであろう。（『善なるもの一なるもの』）*[19]

古代ギリシア思想の展開で最後に触れておきたいのが、**新プラトン派**（**ネオプラトニズム**［neoplatonism］）です。3世紀半ばから6世紀にかけて発展した、キリスト教の影響下にない古代ギリシア思想最後の学派です。創始者**プロティノス**（Plotinus）［205―270］は、感性では捉えられない、あらゆる存在の究極的原理を「**一者**（**ト・ヘン**［to hen］）」あるいは「善」と呼びました。プラトンが「善のイデア」を「イデアのイデア」としていたことが思い出されます。

その「一者」を中心として同心円状に、「知性（ヌース）の世界」「魂の世界」へと流出し、その最後には感性でのみ捉えられる「物質の世界」が位置します。この辺りもプラトンのイデア論を思い出すと理解しやすいかもしれません。各人の魂は、感覚の迷いから脱却して徳（アレテー）を高めることで浄化（カタルシス）され、最後は超越的な「一者」と合一して、脱我（エクスタシス）に至ることができるのです。ここにはある種の神秘主義［mysticism］的色彩を見て取ることができるでしょう。*[20] 後述しますが、古代キリスト教の教父哲学はこの超越的な「一者」を、唯一神と重ね合わせる形で取り入れるのです。

ちなみにここで、中世哲学の中心テーマだった**普遍論争**についても触れておきましょう。後述しますが、中世ヨーロッパにおいてローマ・カトリック教会は絶大な権威をもっていました。「カトリック［Catholic］」は「普遍的［universal］」という意味です。ローマ・カトリック教会は「普遍的」な存在でなければならなかったのです。そこで、「個物」に先立って「普遍」概念があると考える**実在論**［realism］（**実念論**）が提起されました。「イデア」という「普遍」概念を想定する新プラトン派の影響を受けたスコラ哲学者の**アンセルムス**（Anselm of Canterbury）［1033―1109］、そして微妙に立場は違いますがスコラ哲学の大成者トマス・アクィナス、そして同じくスコラ哲学者のヨハネス・ドゥンス・スコトゥス（Johannes Duns Scotus）［1265／66―1308］もその流れをくんでいます。一方、「個物」のみが実在し、「普遍」は「個物」の外部に存在せず、共通する性質を示す唯《ただ》の名称にすぎない、とする**唯名論**［nominalism］も唱えられています。「高い」という「普遍」的性質はあらかじめ存在したのか、それとも高い木や建物が実在し、その共通する性質が「高い」と名付けられたのか……という議論です。唯名論者で有名なのは英国のスコラ哲学者**ウィリアム・オブ・オッカム**（William of Ockham）［1285?―1347／49］です。議論の際に、「必要なしに多くのものを定立してはならない」（オッカムの剃刀《かみそり》）というシンプルな節約理論を示したことがよく知られています。「唯名論」は「普遍」に固執するローマ・カトリック教会から非難されましたが、オッカムには神の全能性を否定しようとするつもりはなく、キリスト教の中にあったプラトンのイデア主義の影響を排除する意図があったようです。こうして「神学」（信仰）から「自然学」（理性）を切り離すことによって、近代哲学が準備されることになったのです。ただ、「普遍」的な客観性は何を根拠に保てるのか……という問題は残され、後述するデカルト［1596―1650］らがこの問題に取り組むことになります。

注

＊1　ヘレニズムはドイツの歴史家ドロイゼンの造語である。
＊2　エピクロス自身は無神論者ではなかった。
＊3　キュレネ派の人々は肉体的な快楽を求めた。
＊4　ちなみにエピクロスの「快楽主義」は、ベンサムやミルに代表される近代「功利主義」の源流とみなされることもある。
＊5〜6　『エピクロス――教説と手紙――』（出隆・岩崎允胤訳、岩波書店、1959年）。
＊7　古市憲寿『絶望の国の幸福な若者たち』（講談社、2011年）。
＊8　ディオゲネス・ラエルティオス『ギリシア哲学者列伝（中）』（加来彰俊訳、岩波書店、1989年）。
＊9　バラモン教で説かれた「梵《ぼん》我《が》一如《いちにょ》」の真理（自己の本質である「我（アートマン）」も、一なる実在である万物の本体「梵（ブラフマン）」の一部である）と類似しているのが興味深い。
＊10　「通俗的な言い方をすれば、自我は心の営みにおいて理性と分別を代表し、一方エスは無制限な情欲を代表すると言ってもいいでしょう」（フロイト『精神分析入門（続）』）（『精神分析入門（下）』高橋義孝・下坂幸三訳、新潮社、1999年）。

＊11　セネカ『生の短さについて』（大西英文訳、岩波書店、２０１０年）。
＊12　大西英文の解説によれば、セネカは「時間は「倫理（心のあり方）の問題」であり、それを「長く」するのも、「短く」するのも自己の心次第」だと説いている（セネカ『生の短さについて』大西英文訳、岩波書店、２０１０年）。
＊13　マルクス・アウレーリウス『自省録』（神谷美恵子訳、岩波書店、１９５６年）。
＊14　エピクテトス『要録』（『世界の名著13』）（鹿野治助訳、中央公論社、１９６８年）。
＊15　奴隷時代に、「彼の哲学の根本である意志外のもの、つまり意志で左右することの出来ない外的なものはわれわれの責任外のもので、それに対しては大胆であり、おおらかであるべきだ」「が、意志によって左右出来るものに対しては責任があるから慎重、細心でなければならないという考えが、芽生えつつあったのではないか。そして「辛抱せよ、あきらめよ」などという言葉に、結晶するような苦労と忍従とを重ねたのではなかろうか」（鹿野治助『エピクテートス――ストア哲学入門――』岩波書店、１９７７年）。
＊16　山本光雄・戸塚七郎訳編『後期ギリシア哲学者資料集』（岩波書店、１９８５年）。
＊17　山本光雄『ギリシア・ローマ哲学者物語』（角川書店、１９７９年）。
＊18　そこでプラトンは、人間の定義に「扁平の爪をもつ」という言葉を加えたのだという（山本光雄『ギリシア・ローマ哲学者物語』角川書店、１９７９年）。
＊19　プロチノス『善なるもの一なるもの　他一篇』（田中美知太郎訳、岩波書店、１９６１年）。
＊20　プロティノスの思想は、プロティノスが当時批判したグノーシス派の思想と類似する部分がある。グノーシス派は2～3世紀の地中海に流布した宗教運動で、物質的・肉体的な人間が自己の中にある、超越的な神の要素を認識（グノーシス）することで、神の充実界に逃れられるという二元論を特徴とした。マニ教はその代表で、キリスト教への影響も存在した。また、新プラトン派やグノーシス派などの影響を受けた神秘思想ヘルメス主義（ヘルメス文書の影響下にある）は、キリスト教とも交流し、近代に至るまで影響力をもった。

41章　ルネサンス、モラリスト

ルネサンス

「近代」と「現代」はどちらも英語で「モダン［modern］」と呼び習わすように、大きく見れば地続きの時代です。西洋近代社会において、中世と大きく変わった点は、神に代わって人間理性を崇拝するようになったことです。中世の暗黒時代を抜け出し、コインをひっくり返したような急激な変化であった……そのようにみなされることもありますが、これは近代啓蒙的な語りです。日本でも江戸から明治へ、近世から近代へと劇的に時代が移り変わった、とする語りが、歴史書に散見されます。しかし実際にはまだら模様のように新旧が混在する中で、漸進的に時代が移り変わっていったと考えるべきでしょう。近代科学の生みの親とされるニュートン［1642─1727］や天動説を覆したコペルニクス［1473─1543］ですら神を信じていたわけですから。

西洋近代を準備したのは「**2つのR**」(ルネサンス［Renaissance］と宗教改革［Reformation］)、そして科学革命でした。「**ルネサンス**」という言葉はフランス語で「再生」を意味し、フランスの歴史家ミシュレ［1798─1874］が初めて歴史の文脈で使い始めました。「ルネサンス」は、神が支配した中世キリスト教の世界観に対し、再び古代ギリシア・ローマに見られた人間性の回復を目指す文化・芸術運動で、14世紀のイタリアがその起源です。ルネサンスは「**文芸復興**」とも訳されますが、それは古代ギリシア・ローマ時代の人間中心の「文」化や「芸」術を「復興」・再生する意味合いがあったからです。「近代」は「古代」という祖父の威を借りて、「中世」という父親に反抗する文化戦略でもあったのです。ちなみにルネサンスを神中心の中世から人間中心の近代への画期的転換点として捉える歴史観はスイスの歴史家ヤーコブ・ブルクハルト（Jacob Burckhardt）［1818—1897］の『イタリア・ルネサンスの文化』*1で定着しました。

「火薬・羅針盤・活版印刷」というルネサンスの三大発明もありました（もともとは西洋の発明ではなく、いずれも中国で発明された）。火薬は戦術を変化させ、日本中世の武士同様、騎士を没落させ、羅針盤（コンパス）は西洋が新たに未知のフロンティアを発見するきっかけとなり（大航海時代）、文化交流・世界の一体化も進みました。活版印刷は知識を大量印刷してばら撒《ま》くことで、人々の頭の中（思想）を変えました。聖書の普及により教会に行かずして神と直接つながることが可能となり、教会権威を失墜させ、「科学」「社会契約説」といった啓蒙思想の普及は、無知な人々の目を見開かせました。さらに11〜13世紀の十字軍の遠征により、イスラーム世界からギリシア・ローマの学問が西洋に逆輸入されたことも、ルネサンスを準備した要因です。

万能人・普遍人

ルネサンス期の理想人は**万能人・普遍人**［universal genius］でした。努力と才能で何でもこなせる、いわゆる「天才」です。「天才」というと中世までは、神の領域に近づこうとする悪魔的ニュアンスを帯びていました。現代は余りにも社会の分業化が進んだせいか、万能人・普遍人が登場しにくいのが残念です。「人は欲しさえすれば、何事でも成し遂げられる」と言ったイタリアの万能人レオン・バティスタ・アルベルティ（Leon Battista Alberti）［1404—1472］もいました。プロレスラー・アントニオ猪木《いのき》［1943—　］の「元気があれば何でもできる」という名言も、

レオナルド・ダ・ヴィンチ自画像
（トリノ王宮図書館蔵）

人間に対する信頼性が根本にある点では似通っていますね。

さて、極めつけの万能人・普遍人といえばイタリアの**レオナルド・ダ・ヴィンチ**（Leonardo da Vinci）［1452―1519］でしょう。世界で一番有名な絵画『モナ・リザ』やイエス・キリスト［B.C. 4?―A.D. 29?］と十二使徒を描いた『**最後《さいご》の晩餐《ばんさん》**』（裏切り者ユダですら等身大に描く遠近法は、世俗の人間世界を肯定するもの）で知られています。ダ・ヴィンチは天文学・数学・物理学・地理学・動物学・植物学・音楽・絵画……と、数え切れない分野で業績を残しました。世界で最も早く飛行機の設計図を作ったことでも知られています。物理的に製作する高い技術さえあれば、ライト兄弟（The Wright brothers）（ウィルバー・ライト［1867―1912］とオーヴィル・ライト［1871―1948］）を待たずして人間が空を飛んだのではないか……などと夢想してしまいます。

ルネサンス期の絵画でいえば、イタリアの画家**ラファエロ**（Raphael）［1483―1520］の『アテネの学堂』は既に、プラトン［B.C. 427―B.C. 347］の理想主義とアリストテレス［B.C. 384―B.C. 322］の現実主義の対比、として紹介しました。メディチ家の保護を受けていたイタリアの画家で、『春』や『ヴィーナスの誕生』を描いた**サンドロ・ボッティチェリ**（Sandro Botticelli）［1444／45―1510］もいました。

イタリアの万能人・普遍人**ミケランジェロ**（Michelangelo）［1475―1564］の『**ダビデ像**』はご存知でしょうか。『旧約聖書』の登場人物であるダビデの姿には青年の理想的な身体美が表現されていますが、古代ギリシア彫刻を思わせるもので実にルネサンス的です。人間らしいありのままの姿がリアル過ぎる程に表現されているわけです。2013年のことですが、島根県のとある自治体が観光名所にする目的でダビデ像のレプリカを設置しました。その際、地元住民から「パンツを履かせろ」という苦情が出たというニュースがありました。しかしここでパンツを履かせてしまったら、何もかもが台無しです。中世の神の支配から解放され、再び人間らしさを取り戻そうとしたルネサンスの「文芸復興」……そうした歴史的・芸術的意義は、残念ながら理解されなかったようです。

エラスムスとトマス・モア

人間性の解放を目指すルネサンス時代の思想が**ヒューマニズム**（**人文主義**）です。「人間的なもの」を意味するラテン語の「フマニタス［humanitas］」がその語源です。ヒューマニズム精神に満ちた**ヒューマニスト**（**人文主義者**）たちは、古代ギリシア・ローマの古典から大らかな人間性を学びました。例えばオランダの**デジデリウス・エラスムス**（Desiderius Erasmus）［1466―1536］は、『**愚神礼賛**《ぐしんらいさん》（**痴愚神礼賛**《ちぐしんらいさん》）』で愚か者の女神モーリアを登場させ、人間社会の愚かさを描くとともに、カトリック教会やローマ教皇、スコラ神学者を風刺しました（カトリック教会の禁書に指定された）。教皇に対して、「なんであれ骨の折れる務めは、たっぷりと暇がおありのペトロやパウロにほとんどおまかせしておき、豪勢なことや楽しいことがあると、それは御自分の取り分となさっておられます」[*2]なんてのたまう一節は痛烈です。ただ、エラスムスはカトリックを風刺する改革派でありながらプロテスタントに改宗することはなく、カトリック教会と深いつながりをもった人でもあります。

ミケランジェロ　ダビデ像

エラスムスは当初ルター［1483―1546］の宗教改革を支持していましたが、ルターが「人間に自由意志はなく、全ては神の摂理による」とした考えを批判して『自由意志論』を書き、論争をおこしました（ルターは『奴隷意志論（奴隷的意志）』を書いて反論した）。西洋近代を準備した宗教改革は個人の信仰心を解放させた一方で、そもそも教会を介さず純粋に神とつながろうとする運動でしたから、当然ルターは神の摂理を強調したのです。16世紀は「エラスムスの世紀」といわれるほどの名声をほしいままにした大文学者エラスムスでしたが、中世の神の言語・ラテン語作家であったため、ラテン語が衰退する近代以降読まれなくなってしまったのは残念です（英国のルネサンス演劇を代表する劇作家ウィリアム・シェイクスピア（William Shakespeare）［1564─1616］は英語が後に公用語となったため、世界的名声を得られた）。

エラスムスが『愚神礼賛』を書いたのは、英国のロンドンにある友人**トマス・モア**（Thomas More）［1478─1535］の家だったと言います（痴愚女神モーリアは冗談で「モア」をもじったもの）。モアの代表作は『ユートピア』です。「ユートピア」は、ギリシア語の「非（ウー［ou］）」と「場所（トポス［topos］）」を組み合わせた造語で、「どこにもない場所」を意味します（エラスムスが名付けた）。モアが考えたのは、マルクス［1818─1883］に先行する共産主義的な私有財産制のない理想郷でした。人間を不平等にする黄金は便器や奴隷の鎖に使われています（「ユートピア」に奴隷がいるのはちょっと気にかかります）。農業中心の社会における労働は1日6時間で、余暇は教養に充てられます。「イギリスの羊……は……この頃では、なんでも途方もない大喰いで……人間さえもさかんに喰殺《くいころ》している」[*4]という有名な一節もあります。この本は英国の地主ジェントリ（「ジェントルマン」の語源）が、毛織物の海外輸出に当て込んで羊の牧畜にくら替えし、牧場確保のために農民を追い出した「囲い込み」運動の批判として書かれたものでした。「囲い込み」で耕作地を追い出された農民は、工場での賃金労働に従事するようになり、後の資本主義経済の成立を準備することになったのです。ところでエラスムス同様、中世の神の言語・ラテン語で『ユートピア』を執筆したモアです。ヘンリー8世（Henry VIII）［1491─1547］が王妃の侍女アン・ブーリン（Anne Boleyn）［1507?─1536］と結婚するため、イギリス国教会を作ってローマ・カトリック教会から離脱した（保守的なカトリック教会は離婚を認めなかった）ことに反対し、ロンドン塔に幽閉され、ギロチンで処刑されました。英国のチャールズ皇太子（The Prince of Wales）［1948─ ］が、愛人カミラ（Camilla）［1947─ ］と結婚するためにダイアナ妃（Diana）［1961─1997］と離婚したことなども思い出してしまいます。

ロマンティック・ラブ

「ルネサンス」の先駆者であるイタリアの詩人**ダンテ・アリギエーリ**（Dante Alighieri）〔1265—1321〕は『**神曲**《しんきょく》』*5をラテン語ではなく、イタリアの口語体であるトスカーナ方言で執筆しました。平易な方言で書かれるのはこの時代にあって珍しいことでした。この『神曲』の文体は現代イタリア語のルーツになっています。『神曲』は地獄篇・煉獄篇《れんごくへん》・天国篇の３篇からなる長編叙事詩です。煉獄は天国と地獄の間にあって、小罪を犯した者が罪を浄化させられる場所です。しかし煉獄は聖書に記述がなく、カトリック教会が勝手に（と言うと語弊がありますが……）作り出した世界であり、プロテスタントからは批判されています。『神曲』にはダンテにとっての永遠の淑女ベアトリーチェが道案内として登場します。ダンテが９歳の時に出会い、18歳で再会した女性で、24歳で夭折《ようせつ》したと伝えられています。彼女はダンテの創造の源泉となったようです。一方、イタリアの詩人**ペトラルカ**（Petrarca）〔1304—1374〕は人妻ラウラにインスピレーションを受けて、『**叙情詩集**（**カンツォニエーレ**）』を書き、自然な恋愛感情を表現しました。これらはプラトンに由来する精神的な恋愛「プラトニック・ラブ」であったと言えるでしょう。

ところで、恋愛というと、男性と女性がお互いに惹かれ合い、やがてお付き合いが始まり、最後は結婚に至る……というのが現在私たちが思い描く一連のストーリーです。しかしこれは「ロマンティック・ラブ」という近代家族のイデオロギーです。古典的ハリウッド映画には「メロドラマ的なヘテロ・セクシュアル・カップルのロマンティック・ラブの成就によって、とりあえずハッピー・エンディングを演出する」という定石《じょうせき》があります。*6前近代までは自由な恋愛感情は許容されず、親が結婚相手を決めるのが通例でした。ですから、近代以前を舞台にしたドラマや映画などで自由恋愛が描かれていたとしたら、それは現代的なアダプテーション、要は演出によるものでしょう（日本でいえば、平安貴族には一部「ロマンティック・ラブ」があった可能性もある）。農村でも昭和の時代までは、適齢期の男性のところに、突然隣村から山を越えて女性がやってきて、一緒に生活を始めて、知らぬ間に夫婦になっていた……という前近代的な結婚のあり方が残っていました。そこには「ときめき」といった恋愛のロマンティックな要素は皆無でした。また、明治から戦前までの家父長制《かふちょうせい》（イエ制度）において、結婚には家父長の許可が必要でしたから、親の認めない相手と結婚を望めば「勘当《かんどう》だ！」ということになり、駆け落ちなどすることもありました。皆さんのご両親は自由恋愛で結婚されているでしょうか、それとも「お見合い」でしょうか。「お見合い」は今なお残る、前近代的な結婚のスタイルです。ちなみに小さい頃に聞かされた私の母の話によれば、私の父とは「お見合い」で出会い、結婚式までに会ったのはたったの3回、結婚式当日に母は父の顔を忘れていたそうです。そこから生まれた私は、いったい何なんだ……と思わなくもありませんが（冗談です）。

性の解放

『**デカメロン**』という小説があります。私が通っていた高校は男子校でしたが、世界史で『デカメロン』が登場したとき、「デカいメロンかな?」と語感に本能的な部分が刺激されたようで、生徒は大騒ぎしたものです。『デカメロン』はギリシア語に由来し、「十日」という意味があるのですが、その本能的直感は偶然にも外れていなかったように思います。書いたのはイタリアの**ジョヴァンニ・ボッカチオ**（Giovanni Boccaccio）［1313—1375］、ペストの流行から逃れた男女10名が10日間、フィレンツェ郊外の邸宅で計100話を話し合うという設定です。中には権力欲うずまくストーリーとともに、人間の性欲が肯定された艶笑譚が収録されています。しかも真面目な印象しかない教会の修道士が性に溺れる様なども描かれているんですね。この辺りにも人間性の解放、教会の風刺というルネサンス期の特徴が表れていて興味深いです。ちなみにキリスト教は、生殖以外の性を禁ずる禁欲性を特徴としていました。聖書とブラジャーを携えてアジア・アフリカを布教した、という話もあるくらいです。

精神分析学の祖・フロイト［1856―1939］が唱えた、「無意識のリビドー（性衝動）を抑圧するのが理性的である」という理論も、性をタブー視してきた西洋ならではの発想です。一方日本はそうした性的タブーの少ない、世界的に見ても性的に放縦な地域でしたが（江戸の春画《しゅんが》もそうした文脈で評価されている）、近代キリスト教文明の到来により、キリスト教倫理であった性的タブーが定着し、今に至ります。

人間の尊厳＝自由意思

> われわれは、おまえを天上的なものとしても、地上的なものとしても、死すべきものとしても、不死なるものとしても造らなかったが、それは、おまえ自身のいわば「自由意志を備えた名誉ある造形者・形成者」として、おまえが選び取る形をおまえ自身が造り出すためである。おまえは、下位のものどもである獣へと退化することもできるだろうし、また上位のものどもである神的なものへと、おまえの決心によって生まれ変わることもできるだろう。（『人間の尊厳について』*7）

イタリアの**ジョヴァンニ・ピコ・デラ・ミランドラ**（Giovanni Pico della Mirandola）［1463―1494］は『**人間の尊厳について**』（神のみならず、人間にも「尊厳［dignity］」を見出した）において、人間と動物の違いを「おまえの決心」つまり「**自由意志**［free will］」に求めました。「自由意志」とは簡単にいって、「自分のことは自分で決める」ということで、近代以降の人間観の中核にあるものです。進路も、就職先も、結婚相手も、病気の治療法も、神の意志ではなく、全て自分の意志で決めるということです。運のよさや家柄のよさで成功した人よりも、「自由意志」で努力して成功した人を尊重する……そのように考えるのが現代の私たちです。逆にいえば、進路や就職先、結婚相手や治療法を両親や周囲の言いなりで決めてしまえば、もはや人間ではなく、動物に堕落してしまうということでもあるわけです。もちろん両親をはじめ、周囲の人からアドバイスをもらってもいいんです。でも、最後に決めるのは皆さん自身であるべきです。

ところで、昨今の日本経済の現場を席巻する市場原理主義者たちは自由競争をよしとしていますが、それも成功や蓄財は「自由意志」による努力の結果とみなすことができるからでしょう（逆に不遇な立場に置かれた者は努力が足りない、とみなされます）。でも違和感があるのは1990年代以降の首相の多くが2世、3世と言う世襲議員で、彼らの多くが市場原理主義を推進している現状です。地域社会の支持基盤が崩れる中で、強固な地盤を維持する彼らしか選挙で容易に勝ち残れないんです。現代の日本社会のひずみや国民感覚とのズレも、一つはそこから生まれているといえるかもしれません。親の地盤を受け継いだ彼らが全く努力をしていない……とは申しませんが、「自由意志」に基づく努力を尊重する近代的な人間観とは逆行しているわけです。面倒な政治は手馴れた政治屋に任せておけばいい、という現代的な社会的分業のなせる業でもありましょうが。

目的のためには手段を選ばず

君主は……よい気質を、なにからなにまで現実にそなえている必要はない。しかし、そなえているように見せることが大切である。いや、大胆にこう言ってしまおう。こうしたりっぱな気質をそなえていて、後生大事に守っていくというのは有害だ……たとえば慈悲ぶかいとか、信義に厚いとか、人情味があるとか、裏表がないとか、敬虔だとか、そう思わせなければならない。（『君主論』）*8

これはイタリアの**ニッコロ・マキャベリ**（Niccolò Machiavelli）［1469—1527］の『君主論』の一節です。マキャベリは近代政治学の祖とされる人で、「権謀術数《けんぼうじゅっすう》」に長じているのが君主の条件であると考えました。目的のためには手段を選ばない権謀術数主義を「マキャベリズム」と言ったりもします。これは『新約聖書』の「迷える子羊」のたとえのように、戦場で苦境に立たされた一人の自国兵士を救うべく、アガペー（神の愛）で全兵士を救出に向かわせた君主は果たして優秀か……という話です。キリスト教倫理・道徳的には優秀かもしれませんが、現実的な政治の世界でそれを実践するなら、外国からの侵略を容易に許してしまうでしょう。自国を守るためなら、「**狐の知恵**」（**法律**）と共に「**獅子**（**ライオン**）**の獰猛さ**」（**暴力**）を使ってもよいのです。「大事業はすべて、けちと見られる人物の手によってしかなしとげられていない。ほかの連中はみな滅んでいる」「総じて人間は、手にとって触れるよりも、目で見たことだけで判断してしまう」「人間はもともと邪《よこし》まなものであるから……愛情などは、自分の利害のからむ機会がやってくれば、たちまち断ち切ってしまう」*9……彼の言葉に見出せるのは徹底した現実主義（リアリズム）です。こう透徹に言い切ったことで、政治から宗教・道徳を切り離し、近代政治学の祖となれたのです。

「私は何を知るか（ク・セ・ジュ）」

フランスのヒューマニストはモラリスト［moraliste］と形容されています。内省を重視した彼らは、古代ギリシア・ローマの古典から真の人間性を学びました。彼らの文芸スタイルは随筆・格言（マキシム）・箴言《しんげん》（警告・アフォリズム）といった形を取りました。私はこの文芸スタイルが大好きです。好きになったきっかけは敬愛する劇作家・寺山修司［1935—1983］の著書でした。代表的なモラリストである**ミシェル・ド・モンテーニュ**（Michel de Montaigne）［1533—1592］は『**随想録**（**エセー**）』を「随筆（エッセー）」形式で著しました。「随筆」というスタイルの創始者が、このモンテーニュです。法官を辞した後、モンテーニュのシャトーと呼ばれる塔に引きこもり、大量の蔵書に囲まれた読書室で、想像力に任せてギリシア・ローマの古典を渉猟し、内省を深めました。なんだか憧れる生活ですね。そうして記されたエッセーが『随想録』だったのでした。そこには人間観察に基づく批判精神が充満しています。

この思想は、私が天秤の銘に彫りつけたように、「私は何を知ろうか」という疑問のかたちで表せばいっそうはっきりする。（『エセー（三）』）[*10]

モンテーニュは後にフランスのボルドー市長（ボルドーはカトリック信仰の立場だった）を務め、旧教カトリックと新教プロテスタントがおこしたキリスト教内部の宗教戦争（16世紀のユグノー戦争）[*11]の融和工作を行いました。とても現代的に思える部分があるのが「宗教的寛容」の重要性を述べた部分です。キリスト教徒によるイスラーム教徒への偏見・不寛容が後を絶たない現代を思うと、学ぶべき部分があるように思えます。それによれば、「自分は正しい」「相手が間違っている」……と独断的に思い込むことから宗教戦争はおこるといいます。そうした身の程を知らない傲慢な態度を戒めるのが「**私は何を知るか**（**ク・セ・ジュ**［Que sais-je?］）」という言葉です。哲学愛好者にはおなじみですが、白水社から翻訳刊行されているフランスのポケット版百科全書に「文庫クセジュ」というシリーズがあります。「ク・セ・ジュ」は「私は何を知るか（いや、まだ何も知らない）」という反語形の疑問詞です。『随想録』には「意見の執拗さと熱烈さは、愚かしさのもっとも確実な証拠だ」「われわれの目は、うしろにあるものを何も見ない。一日に百ぺんも、われわれの隣人を主題にしてわれわれ自身のことを嘲笑している。われわれ自身のなかにいっそう明瞭に見られる欠点を、他人のなかに見つけて嫌っている」[*12]などとあります。とはいえモンテーニュ自身、そうした愚かしさが自身にもあることに自覚的でした。自分はまだ何も知っておらず、いまだ真理を探求中である……この懐疑主義［scepticism］的態度に、古代ギリシアのソクラテス［B.C.470?—B.

C. 399?〕（「無知の知」）やピュロン（Pyrrho）〔B. C. 360?—B. C. 270?〕（人間理性や感覚で真理を知ることはできないとする懐疑主義の祖）の影響を読み取ることは容易いと思います（『エセー』の「私は何を知ろうか」は、ピュロン派の哲学者について述べた直後に記されている）。ルネサンスのヒューマニストやモラリストは何も新しいことを言おうとしたのではなく、あくまでも「温故知新」的な古典復興を企図していたのです。

　ところでモンテーニュのモットー「私は何を知るか」が「なぜ天秤の銘に貼り付けられていたのか」を考えることも重要です。そもそも「随筆」の語源はラテン語の「exagium」で、「天秤で目方を量ること」という意味がありました。そこから「試す」「試験〔examination〕」という意味も派生しました。つまり普段の私たちは、仕事の出来やその人の能力を（テストや業績評価により）数字で計測することで何かを知り、「わかった」気になっています。しかしモンテーニュはそんな天秤の銘に、「私は何を知るか」という反語形の疑問詞を彫りつけた、ということです。テストの点数や業績評価ごときで人間を計量化するなど、実に畏《おそ》れ多いことなのです。このモンテーニュの自戒が多くの人々に共有されることを願ってやみません。

　最後に日本でも長らく親しまれているモラリスト、ラ・ロシュフコー卿（La Rochefoucauld）〔1613—1680〕の書いた『ラ・ロシュフコー箴言集』を紹介しましょう。戦前から誰でも読める比較的下世話な読み物として愛好されてきた部分もあるのですが、ここには貴族世界の人間の生々しい有り様が「これでもか」と観察・描写されています。「われわれが美徳と思いこんでいるものは、往々にして、さまざまな行為とさまざまな欲《アンテレ》の寄せ集めに過ぎない」「自己愛の国で人が発見したことがどれほどあるとしても、まだそこには未知の土地がたくさん残っている」「君主の寛恕は、往々にして、民心を得るための術策に過ぎない」「われわれは皆、他人の不幸には充分耐えられるだけの強さを持っている」「われわれはあくまで理性に従うほどの力は持っていない」「われわれの妬《ねた》みは、われわれが妬む相手の幸福よりも必ず長続きする」「頭のいい馬鹿ほどはた迷惑な馬鹿はいない」「人の偉さにも果物と同じように旬《しゅん》がある」*13……この皮肉な語り口がまったくもって癖になってしまいます。17世紀であろうと現代であろうと、国が違っていたとしても、人間の有り様はたいして変わらないものだと感じられ、読む度に「汝自身を知る」……つくづく身の程を思い知らされるのです。

注

＊1 「ルネサンスの文化は、はじめて人間の完全な内実をそっくりそのまま発見して、それを明るみに出すことによって、世界の発見にさらに大きな功績を加える」（ブルクハルト『イタリア・ルネサンスの文化』）（『世界の名著45』柴田治三郎訳、中央公論社、1966年）。

＊2 エラスムス『痴愚神礼賛──ラテン語原典訳』（沓掛良彦訳、中央公論新社、2014年）。

＊3 「自由意志は単独では善を欲することができず、ただ恩恵によってのみ善を欲するとすれば……かの善き意志も功績も報償も、ただ恩恵にのみ属することを認識しない者がいるだろうか」（ルター『奴隷的意志』）（『世界の名著18』山内宣訳、中央公論社、1969年）。

＊4 トマス・モア『ユートピア』（平井正穂訳、岩波書店、1957年）。

＊5 ダンテ『神曲（上）・（中）・（下）』（山川丙三郎訳、岩波書店、1953～58年）。

＊6 北野圭介『ハリウッド100年史講義　夢の工場から夢の王国へ』（平凡社、2001年）。

＊7 ジョヴァンニ・ピコ・デッラ・ミランドラ『人間の尊厳について』（大出哲・安部包・伊藤博明訳、国文社、1985年）。

＊8～9 マキアヴェリ『君主論〈新訳〉』（池田廉訳、中央公論社、1995年）。

＊10 モンテーニュ『エセー（三）』（原二郎訳、岩波書店、1966年）。

＊11 ユグノーはフランスにおけるカルヴァン派のこと。

＊12 モンテーニュ『エセー』（『世界の名著19』）（荒木昭太郎訳、中央公論社、1967年）。

＊13 『ラ・ロシュフコー箴言集』（二宮フサ訳、岩波書店、1989年）。

42章　宗教改革（ルター、カルヴァン）、近代科学

ローマ・カトリック教会に抗議する者

ルネサンス期のヒューマニストによって、神の被造物としての人間ではなく、自由意志をもち、自由な感情を発露する存在としての人間観が登場したことは既に見てきた通りです。とはいえヒューマニストたちの中にはローマ・カトリック教会と強い結びつきをもつ者も多く、教会批判も不徹底でした。すると今度は、ローマ・カトリック教会そのものに抗議する動きがおこってくるのです。これが**宗教改革**です。宗教改革者は「抗議（プロテスト［protest］）する者」の意から「**プロテスタント**［protestant］」と呼ばれます（ルター自身は「福音主義者・エヴァンジェリスト［evangelist］」と自称していた）。

何しろ、中世までのローマ・カトリック教会の権威は絶大でした。ローマ教皇インノケンティウス３世（Innocentius III）［1161—1216］の「教皇は太陽、皇帝は月」という言葉もありましたが、莫大な教皇領を所有し、人々に清貧《せいひん》の思想を押し付ける一方で、贅《ぜい》の限りを尽くしていました。もちろんその間、聖職の売買など教会権力の腐敗も進みました。宗教改革の先駆はオックスフォード大学の神学教授だった**ジョン・ウィクリフ**（John Wycliffe）［1320?—1384］です。彼はローマ・カトリック教会が聖書からかけ離れていることを批判し、聖書の尊重を訴

えました。実はここが宗教改革の肝です。宗教改革者は、神と人間を仲介するローマ・カトリック教会は不要だと訴えました。教会は聖書に具体的に書かれていない「煉獄《れんごく》」の存在を作り出し、そこからの救済をうたって聖書を読めない人々に免罪符《めんざいふ》を売り出していたのです。しかも司祭の中には、まともにラテン語聖書が読めないような者もいたわけです。人々をたぶらかす教会など必要なく、神と人間が聖書を通じて直接繋がればよいというのが宗教改革者の主張です。よってル

フスの殉教

ターは、聖書を人々にとって親しみやすいドイツ語に翻訳し、それをルネサンスの三大発明のひとつ、活版印刷によって大量にばら撒《ま》いたのです。これによってカトリックの権威が揺らいでいきました。プロテスタントは聖書を尊重しただけに、カトリックとは異なり聖書の解釈を巡って、ルター派、バプティスト、クエーカーなど多くの宗派が生まれています。マルクス〔1818―1883〕の社会主義が『資本論』の聖典化により、その解釈を巡って様々なセクトに分かれていったのと同じです。話を戻すと、ウィクリフはローマ・カトリック教会を批判するとともにイギリス国教会の独立を支持する運動も行っています。ボヘミア（現チェコ）の宗教改革者でコンスタンツ公会議で異端審問《いたんじんもん》に遭い、焚刑《ふんけい》（火あぶり）に処された**ヤン・フス**（Jan Hus）〔1369?―1415〕もいました。ローマ・カトリック教会から「あなた様のご意見は興味深いです。一度教会にお越しください」なんて慇懃無礼《いんぎんぶれい》な手紙が届いて、呑気《のんき》に出かけて行ったところ、火あぶりに遭ってしまった……ということです。

最大の宗教改革者・ルター

最大の宗教改革者といえばドイツの修道士**マルティン・ルター**（Martin Luther）〔1483―1546〕でしょう。彼の名

前は米国の公民権運動の指導者キング牧師［1929—1968］のファーストネーム・ミドルネームにもなっています（マーティン・ルーサー・キング・ジュニア［Martin Luther King Jr.］）。米国という国は英国のプロテスタントの一派「ピューリタン（清教徒）」が入植して作った国で、キングはプロテスタントの牧師でした。

第一条。われらの主なるイエス・キリストは言われる。悔い改めよ、天国は近づいた！（マタイ福音書四章十七節）彼は、信者の全生涯が悔い改めであるべきことを望んだのである。
第三十六条。真に悔い改めているならば、キリスト教信者は、完全に罰と罪から救われており、それは贖宥状なしに彼に与えられる。（『九十五カ条の論題』*1）

ルターは、ローマ・カトリック教会の教皇レオ10世（Leo X）［1475—1521］（メディチ家出身）が販売を認めた**免罪符**（**贖宥状**《しょくゆうじょう》）の発行に抗議します。購入するお金をチャリンと言わせれば、魂は煉獄《れんごく》から天国へ……人々の信仰心を逆手に取った悪質商法のようなものです。よく学校でも、電車の遅延証明書を手に入れると堂々と遅れてくる生徒がいますが、これもある種の免罪符ですね。こんなものが金で買えるなら、当然人々は飛びつくでしょう。しかも販売した真の理由は、現在のバチカン市国の大半を占めるローマ・カトリック教会の総本山サン・ピエトロ大聖堂の修復に充てるためだった……というのですから呆《あき》れてしまいます。ルターは**95か条の意見書**（**論題**）をドイツ・ヴィッテンベルク城教会の扉に張り出して、批判を行います。ローマ・カトリック教会は破門状を送付しますが、ルターはそれを焼き捨ててしまいました。その話がドイツ各地に伝わると、ローマ・カトリック教会に対する人々の積年の不満が爆発するのです。

ルター

信仰をもつということ

それにしてもルターをはじめ、宗教改革者の純粋な信仰心は見上げるべきものです。彼らは神への絶対性を強調する一方で、近代的な個人の純粋な信仰心を解放したのでした。そもそもルターが修道士になったきっかけは落雷に遭って死の恐怖を体験したことにあったといいます。私が以前勤めていた学校の体育の先生は、雷雨の中でグランド整備をしていて、自分の真隣の木に雷が落ち、木が黒焦げになったと言っていました。落雷の経験は確かに、人生観が変わる出来事であるように思えます。

ところでノン・クリスチャンがクリスチャンになるのは、どんな場合でしょうか。クリスチャンの方と結婚したら、改宗《かいしゅう》される方も多いでしょう。ある時、日本のクリスチャン・ミュージックの第一人者・小坂忠《こさかちゅう》［1948―］の自伝『まだ夢の続き』*2を読みました。ちなみに米国のクリスチャン・ミュージックの市場は日本と比べ物にならないくらい大きく、CCM（Contemporary Christian Music）というジャンルもあります。一聴するとロックやヒップ・ホップ、ソウルのように聴こえて、歌詞を読むと"Praise The Lord"などと神への愛や祈りを歌っているんです。日本人はほとんど英語の歌詞を気にしないので、日本ではCCMフィールドのミュージシャンの音楽が、キリスト教音楽だと知られずに親しまれている場合があります。小坂忠はエイプリル・フールという1960年代末期の日本の創世期のロック・バンドのボーカルでした。伝説的なロック・バンドはっぴいえんどのメンバーになる細野晴臣《はるおみ》［1947―］（YMOの創設者）や松本隆《たかし》［1949―］（作詞家として大成する）も在籍していたバンドです。そんな彼がなぜクリスチャンになったのか……私は不思議で仕方がなくて自伝を取り寄せたのです。読んで驚きました。彼の最愛の娘さんが1歳の時、鍋をひっくり返して熱湯をかぶり、大火傷を負ってしまいます。全身の皮膚の移植出術を行い、ミイラのようになってしまった娘さんの痛ましい姿……不測の事態とはいえ不注意だった親としての自責の念もあったでしょう。どれほど絶望的な気持ちになったことか……そんな時、まさに神にすがる気持ちで教会に赴《おもむ》くと、牧師さんや教会に来ていた人々が、娘さんのために祈ってくれたそうです。すると１カ月後のことです。娘さんの包帯の下から、生まれたばかりのような皮膚が出てきたというんです。これを奇跡と呼ぶかどうかは、受け取り方次第だと思うのですが、突然信仰をもつに至る過程には、こうしたドラマティックな体験があるものなのかもしれません。

「信仰のみ」

> 今はまず、信仰のみがあらゆる行いなしに義たらしめ自由を与え救いにいたらしめるということを、はっきりと認識し真面目に確信することが大切である……聖書には、学者たちや聖職者たちを単に奉仕者、僕、執事と呼んで、つまり他の人々に向ってキリストと信仰とまたキリスト教的自由とを説教すべき任務を負う者となしているだけで、それ以外に何の差別をも認めていない。（『キリスト者の自由』）[*3]

ルターは、カトリック教会の販売する免罪符購入のような自身による外的な善行、あるいは律法は不要であり、内的な信仰だけで十分に義（正しい）と説きました（**信仰義認説**）。自分の行為ではどうにもならず、罪深い人間を許してくれるのは、ただ神のみです。神の恩寵を信仰せよ、というわけです。これはパウロ［?―62／65?］の『ローマ人への手紙』から得た思想で、「**信仰のみ**」がスローガンとなりました。宗教改革の肝は教会を介さず、聖書で神と直接つながることである……と先ほどいいました。ルターは、ラテン語への翻訳前のヘブライ語・古典ギリシア語聖書からドイツ語に翻訳しました。「**聖書のみ**」というスローガンもありましたが、イエスの言行である**福音**をルターは特に重視しています。ルター自身が「福音主義者・エヴァンジェリスト［evangelist］」と自称したのはそうした理由からです。

連中はこんなことを案出しました。教皇、司教、司祭、修道士たちは教会的身分と名づけられ、王侯、貴族、手工業者および農民は世俗的身分と呼ばれる、というのです。これは実に手のこんだ虚構であり見せかけであります……すべてのキリスト者は真に教会的身分に属するのであって、おたがいの間には職務上の区別以外に何の差別もないのです……われわれはみな洗礼によって聖別され、司祭とされている。（『キリスト教界の改善について　ドイツ国民のキリスト教貴族に与う』）*4

さらには、人間と神を媒介するカトリックの権威主義的な聖職者および制度・儀式を否定し、万人が直接神とつながる司祭である、と説きました（**万人司祭主義**）。よってプロテスタントの牧師は、聖職者としてのカトリックの司祭とは違い、あくまでも「信者のリーダー」という位置付けになっているのです。そしてもう一つ、人々の職業は神から召しだされた**天職**であるとする**職業召命観**《しょうめい》（「召命」とは「使命」のこと）を説きました。やっと天職に巡り合えた、などとよくいいますが、「天職」は英語で「calling」、つまり「神から召し出された仕事」です。神から「おいでおいで」と御呼《およ》ばれされて、「君は八百屋にふさわしい」「君は弁護士にふさわしい」……といった風に。ですからいかなる職業も「神に召し出された仕事」として、同一の価値をもっているのです。

利潤追求の正当化

ルターの改革をさらに徹底させた宗教改革者が、フランスの**ジャン・カルヴァン**（John Calvin）〔1509—1564〕です。フランスではプロテスタントが迫害されたため、主にスイスで活動しました。純粋な信仰心と勤勉・禁欲的倫理をもつ**カルヴァン主義**（**カルヴィニズム**）は、スイスからネーデルラント（オランダ）、英国に広がっていきました。英国では清教徒（ピューリタン）の名で知られています。「ピューリタン」は「ピュア［pure］」の派生語である「purify（浄化する）」という言葉に由来しますが、聖書に忠実に信仰を浄化させ、イギリス国教会の不徹底な宗教改革によるカトリック教会の残滓《ざんし》を批判しました。国王ジェームズ1世（James I）〔1566—1625〕は清教徒の耳をそぐ、鼻をそぐ、といった迫害を行ったようで、我慢がならなかった信徒達・ピルグリム・ファーザーズ（巡礼始祖）は１６２０年、メイフラワー号に乗って米国に渡ることになるのでした。

どんなにいやがられる・いやしい仕事であっても（あなたがそこであなたの「召命」に従いさえすれば）神の前で輝き、最も尊いものとならぬものはないのである。（『キリスト教綱要』）*5

……職業労働によってのみ宗教上の疑惑は追放され、救われているとの確信が与えられる……。

宗教的達人が自分の救われていることを確信しうるかたちは、自分を神の力の容器と感じるか、あるいはその道具と感じるか、その何れかである。前者のばあいには彼の宗教生活は神秘的な感情の培養に傾き、後者のばあいには禁欲的な行為に傾く。ルッターは第一の類型により近かったし、カルヴィニズムは第二の類型に属していた。改革派の信徒もまた、》sola fide《「信仰のみ」によって救われようと欲した。しかし、すでにカルヴァンの意見によっても、すべて単なる感情や気分はどんなに崇高にみえても欺瞞的なものであり、したがって信仰は、「救いの確かさ」の確実な基礎として役立ちうるには、客観的な働きによって

確証されねばならない。（『プロテスタンティズムの倫理と資本主義の精神』）*6

カルヴァンは『キリスト教綱要』の中で「**予定説**」を説きました。これはパウロの『ローマ人への手紙』に由来し、ルターや、古くは教父アウグスティヌス〔354―430〕も「恩寵予定説」という形で、それを説いていました。アダムとイブが神に背いて知恵の木の実を食べ、楽園追放になって以来、人間は「原罪《げんざい》」を背負っており、それは人間の努力や信仰では救われません。神に救われる者、救われない者は、神の摂理《せつり》により「予《あらかじ》め定まっている」のです。でも考えてみてください。「救われるか、救われないかは神があらかじめ決定していて、自分で善行を積んでも仕方がない」……そうなった時、果たして皆さんは真面目に生きていこうとするでしょうか。「どうせ神が決めることなら、勝手気ままにやっていこう」と、堕落した生活を送るようになるかもしれません。しかし、当時の人々はそうすることをせず、真逆の行動をとったのです。「どうせなら、勤勉・禁欲的に生きていこう」と思ったのです。なぜなら、勤勉・禁欲的に働いていれば、お金ももうかるでしょうし、人間関係だって良好になっていきます。そうなればなるほど、「きっと私は、神の救済を受けられるに違いない」と確信するに至るのです。

しかもカルヴァンは職業召命観に新たな解釈を付与します。「**天職から得られる利潤は喜んで受け取ってよい**」と説いたのです。神から呼び出され、与えられた天職を全うし、得られたお金は神の栄光を増す手助けになるのだから、喜んで受け取りなさい……そもそも清貧の思想をもつキリスト教において、利潤追求は醜いこととされてきましたし、利子を得ることも許されてこなかったわけです（利「子」は、反自然的に貨幣から生まれた貨幣――「子」ども――です）。人々が利己的に利潤を追求すれば貧富の差が生まれ、全ての人々を幸せにできないと考えられていたからです。しかしカルヴァンが利潤追求を肯定したことによって、結果的に金

カルヴァン

もうけが正当化されていきました（もちろん当初は「救済の確証を得るため」だった）。これが資本主義経済という利潤追求ゲームを成立させる精神的・倫理的な原動力となったのです。このような聖（教会）と俗（資本主義経済）の関連性を指摘したのは、ドイツの社会学者**マックス・ウェーバー**（Max Weber）［１８６４―１９２０］の『プロテスタンティズムの倫理と資本主義の精神』（「プロ倫」と略して親しまれている）でした。神と人間をつなぐ教会を否定したプロテスタンティズムは、資本主義と相性が良いのです。何しろ仕事中であっても、聖なる教会に行かずして、個人と神がじかに繋がれる（宗教を個人の心の問題とする「世俗化」）のですから。合理的に、時間を無駄にせず勤勉・禁欲的に利潤を追求し（**世俗内禁欲**）、神の栄光の手助けをすること（富の蓄積）が可能となったのです。

こうして新教プロテスタントが西洋を席巻《せっけん》していく中で、旧教ローマ・カトリック教会は巻き直しを迫られました。**イグナティウス・ロヨラ**（Ignatius of Loyola）［１４９１―１５５６］や**フランシスコ・ザビエル**（Francis Xavier）［１５０６―１５５２］が作った**イエズス会**は、そうした「反」宗教改革の動向として捉えられます。ザビエルはカトリックまき返しのため、１５４９年には日本を訪れ、キリスト教を伝えたのです。

「産業革命」に匹敵する「科学革命」

西洋近代を準備した思想の一つに「科学」がありました。英国の歴史家ハーバート・バターフィールド（Herbert Butterfield）［１９００―１９７９］によると、16～17世紀の近代科学の登場は「産業革命」に匹敵する「**科学革命**」でした。ちなみに現代は、それと同様のインパクトをもつ「情報革命」が進行している真っ最中です。

「**科学**（**サイエンス**［science］）」とはラテン語で「知識」を意味する「スキエンチア［scientia］」が語源です。自然「観察」に基づいて「仮説［hypothesis］」を立て、「実験［experiment］」により「検証［verification］」し、数学的記号で記述する……というのが「科学」の基本的なスタイルです。科学的な真理は絶対的なものではありません。絶えず検証し続ける必要があり、その「検証可能性」を科学的命題の特徴とする向きもあります。一方で、オーストリア出身の英国の科学哲学者**カール・ポパー**（Karl Popper）［1902―1994］[*7]は「**反証可能性**［falsifiability］」を科学的命題の特徴としています。「全てのカラスは黒い」という言明は、一匹でも黒くないカラスを見つけたら反証できますから、科学的な言明です。[*8]科学者が宗教や占い、あるいは心理学におけるフロイト［1856―1939］やユング［1875―1961］の学説をインチキと決めつけるのは、それらの理論が反証不可能――理論が外れた例があったとしても理論修正がなされない――であるからです。とはいえ「科学」という一つの物差しから見たらインチキである、というだけのことではありますが。いずれにしても科学的真理とされているものは、絶対的真理であるかはわからないにせよ、反証の重みに耐えしのいできた仮説である、ということはできます。

さて、哲学ではそんな「科学」も俎板《まないた》の上に載せて吟味していきます。「科学は正しく有益である」と思い込んでいる人にとっては「科学」を「思想の一つ」と呼ぶことに違和感があるかもしれません。しかし「科学」も、近代以降わずか数百年の間、とりあえず大方有効だとみなされている「当たり前」に過ぎず、万能の真理とは言いがたい側面があるのです。私が心理学を学んでいた頃に、スイスのユング研究所に学んだ河合隼雄《かわいはやお》［1928―2007］のお弟子さんだった先生がいました。その先生の話を聞いてハッと我に返りました。ある時その先生のところに、目と目が離れていることを気に病んでいる神経症のクライアント（患者）が来たそうです。そういえば私も小学生のとき、鏡で自分の顔を見るたびに「目と目が離れていて、なんだかウーパールーパーみたいだなあ……」と相当気に病んでいたことを思い出しました。そのクライアントの治療にあたって、まずクライアントを納得させるために目と目の間の距離を測り、それが「2・5センチメートル」であったとしましょう。さらに別に50人のサンプルを無作為に抽出し、その50人の目と目の間の長さを測って、その平均値が「2・8センチメートル」だったとします。そこでクライアント（患者）に「安心してください！　あなたの目と目の間の距離は「2・5センチメートル」で、50人の平均より「0・3センチメートル」も短かいんですよ！」と伝えたとしましょう。それでクライアントの悩みは解決されるでしょうか……先生は「クライアントの悩みはなくならない」と言いました。私はこのとき「科学」は人間心理を癒すことはできず（むしろ悩みを増やす?）、万能に思えた「科学」にも限界があることを悟ったのです。

「コペルニクス的転回」

ここで近代の科学史を紐解いてみましょう。近代科学登場以前の宇宙観は「**天動説**」でした。アリストテレス［B.C.384―B.C.322］らも「天動説」を説いていましたが、それを体系化したのは古代ローマ時代、エジプト人の天文学者・地理学者だった**プトレマイオス**（Ptolemy）［83?―168?］です。「地球は天体の中心にあって静止」し、その「有限」空間の中で、恒星が張り付いた天体が回転していると考えたのです。中世のキリスト教神学（スコラ哲学）がアリストテレス哲学を土台にしていたことは既に触れました。神の被造物である人間が住む地球は特別視され、天体の中心に置かれました。さらに天体では、神によって「完全な円運動」が描かれると考えられたのです。

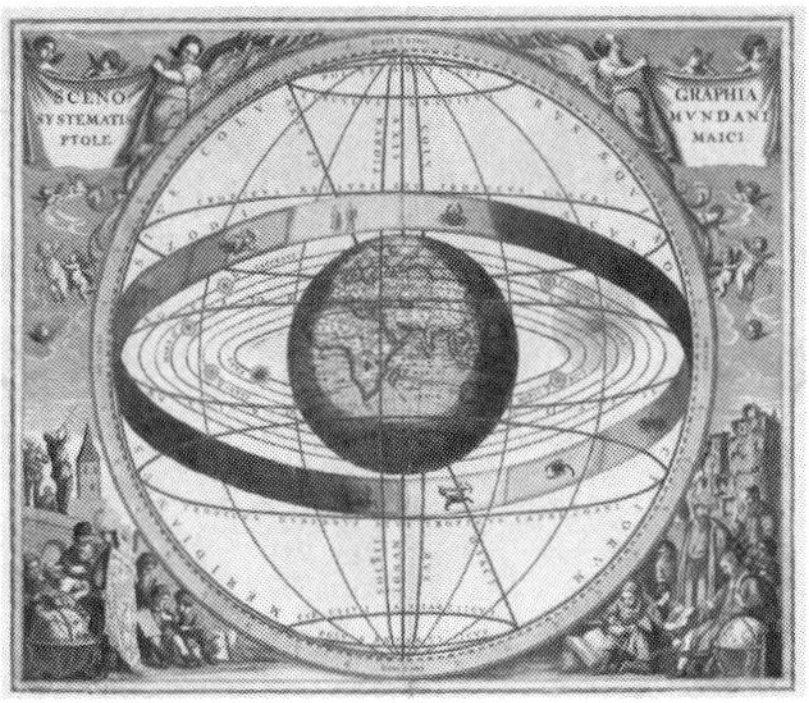

天動説の図

しかし、こうした旧来の世界観に科学的視点から反論したのが、ポーランドの天文学者でカトリックの司祭だった**ニコラウス・コペルニクス**（Nicolaus Copernicus）［1473―1543］です。彼は2000年にも亘《わた》ってキリスト教を支えた世界観である「天動説」を覆し、「**地動説**」を唱えます。「太陽こそが天体の中心」であり、地球などの惑星はその周りを回って（公転して）いるというのです。この発想の転換を「**コペルニクス的転回**」と呼びます。「地動説」自体は古代ギリシアのアリスタルコス（Aristarchus of Samos）［B.C.310―B.C.

230?]も唱えていましたが、中世キリスト教の公認学説を科学的に覆した功績は偉大すぎるほどです。ただしコペルニクス自身、所属するローマ・カトリック教会への影響力を恐れたため、「地動説」を説く『**天球の回転について**』が出版されたのは死の直後となりました。法王に向けて書かれた序文の冒頭では「最も聖なる父よ、或る人々はこの天体の回転についての書のなかで私が地球に運動を与えていることを聞きますならば、さような意見をいだいている私は直ちに罰せられなければならないと言って騒ぎ出すであろうことを私はよく存じております」と真っ先に申し述べています。[*9]

イタリアの哲学者・ドミニコ会修道士の**ジョルダーノ・ブルーノ**(Giordano Bruno)[1548—1600]も「地動説」を唱え、コペルニクスが「有限」だと考えていた宇宙空間を「無限」であるとしました。しかしブルーノは、7年間牢獄に入れられた後に火刑に処されました。まだまだこの時代はローマ・カトリック教会の権威が残っており、その権威を覆す科学的学説の公表は命懸けだったのです。

デンマークの天文学者・占星術師の**ティコ・ブラーエ**(Tycho Brahe)[1546—1601]は超新星(スーパーノーヴァ)の観測を行い、膨大な観測データを残しました。ちなみに彼は若いときの決闘で鼻をそぎ落とされて、金属で作られた鼻をつけていたそうです。[*10]また、晩餐会でおしっこを我慢しすぎて、膀胱が破裂して亡くなったのだといいます。なんとも哀しい最期です。そのティコ・ブラーエの助手を務め、観測データを引き継いで惑星軌道が「完全な円運動」ではなく、「太陽を焦点とする楕円運動」であると突き止めたのは**ヨハネス・ケプラー**(Johannes Kepler)[1571—1630]です。彼はドイツの数学者・天文学者・占星術師で、惑星の楕円軌道はケプラーの法則と呼ばれています。コペルニクスやガリレイ[1564—1642]は惑星軌道を「円運動」だと考えていました。ティコ・ブラーエは「地動説」を否定していたのですが、ケプラーは観測データの裏付けを得て「地動説」を支持していました。しかしそのケプラーも母親が魔女の疑いをかけられ、裁判沙汰に発展しています。結局ケプラーが出廷して事なきを得るのですが。

「それでも地球は動く」

ローマ・カトリック教会による異端尋問で自説を撤回させられ、「それでも地球は動く」と言った……と伝えられているのは**ガリレオ・ガリレイ**（Galileo Galilei）です（そのエピソードは弟子による作り話である）。ガリレイはイタリアのピサ生まれの天文学者・物理学者でした。ガリレオは姓ガリレイの単数形で、ピサのあるトスカーナ地方では長男をそのように名付ける風習があったそうです。彼は思弁的だったコペルニクスの「地動説」を天体望遠鏡による観測を繰り返し行うことで実証しました。それを『**天文対話**』に記すのですが、ローマ・カトリック教会の正統教義であった「天動説」に背くため、異端尋問にかけられてしまうのです。ガリレイはカトリック信者でしたが、信仰と科学は別物と考えていました。しかも『天文対話』では「天動説」にも配慮し、ローマ・カトリック教会を刺激しない書き口に整えることまでしました。それでも結局は禁固刑に処され、『天文対話』は禁書の指定を受けます。ローマ・カトリック教会というと現代でも人工妊娠中絶を禁止するなど、保守的なキリスト教の権化というイメージがありますが、もはや現代では流石に「天動説」を支持してはいません。ガリレイの死後約350年たった1992年に、当時のローマ法王・ヨハネ・パウロ2世（John Paul II）［1920―2005］がガリレオ裁判の間違いを公式謝罪する、というニュースがありました。

ローマの異端審問所で異端審問を受けるガリレオ

　さらにガリレイは「慣性の法則」や「落体の法則」を発見しました。ピサの斜塔から大きい球と小さい球を落とし、落下速度が一緒だったことから、落下速度は質量に依存しないという「落体の法則」を見出した……と伝えられていますが、このエピソードも弟子の創作ではないかといわれています。実際は落下時間が速すぎて正確さを欠いていたため、羊皮紙《ようひし》を貼った斜面に溝をつけて真鍮《しんちゅう》の球を転がす実験により、その法則を発見したようです。

ガリレイは「**自然の書物は数学的記号で書かれている**」と考えました。ガリレイが行ったのはまさに「理性」による自然「観察」に基づいて「仮説」を立て、「実験」により「検証」し、数学的記号で記述するという近代「科学」の基本的なスタイルでした。ガリレイは「科学」の世界で今なお最重要視される先取権にも高い意識をもっていたようで、新発見を暗号文にし、公的な人物の元へ日付入りで送付していたといいます。*11 なかなかのやり手ですね。ちなみにガリレイの生まれた日は、ミケランジェロ〔1475―1564〕の死の３日前だったそうです。これを「文化の最高の座を、科学が芸術から譲りうけたことを象徴しているかのようであった」*12 と評する人もいます。

そのガリレイの亡くなった年に誕生したのが英国の物理学者・数学者の**アイザック・ニュートン**（Isaac Newton）〔1642―1727〕です。これを「近代科学の旗手がバトンを手渡した」と表現することがあります。ニュートンは惑星の楕円軌道に関するケプラーの法則を説明する過程で、太陽と惑星の間に働く「万有引力《ばんゆういんりょく》」を発見し、古典力学（ニュートン力学）を確立しました。『プリンキピア（自然哲学の数学的原理）』*13 では「万有引力」が地球上から天体まで、あらゆる自然現象を統一的に説明できる法則であると述べています。

自然観の変遷

ここで古代から近代に至る自然観の変遷を眺めてみましょう。自然観とは自然を取り巻く価値観のことです。
古代の自然観は「**有機的自然観**」です。有機的〔organism〕とは全体が関連性のある働きをすることを意味します。

自然は意味をもった生き物として全体が関連性のある働きをしており、人間もその一部であるということです。宮崎駿《はやお》[1941—]の『もののけ姫』に描かれる、自然の中でありがたく人間が生かされている……という古代日本の自然観を思い描いてもいいでしょう。こうした自然観も神の支配する中世が到来するにつれて変容し、続いて「**目的論的**[teleology]**自然観**」が支配的となります（アリストテレスの所でも既に触れた）。自然界の運動・変化の目的は神の完全性に近づくこと……換言すれば「神」（「不動《ふどう》の動者《どうしゃ》」）が自然界のすべてのものを自らに向かって運動させているから運動・変化がおこる、と考えられたのです。人間はなぜ生まれたのか……本能としか呼びようがないものを「目的因」（どのような目的をもつか）から考察し、「不動の動者」によりその「形相」（本質）を最大限実現させていると説明したのです。中世のキリスト教神学（スコラ哲学）はこのアリストテレスの「目的論的自然観」に依拠していました。

今度は近代に入ると科学革命がおこり、「**機械論**[mechanism]**的自然観**」に移行します。米国の科学史家**トマス・クーン**[1922—1996]はこれを**パラダイム・シフト**と呼んでいます。パラダイム[paradigm]とは、その時代の「当たり前」を支えている理論的枠組みのことで、それが転換（シフト）したということです。「機械論的自然観」とはガリレイやニュートン、そしてデカルト[1596—1650]が依拠する立場です。人間の理性と自然界を切り分けて、モノ（質料）としての自然・物質・身体を理性により操作する、という発想です。自然界は何ら意味や目的をもたず、「原因（アリストテレスのいった始動因）と結果」という因果関係のみで動く精巧な機械でしかありません。ガリレイはこの因果関係を合理的に追求し、それを数学的記号で記述しようと試みたのです。とはいえ、キリスト教と科学には深い関わりがありました。[*14] 神が理性的に創造した世界（自然）は、神の似姿として造られた人間が（神の視座から）理性的に把握できる、と考えるのが科学の基本的なまなざしです。つまり、科学は「科学教」と呼んで差し支えないものだと思います。いずれにしても、こうしたある種ドライな数値化により科学は発展し、私たちの生活を豊かにしてきました。その反面、近年はそうした数値化が先鋭化し、「数値化できないものに意味はない」という風潮もおこっています。仕事の成果も数字が全て、というのはまだ理解できなくはないにしても、芸術の美ですら数値化しなければ気が済まないというのではあまりにバカバカしく思えます。「いいね！」の数でしか人間の営みを評価できないというのは悲しすぎるでしょう。経済合理性に委ねて良いものと悪いものがある、ということをちゃんと主張することは大切です。

ゆえに、こうした「機械論的自然観」においては「有機的自然観」に見られた、生命体がそれぞれ生の実感を得ながら調和するコスモス（宇宙）は排除されてしまいます。現代は迷信や魔術を排除して「科学」を崇拝する時代です。１９９５年に地下鉄サリン事件をおこしたオウム真理教の幹部の多くは理系のスーパー・エリートでした。そんな理系のスーパー・エリート達が社会からの疎外感を感じて、ある種の生の実感を得るために魔術的な教祖の非科学的なマインド・コントロールのとりこになったことをどう説明すればいいでしょうか。

ちなみに前近代において、自然の力の利用法を知る者は魔術師と呼ばれました。梃子《てこ》の原理を知る人が、大きな岩をひょいっと持ち上げてみれば……それは途端に「魔法だ」ということになったのです。錬金術の時代は魔術と科学の中間の時代です（錬金術師の仕事場だった「実験室［laboratorium］」の語源は、「労働［labor］」と「祈祷所・オラトリオ［oratrium］」）。近代「科学」はそうした魔術のからくりを数学的記号で記述する試みだった、ともいえるでしょう。

占星術や錬金術の功績

ところで現代では非科学とされている占星術や錬金術は、科学の発展に多大な貢献をしています。既に紹介したティコ・ブラーエやケプラーは占星術師として、天文学や航海術の発展に寄与したのです。また、卑金属（鉛など）を貴金属（とりわけ金）に変える錬金術は、ギリシア自然哲学やエジプトの『ヘルメス文書』（新プラトン主義やグノーシス主義の影響がある）、そしてそれらがイスラーム世界に伝わったことによって発展します。金属は水銀と硫黄からなり、その組成比率を調整すれば金になる……と考える、ジャビル・イブン・ハイヤーン（Jabir ibn Hayyan）〔７２１?—８１５?〕に始まるイスラームの錬金術[15]が十字軍の遠征を契機にラテン語に翻訳されて西洋に伝わり、近代化学の発展につながったのです。[16]ハリー・ポッター・シリーズにも登場する「賢者の石」は、鉛などを金にする触媒《しょくばい》とされたものです。鉱物由来の薬品を作った医化学の祖とも言われるパラケルスス〔Paracelsus〕〔１４９３—１５４１〕は大錬金術師で、「硫黄、水銀に、彼が塩とよぶ第三の原理を加えて〈三元《トウリア・プリマ》〉とし、後のベーコン〔１５６１—１６２６〕の実験や観察を重視する経験論的な手法を先取りしていました。[17]人造人間ホムンクルスを作ったという伝説もあります。ドイツの文豪**ヨハン・ヴォルフガング・フォン・ゲーテ**（Johann Wolfgang von Goethe）〔１７４９—１８３２〕の『ファウスト』にはホムンクルスが登場します。とうとう現代の遺伝子工学はホムンクルスに近い領域に達してきたように思います。ちなみに先ほど紹介した近代の大科学者ニュートンも錬金術に傾倒していた一人です。何しろ彼の遺髪からは実験で使用したと考えられる高濃度の水銀や鉛が検出されているのです。

注

＊1　ルター『95カ条の論題』（『世界の名著18』）（松田智雄訳、中央公論社、１９６９年）。

＊2　小坂忠『まだ夢の続き』（河出書房新社、２００６年）。

＊3　マルティン・ルター『キリスト者の自由』（『新訳　キリスト者の自由　聖書への序言』）（石原謙訳、岩波書店、１９５５年）。

＊4　ルター『キリスト教界の改善について　ドイツ国民のキリスト教貴族に与う』（『世界の名著18』）（成瀬治訳、中央公論社、１９６９年）。

＊5　ジャン・カルヴァン『キリスト教綱要』（渡辺信夫訳、新教出版社、１９６２〜66年）（久米あつみ『人類の知的遺産28　カルヴァン』講談社、１９８０年）。

＊6　マックス・ヴェーバー『プロテスタンティズムの倫理と資本主義の精神』（大塚久雄訳、岩波書店、１９８９年）。

＊7　ポパーは全体主義がヨーロッパを覆った第二次世界大戦中の１９４５年に『開かれた社会とその敵』を著し、プラトンや自身もかつて通ったマルクスのユートピア主義は全体主義的である、として批判した。

＊8　アメリカの分析哲学者・科学哲学者ウィラード・ヴァン・オーマン・クワインは、「全体論（ホーリズム［holism］）」を唱え、一つの命題と他の命題を切り離して論じることはできず、「科学の全体」が検証・反証されなければならない点を指摘した。

＊9　コペルニクス『天体の回転について』（矢島祐利訳、岩波書店、１９５３年）。

＊10　１９０１年にブラーエの墓を掘り起こしたところ、傷跡や金属の緑青が実際に確認された（小山慶太『科学史人物事典』中央公論新社、２０１３年）。

＊11　小山慶太『科学史人物事典』（中央公論新社、2013年）。
＊12　平田寛『図説科学・技術の歴史　下』（朝倉書店、1985年）。
＊13　書名に自然「哲学」とあるように、現在は「科学」の範疇とされている学問が当時は「哲学」の範疇にあったことがわかる。
＊14　科学と宗教の互恵的関係については、J・H・ブルック『科学と宗教』（田中靖夫訳、工作舎、2005年）が参考になる。また村上陽一郎は、西欧近代「科学革命」同様の不連続的な進行の過程を「聖俗革命」と表現した。その第一段階は「神の恩寵に照らされた人間だけが知識を担い得る、という原理から、すべての人間が等しく知識を担い得る、という原理への転換」であり、第二段階は「神―自然―人間……から自然―人間」という知識の位置づけのための文脈の変化である。「その変化のなかで、科学と哲学とが、それぞれに独立するというプロセスが付随」した。しかし、「西欧近代が聖俗革命を経験したとはいうものの……その革命が完遂されたとはとても言い切れないほど、依然として、神―自然―人間という文脈は、現代の欧米に抜きがたく組み込まれて」いる（村上陽一郎『近代科学と聖俗革命』新曜社、1976年）。
＊15　イスラーム世界は高度な化学知識をもっていた。「アルケミー［alchemy］（化学、錬金術）」「アルカリ［alkali］」や「アルコール［alcohol］」「アルジェブラ［algebra］（代数）」はアラビア語起源の言葉で、「アル［al］」は英語の「the」に相当するアラビア語の定冠詞である。
＊16　池内了『知識ゼロからの科学史入門』（幻冬舎、2012年）。
＊17　澤井繁男『錬金術』（講談社、1992年）。

43章　経験論（ベーコン、ロック、バークリー、ヒューム）

（イギリス）経験論と（大陸）合理論

「2つのR」（ルネサンスと宗教改革）と科学革命を通じて、人間は神から解放され、理性を使って自由に真理探求ができるようになりました。中世の暗黒時代をくぐり抜けて、古代ギリシア・ローマ時代に立ち返り、理性をもった個人（人間）が再び主人公となったのが近代です。近代は理性をもった「考えるわれ」によって、自然を合理的に数学的記号で記述し（科学）、合理的に政治を運営し（民主主義）、合理的に利潤追求をする（資本主義経済）……つまり現代と地続きとなっている社会の土台の数々が出そろった時代が近代なのでした。そうしたわけで、17世紀になると個人が神に遠慮することなく自然探求を試みる近代哲学が息を吹き返します。真理探求の方法は2つ提示されました。「経験論」と「合理論」です。

英国で発達した**（イギリス）経験論**［empiricism］は人間知識は白紙状態から積み重ねた経験に由来する、という考えです。これは神ではなく、人間の感性そのものを重視する立場だといえます。自分の目で見た通りに観察し、実験を行い、普遍的真理を見つけ出す……この**帰納法**《きのうほう》［induction］という真理獲得の方法は近代科学を基礎づけたものでした（ニュートン［1642―1727］も帰納法を認めていた）。帰納法は、個別の事例から普遍的真理を求めるやり方です。ガリレイ［1564―1642］も小さい鉄球を落とし、次に大きい鉄球を落とし、落下速度が同じだったことを確かめて「（空気抵抗を無視すれば）落下速度は質量に依存しない」という「落体の法則」を打ち立てたと伝えられています。

一方（**大陸**）**合理論**［rationalism］は欧州大陸のフランスやオランダで発展しました。合理論は、理性［ration］を基に論理的推論によって普遍的真理を導き出そうとする考えです。このやり方を**演繹法**《えんえきほう》［deduction］といいます。先ほどの例でいえば、実験によって得た「落体の法則」に当てはめて個別の結論を導き出す……というプロセスになります。「経験論」と「合理論」は当然対立したわけですが、これはどちらかが正しい、という種類のものではありません。後述しますが、それぞれに腑《ふ》に落ちないもやもやが残るのです。これを仔細《しさい》に吟味し、両者を統合することに成功したのが近代哲学の最高峰・カント［1724―1804］でした。

知は力なり

経験論の祖は哲学者・政治家の**フランシス・ベーコン**（Francis Bacon）［1561―1626］です。同姓同名のアイルランドの画家と間違わないようにしてください。ベーコンは英国の名門の出《で》で、12歳でケンブリッジ大学トリニティ・カレッジに入学しました。英国でケンブリッジやオックスフォード出身者といったら今も昔もエリートです。以前、海外で行われた学会に参加したことがありました。たまたま同席した初対面の方がどこの国の出身だろうと思い、「Where are you from?」と何気なく聞いたら、「Cambridge!《ケンブリッジ》」と誇らしげに返されたことがあります。そういうことを聞いたつもりじゃなかったのですが。

権力欲の強かったベーコンは弁護士資格を取った後、国会議員となり大法官にまで上り詰めましたが、収賄罪《しゅうわいざい》でその地位を追われました。45歳の時に14歳の少女と再婚したこともあります。ちょっと犯罪の匂いがしますね（笑）。それでバチが当たったのかどうかは知りませんが、鶏《にわとり》の冷凍実験中にひいた風邪がもとで亡くなっています。主著は諸学の大革新のために提起された**『ノヴム・オルガヌム（新機関）』**（アリストテレス〔Ｂ．Ｃ．３８４―Ｂ．Ｃ．３２２〕の論理学研究「オルガノン」に対抗する「新しいオルガノン」の意）です。１６２０年に出版されたこの本の扉絵には、科学という船が旧世界の境界・ジブラルタル海峡を越えて出帆する様子が描かれており、「多くのものどもは、あちこちと調べ、そして知識は増すだろう」という『ダニエル書』からの引用も掲載されています。*1 他にも未完のユートピア小説『ニュー・アトランティス』があり、ここに登場する「ソロモンの家」という研究所は最古の科学学会である英国王立協会（ロイヤル・ソサエティ）として具現化されました。

人間の知識と力とはひとつに合一する、原因を知らなくては結果を生ぜしめないから。というのは自然とは、これに従うことによらなくては征服されないからである。そして〔知的な〕考察において原因にあたるものは、〔実地の〕作業ではルールにあたる。（『ノヴム・オルガヌム』）*2

『ノヴム・オルガヌム』の表紙

これはベーコンの「**知は力なり**」の一節です。「自然に従う」というのが少しわかりづらいのですが、これは人間が自然に屈服するという意味ではなく、むしろ逆で、自然についての知識を得ることを意味します。人間の目的は、自然についての知識を得ることで自然を支配し、人間生活を改善して幸福をもたらすこと……これは人間中心主義的な近代哲学の典型的発想です。この人間中心主義的発想の下で自然環境を人間のために操作し、利用する発想が生まれ、近代以前には存在し得なかった「環境問題」が発生することにもなるのです。

ベーコンは中世の思弁的なスコラ哲学を役立たずであるとして斥《しりぞ》けました。そして、人間にとって役立つ知識を得るため、実験・観察を通じて個々の事実から普遍的法則を導き出す最新のシステムを考案します。これが「ノヴム・オルガヌム」です。「そんなの新しくもなんともないよ」と思うかもしれませんが、当時はまさに「新機関」だったのです。知識は経験に基づくわけですが、ただ経験的にアリがエサを集めるようにして個々の事実を寄せ集めればいいのではありません。ハチが蜜を集めて蜜蝋《みつろう》を作るように事実を寄せ集め、普遍的法則を導き出そうとしたのです。

4つのイドラ

とはいえ、私たちの感覚に基づく経験は疑わしい部分もあります。ベーコンは**4つのイドラ**[idola]（ラテン語の「イドラム［idolum］」の複数形で「偶像」「幻影」の意）を分類し、こうした偏見や先入観を排除して、正しい知識を得るよう説きました。1つ目の「**種族のイドラ**」は人間という種族に共通する偏見です。心理学実験でよく取り上げられる「矢羽《やばね》の錯視実験」があります。主線の両端の二本の矢羽の角度により、主線の長さが変わって見えるのです。あるいは思い違いをする、なんてことも日々ありますよね。これも「種族のイドラ」です。2つ目の「**洞窟のイドラ**」は「犬のイデア」の「影」を本物の犬だと思い込んだ……というプラトン［B.C.427—B.C.347］の「洞窟の比喩」を思い出してみてください。個人の狭い生育環境や性向に由来する偏見です。受けてきた教育や聞きかじった話、本を読んだり、権威のある人の話を信じ込んだり……「井の中の蛙《かわず》大海を知らず」という諺《ことわざ》もあるでしょう。ところで、私は『週刊少年ジャンプ』というマンガ雑誌を高校生の頃まで、儀式のように毎週欠かさず買っていました。私はマンガの中身だけでなく、巻末の読者投稿ページが大好きで、それこそ目を皿のようにして読んでいました。当時は「ハガキ職人」というのがいまして、面白いネタをハガキに書いて送りつけ、掲載を待つんです。そうした「ハガキ職人」からテレビやラジオの放送作家になった人も沢山います。ある時、いつものように読んでいると、こういうものがありました。「井の中のオカズ、たいがいはシラス」……思わず「天才を発見した！」と思ったものです。さて、これは全く関係のない話でした。3つ目は「**市場《いちば》のイドラ**」。市場のような人の集まる場所で噂やデマが流される……そうした偏見にも気を付けなければいけません。最後の4つ目「**劇場のイドラ**」は伝統や権威をうのみにして、信じ切ることによる偏見です。アメリカのブロードウェイはミュージカルの本場です。どんな無名の劇作家の作品でも面白ければロングランになります。一方、どれだけ権威のある劇作家・スタッフの作品でも、つまらなければ1週間で打ち切りになるわけです。つまり「ブロードウェイで上演されているものは素晴らしい作品だ」というのは偏見なのです。これら4つのイドラを排除すれば、正しい知識を獲得することができるはずです。

白紙説

社会契約説でおなじみの英国の**ジョン・ロック**（John Locke）［1632－1704］は、『**人間悟性論**（**人間知性論**）』で経験論を説いた哲学者・政治学者です。『人間悟性論』の「悟性」は哲学用語ですが、英語では「understanding」のことです。訳語がしばしば哲学を「難しそう」にしてしまっているのはちょっと残念です。

> 心は、言ってみれば文字をまったく欠いた白紙で、観念はすこしもないと想定しよう……どこから心は理知的推理と知識のすべての材料をわがものにするか。これに対して、私は一語で経験からと答える。（『人間知性論』）*3

ロックは、生まれつき人間の心は「**何も書かれていない白紙**〔white paper〕」（草稿では、「拭《ぬぐ》われた書板」を意味するラテン語「**タブラ・ラサ**〔tabula rasa〕」と表記）であるといいました。人間は白紙状態で生まれて、何かを書き込むように、それぞれの環境でそれぞれの経験を積み重ね、知識を獲得していくというのです。つまり「一切の知識は経験に由来する」とし、生まれながらにしてもつ**生得観念**〔innate idea〕を否定しました。中世のキリスト教神学（スコラ哲学）では「生まれながらにして善悪を判断する心がある」としましたが、それを否定したのです。キリスト教の作り上げた観念や世界観に頼ることをせず、異なる経験により様々な考えをもつ個々人によって、新しい市民社会を作り出す……この発想がロックの社会契約説につながっていくのです。ロックの社会契約説は後述しますが、現代日本の議会制民主主義（間接民主制・代議制）の根幹となっています。

カリフォルニア大学バークレー校はご存知でしょうか。カリフォルニア州バークレー市にある米国の名門大学です。「バークレー」はアイルランド出身の経験論哲学者**ジョージ・バークリー**（George Berkeley）〔1685—1753〕の名前を取っています。地名「バークレー」と異なり、名前は「バークリ（ー）」と表記されることが一般的ですが、翻訳された時期や翻訳者によって日本では通例表記が変わるので、ややこしいですね。バークリーの主著は『**人《じん》知原理論《ちげんりろん》**』です。彼は「**存在するとは知覚されることである**」*4と言いました。経験論を徹底し、「事物は心によって知覚されることで存在する」ということです。このような自我（心）のみを実体とする考えを**唯心論《ゆいしんろん》**〔spiritualism〕（存在においては唯物論《ゆいぶつろん》〔materialism〕と対比される）といいます。主観から独立した客観的物体は存在しないのです。大乗仏教の無着《むじゃく》（アサンガ）〔310?—390?〕と世親《せしん》（ヴァスバンドゥ）〔320?—400?〕が説いた「唯識」思想ともよく似ています。「庭の木」は、私の心が視覚で捉えているから、「庭の木」として存在するのです。では私がいなかったらどうなるか……道を歩く通行人が「庭の木」として知覚するでしょう。では、もし通行人もカラスも誰もいなかったら……それでも大丈夫です。神が知覚しています。最後には神の存在がもち出されてくるのです。

究極の経験論者

私自身と呼ぶものに最も奥深く入り込んでも、私が出会うのは、いつも、熱さや冷たさ、明るさや暗さ、愛や憎しみ、快や苦といった、ある特殊な知覚である……人間とは、思いもつかぬ速さでつぎつぎと継起し、たえず変化し、動き続けるさまざまな知覚の束あるいは集合にほかならぬ、ということである。（『人性論』）*5

最後は究極の経験論者**デヴィッド・ヒューム**（David Hume）［1711―1776］です。スコットランド出身の哲学者で『**人性論**（**人間本性論**）』を著しています。彼は「知覚のほかに客観的物体は存在しない」と考えました。ここまではバークリーと同じなのですが、バークリーが実体と認めた自我（心）の存在すら否定してしまいます。これが究極の経験論者たる所以《ゆえん》です。ヒュームは「**人間の自我は知覚の束である**」と考えました。**知覚**［perception］とは**印象**［impression］（その時々の「嬉しい」「楽しい」「辛い」「暑い」……）と**観念**［idea］（「去年の冬は寒かった」のように記憶や想像で「印象」を再現するもの）から成っています。固定的でまとまった自我などというものはなく、自我とは白紙状態から書き込まれてきた「知覚の束」にすぎないのです。

さらにヒュームは**因果律**《いんがりつ》（因果関係）を疑います。近代科学は「原因」→「結果」という法則性を重視していました。例えば「賞味期限切れのおにぎりを食べたら、お腹を壊した」という事例があります。科学的思考をもつ私たちは、賞味期限切れのおにぎり（原因）により、お腹を壊した（結果）と考えます。これが因果律です。しかし、本当にそうでしょうか。現象は知覚できる一方で、因果律を目で見て確かめることはできません。そうなると、習慣的な連想に基づく信念が、腐ったおにぎりを「原因」だと思わせているだけかもしれません。前に食べた時お腹が痛くなったから、きっと今回も腐ったおにぎりが「原因」だろう、と。科学実験もそうです。例えば5回実験結果が同じだったため、1つの結論を出したとします。でも6回目は違う結果が出るかもしれないんです。その可能性を否定することはできません。ここからヒュームの懐疑論が展開されます。一人ひとり生まれ育った環境が違い、バラバラの経験に基づく人間の知性によって、普遍的・絶対的真理を知ることなどできない……というわけです。合理論者カントはこのヒュームの懐疑論に触れて、「独断のまどろみから目覚めた」といわれています。カントは、人間は理性という生得観念を有しているから、普遍的・絶対的認識に至ることができるのだ、という自らの合理論の考えを揺さぶられたのです。

なんだかもやもやが残る結論だったと思うかもしれませんが、経験論者はバラバラの環境で育ち、異なる経験をもつ人々からなる社会において、生得的な普遍的・絶対的真理を振りかざすのではなく、なるべく多くの人が共有できる知識を求めようとした……そのように理解することができると思います。理性により経験できない物事における真理を探求しても意味がないとする経験論は、米国生まれの哲学であるプラグマティズム（「経験的に有用なものは真理である」と説いた）にも影響を与えています。

注

＊1　平田寛『図説科学・技術の歴史　下』（朝倉書店、1985年）。
＊2　ベーコン『ノヴム・オルガヌム（新機関）』（桂寿一訳、岩波書店、1978年）。
＊3　ロック『人間知性論』（『世界の名著27』）（大槻春彦訳、中央公論社、1968年）。
＊4　山本巍・今井知正・宮本久雄・藤本隆志・門脇俊介・野矢茂樹・高橋哲哉『哲学原典資料集』（東京大学出版会、1993年）。
＊5　ヒューム『人性論』（『世界の名著27』）（大槻春彦訳、中央公論社、1968年）。

44章　合理論（デカルト、パスカル、スピノザ、ライプニッツ）

朝寝坊のデカルト

前章では経験論に触れました。続いて**合理論**です。合理論は理性を元に、論理的推論によって普遍的真理を探求する方法で、経験論とともに、個人（人間）が神に遠慮することなく自然探求を試みる近代哲学の立場です。

デカルト

合理論の祖はフランスの哲学者**ルネ・デカルト**（René Descartes）［1596—1650］、近代哲学の父と目されている人物です。医者一族の生まれで（父は法官でしたが）、外国語や歴史・詩学・修辞学・哲学・法学・医学から学校で教わらない神秘思想に至るまで、様々な学問を学ぶのですが、砂上の宮殿のように根拠が不明確な道徳や、スコラ哲学に見られる抽象的・思弁的学問に飽き足らなくなります。そこで大学卒業後は「世間という大きな書物」[*1]を研究するべく放浪し、従軍したオランダ（学問的自由があった）で明晰な学問である数学を学びます。デカルトは、優れた精神をもつ人々が研究してきた従来の哲学に論争の余地のない事柄がなく、「同一の問題については、真実な意見は一つしかありえないはずであるのに、事実はまことに多くのちがった意見が行なわれ……ているのを見て……真実らしくあるにすぎぬ事がらのすべてを、ほとんど偽なるものとみなし」[*2]ました。そして**明晰**［clear］（疑う余地がない）かつ**判明な**［distinctive］（混同することなくはっきりしている）真理に至ることができる数学を好み、これを学問の土台にしようと考えたのです。[*3]数学者としては座標（デカルト座標）を発見して、解析幾何学の基礎を築いてもいます。

デカルトは20歳頃までは病弱で顔色も悪かったそうです。そこでデカルトの親戚が学院長を務めるイエズス会のラ・フレーシュ学院に入り、特別に一部の授業が免除され、寄宿舎での朝寝坊も許されたという自慢できないエピソードがあります。朝の寝床で思索に耽《ふけ》る習慣もありました。しかし晩年、スウェーデン女王クリスティーナ（Kristina）［1626―1689］の家庭教師となったデカルトです。

週2回、冬の早朝5時から始まる女王への指導は身体にこたえました。翌年にそれがもとで、肺炎により亡くなっています。生涯結婚をせず、一度家政婦との間に娘が誕生したことがありましたが、5歳の時に病気で失い、深く悲しんだともいわれます。その娘フランシーヌに似せた自動人形を持ち歩いていた、というデカルト人形伝説もありました。デカルトは人間と動物の違いは魂の有無だと考えていました。魂のない動物や人形は機械にすぎない、と考えたのです。

彼の代表著作は、哲学書の中でも最も読みやすいとされている『**方法序説**（**方法叙説**）』、後に触れる「物心二元論《ぶっしんにげんろん》」や「神の存在証明」について触れた『**省察**《せいさつ》』、さらに『**情念論**』や『**哲学原理**』が知られています。『方法序説』は地動説を支持する『世界論（宇宙論）』の出版をガリレオ裁判を理由に取り止《や》め、代わりに出版されたものでした。

理性は万人に等しく分配されている

良識はこの世で最も公平に配分されているものである……よく判断し、真なるものを偽なるものから分かつところの能力、これが本来良識または理性と名づけられる……われわれの意見がまちまちであるのは、われわれのうちのある者が他の者より多く理性をもつから起こるのではなく、ただわれわれが自分の考えをいろいろちがった途《みち》によって導き、また考えていることが同一のことでない、ということから起こるのである。（『方法序説』）*4

ラテン語ではなく万人に読めるフランス語で執筆したという『方法序説』の冒頭でデカルトは、良識は生まれながらにして万人に等しく分配されていると述べています。「**良識**（**ボン・サンス**［bon sens］）」とは超自然的な神の理性の派出所として私たちに備わっている「**理性**」のことで、本のタイトルにある「方法」とは「良識＝理性を正しく導く方法」という意味です。これは経験論者のロック［1632－1704］が生得観念を否定したことと対比されます。ちなみにデカルトは旅に出る中で、諸国の人々の生き方は偶然に基づく習慣にすぎず「万人が理性的だ」と考えるに至ったといいます。普遍的で確実な真理を示した上で、個人が生まれもった「良識＝理性」を正しく使い、個別の事象を論理的に推論する……そうすれば誰しもが明晰かつ判明な真理に至ることができるのです。この真理の探求方法を**演繹法**《えんえきほう》といいました。経験論者は感覚・経験に基づいた個別の観察・実験から普遍的真理を見つけ出す帰納法《きのうほう》をよしとしていました。デカルトは帰納法を否定していたわけではないのですが、それだけでは足りないと考え、理性を重視する演繹法を採用したのです。

方法的懐疑

『方法序説』によれば、真理を発見するためには**四つの規則**があります。1つ目は「**明晰の規則**」（明晰かつ判明な真理のみを受け入れる）、2つ目は「**分析の規則**」（吟味する問題をできるだけ多く、小さな部分に分ける）、3つ目は「**総合の規則**」（単純なものから複雑なものへと思考する）、4つ目は「**枚挙《まいきょ》の規則**」（見落としが無いよう一つ一つ数え上げて、全体を見渡す）です。[*5] さらに真理をみつけるための「方法（手段）」として、全てを疑ってみるという「**方法的懐疑**」をその方法論としました。経験論者が重んじた感覚・知識・経験を全て疑うんです（**懐疑の三段階**）。確かにベーコン［1561―1626］の4つのイドラで示した矢羽の錯視実験の例もありますし、感覚というものは疑わしいものです。また、現代の常識が100年後に常識である保証はありませんし、「3＋2＝5」という数学的知識も「神が欺《あざむ》く」可能性があるわけです。あるいは「あ、夢だったのか！」といった風に、今・ここにある経験が夢であるかもしれないわけです。皆さんが今、この本を読んでいるのも……もしかすると夢かもしれないですよ。さらに、これまで様々な哲学者の説を紹介してきましたが、1つの問題について1つの真実に収斂《しゅうれん》されるわけではなかったことからすると、そうした説も疑わしい、といえるわけです。[*6] このようにデカルトは、一つ一つを疑っていきました。

「我思う、ゆえに我あり」

では最後まで疑った末に残ったものは何かというと、「全てを疑っている自分」……つまり「**考えるわれ**」だったのでした。この「**我思う、ゆえに我あり**」（私は考える、ゆえに私はある）[*7]（ラテン語に訳すと「**コギト・エルゴ・スム**」［cogito ergo sum」」）こそが、デカルト哲学の第一原理となりました。「我思う、ゆえに我あり」は、三段論法による演繹ではありません。また「私という存在だけが疑いえない」というよりも、全てを疑っている主体であり、物体としての肉体から分かたれた「自我の意識作用」だけが明晰判明に疑いえない、ということです。感覚も知識も経験も肉体も全て疑わしいけれど、それらを疑っている私の精神だけは確実だ……と思えたのです。これはデカルトによる「**近代的自我**」の発見でした。この発見によって、中世までの神に代わり、近代は「考えるわれ」が座標軸・原点に置かれたのです（デカルトはいわゆる直交座標＝デカルト座標の発見者でした）。そして「神への信仰」は「人間理性と学問への信仰」へとなだらかに取って代わられ、現代に至るのです。

　とはいえデカルトは神の存在を信じていました。何しろ、客観的な物体がそれを認識する主観（「考えるわれ」）と一致するかどうか（**主観―客観問題**）、を保証するために「**神の存在証明**」を行っています（中世のスコラ哲学者アンセルムス［1033―1109］も「神の存在証明」を行っている）。有限で不完全な人間が、完全という観念を有することができるのは無限で完全な神の存在に由来する、というわけです。神が精神（心）に、客観と対応する完全なる観念を宿らせたのです。[*8]ここでもまた神の登場か……と思うかもしれませんが、世界を説明する原理（例えば後述する「物心二元論」）を論じる以上、その原因としての**実体**［substance］が必要とされるのです。「実体」とは他の何ものにも依存せず、それだけで存在できるもののことで、プラトン［B.C.427―B.C.347］はそれを「イデア（真実在）」（述語になるもの）だとし、アリストテレス［B.C.384―B.C.322］は「ウーシア」（決して主語にはなるが述語にはならない極限の個物）あるいは、個物の「本質［essence］」である「エイドス（形相）」だと考えました。「神」をこれらの「実体」＝世界の原理、と言い換えれば、西洋哲学において「神」が必ずつきまとう理由がつかめるかもしれません。西洋哲学は常に少々不自然にも思える超自然的原理（「神」「イデア」「理性」「精神」）を打ち立て、それによりモノの存在を説明してきたのです。「神」やその派出所である「理性」が日本の人々にいまいちピンと来ないのはそうした発想の違いに由来します。

日本が外圧を受け、必要に迫られて西洋近代という既製品のごとき普遍システムを輸入したのは明治時代でしたが、その際、集団主義の日本において主体的な個人、つまり「近代的自我（考えるわれ）」を果たして確立できるのか、が大きな課題とされ、現代でもいまだ解決を見ていない……という話は【東洋思想編】で見てきた通りです。とはいえデカルト精神に則《のっと》って考えるならば、自明とされる「近代的自我」とて、疑ってみることはできると思います。「近代的自我」とはいいますが、主体的な「自我」（不変の自己の本質を意味する「アートマン」の訳語）などというものが、果たして存在するのでしょうか。ブッダ［B.C.463?—B.C.383?］の教えの中に「〈われは考えて、有る〉という〈迷わせる不当な思惟〉の根本をすべて制止せよ。内に存するいかなる妄執をもよく導くために、常に心して学べ」[*9]とありました。デカルトが疑いえないと考えた自我の意識作用のようなものを、ブッダは「妄想だ」と言っているんです（仏教はバラモン教のアートマンを否定する諸法無我を説いた）。ここには西洋思想と東洋思想の発想の違いが見て取れます。仏教は固定的な「実体」を否定する思想でした。あるいは、そもそも万人に配分された「理性」とは一体何なのか、考えてみてもいいでしょう。デカルトは「理性」を「真偽《しんぎ》を判別する能力」と定義してはいますが、その「真偽」とは一体何なのか……考えてみればみるほど、色々と突っ込みたくなる所があるのです。しかしそうした、考えようによっては捉えどころのない「理性」や「自我」という抽象的概念を使って西洋思想は形作られ、近現代日本の私たちも日々何気なく思考している……という紛《まご》うことなき事実を無視することはできないと思います。

心と身体は別物

デカルトが明晰判明に疑いえないと考えたのは自我の意識作用、つまり人間の「精神（心）」です。それに対して、「物体」としての人間の「肉体・身体」は疑わしいものだと考えられました。これが「**物心**（**心身**）**二元論**」です。

「心で思っていても、身体が言うことを聞かない」とはよくいいますが、これは近代デカルト以来の「物心二元論」に基づく発想です。デカルトは存在を「**思惟**《しい》」を本質とする「**精神**（自我・考えるわれ）」〈主観［subject］〉と、「**延長**」[*10]を本質とする「**物体**（肉体・身体）」〈客観［object］〉からなるとし、それぞれが独立していると考えました。「延長」というのはわかりにくい言葉ですが、「三次元において空間的な位置を占めている」ということです。既に触れたとおりデカルトは座標を発明し、三次元において物体を捉えようとしました（そうすることで「物体」は長さや重さとして数量化することができる）。一方、「精神」は空間的な広がりをもっていません。また、「我思う、ゆえに我あり」とされた「精神」は疑いえないものでしたが、感性的な「物体」は疑わしいものです。そこでデカルトは、疑いえない「精神」によって、疑わしい「物体」を、数学的に考察しようと考えました。このまなざしこそが42章で触れたように、「物体（肉体・身体・自然）」を因果律《いんがりつ》（原因→結果）に従って動く機械とみなし、そのメカニズムを数学的に考察しようとする近代の機械論的自然観です。

　そうした近代科学から生み出された近代医学は、まさにデカルト的な機械論的自然観を色濃く残しています。考えてみるとお医者さんの仕事は、なかなか常人の神経では務まらないと思います。外科手術をするときに「患者さんはきっと痛いだろうな……」などと考えていたらメスが入れられないでしょう。そこで、人間の「肉体・身体」を単なる因果律に基づく機械、端的に言えば「物体（モノ）」とみなして透徹に施術するんです。施術の主体は、患者さんの「肉体・身体」に優越するお医者さんの「精神」です。病院に行くと、お医者さんが患者さんに「どこが悪いんですか」と声をかけますが、それはあたかも「肉体・身体」という機械（モノ）に対し、「どこが故障したんですか」と声をかけているようなものです。故障の原因が分かれば、場合によっては「肉体・身体」にメスを入れて修理するのです。患者の「肉体・身体」に優越するお医者さんの「精神」……このまなざしはお医者さん特有の**パターナリズム**［paternalism］（**父権主義・保護者温情主義**）にもつながっています。父親が子どもを諭すように、上から目線で治療するというまなざしです。ただしこのパターナリズムは患者の自己決定権を侵害するという批判があり、医療の世界ではインフォームド・コンセント（医師の説明と患者の同意）が重視されるようになり、相当の改善をみています。一昔前だと、治療前の説明や患者の同意なしに、突然歯を抜く歯医者さんだっていたのです。

人間理性・精神の優位

デカルトは『情念論』において、「肉体・身体」から働きかけられる「情念・パッション」（驚き、愛、憎しみ、欲望、喜び、悲しみ）を支配することができる自由な意志を**高邁**《こうまい》（気高さ）**の精神**[*11]と説明しています。精神による「能動的［active］」な「アクション［action］」とは異なり、精神以外の部分から「受動的［passive］」に感じられるものが「情念・パッション［passion］」です。精神・理性で感情をコントロールする、という発想はすでに古代ギリシアのストア派に見られる西洋的な理性優位・人間中心主義的発想でした。フロイト［1856―1939］の精神分析にも「自我（エゴ［ego］）」（精神）が「無意識（エス［es］・イド［id］）」の欲動を抑圧するのが近代的な人間であるという大前提がありました。人間理性・精神の優位に基づいて自然や肉体・身体を支配し、機械的に操作するというおごり高ぶった近代の発想は、科学の発展をもたらした一方でクローン技術や生の選別、環境破壊を生むに至り、倫理的な議論を巻き起こすことになります。

ところでデカルトの物心二元論は、フリードリヒ5世（Frederick V）［1596―1632］の長女エリーザベト（Elisabeth of the Palatinate）［1618―1680］に往復書簡で質問されたように哲学的難問（**アポリア**［aporia］）を生じさせます。「心」と「身体」は別物であるはずなのに、なぜ独立した自分の意志が「身体」から発する「情念」によって動かされるのか、という問題（**心身問題**［mind-body problem］）です。うれしい時に飛び上がることをどう説明すればよいのでしょうか。デカルトは「心」と「身体」の相互作用を認め、脳内の松果腺《しょうかせん》が「心」と「身体」を結びつけていると説明しましたが、現在は大脳生理学的に否定されています（とはいえ「脳」と「心」の関係性には気付いていた）。ちなみに物心二元論のルーツはプラトンです。不完全な「肉体」〈身体〉の牢獄に閉じ込められた「魂（プシュケー）」〈心〉……という話を思い出してみればわかります。

なぜ人間は嫌悪感を抱くのか

理性をもつ人間の「精神」に対して、劣位に位置するとされた「肉体・身体・自然」は「情念」によって私たちを脅かします。**ジョルジュ・バタイユ**（Georges Bataille）［1897—1962］というフランスの哲学者をご存知でしょうか。「死」や「エロス」といった非理性的な暗部をテーマに選んだことが[*12]、ある種の危なさを感じさせるせいか、高校の「理性的な」教科書からは巧みに排除されています。しかしフロイトのいう無意識の立場に立ったバタイユの着眼は、抜群に面白いです。ニーチェ［1844—1900］の影響も受けていたバタイユは、キリスト教・理性信仰から離れ、その理性にくみ尽くせない力《フォルス》に着目しました。私生活では女優と結婚した後も売春宿に通い、性的放蕩《ほうとう》の限りを尽くし、死姦の妄想にもとらわれていたそうです[*13]（『エロティシズム』ではマルキ・ド・サド（Marquis de Sade）［1740—1814］を引用して、死と性的興奮の関係を指摘している）。

バタイユの代表作は『**エロティシズム**』です。「エロティシズム」は動物には見られない、人間特有の文化的・教育的産物です。考えてみれば、幼い男の子に例えば女性の裸体を見せたとしても「お風呂にでも入っているのかな」と思うくらいでしょう。バタイユによると「エロティシズム」とは、「死におけるまで生を称えること」[*14]であるといいます。不連続な存在として孤独に死んでいく人間が、他者との連続性（つながり）を得るために、死の一歩手前ギリギリまで迫るのが「エロティシズム」なんです。性や死といった自然的動物性は人間の根源的・暴力的な欲望で、理性や、理性に基づく合理的な労働の世界からは常に排除・禁止されていますが、そうしたところから「エロティシズム」が生まれるんです。性や死は恐れや嫌悪を感じさせつつも、魅惑的である……例えば不倫のようなただならぬ関係は理性を崩壊させた関係ですが、そんな背徳的な関係に「死ぬほど」の興奮・陶酔・「エロティシズム」がある、ということなのでしょうか。『エロティシズムの歴史』*15では性と同様に、動物が嫌悪感を抱くことのない排泄物《はいせつぶつ》（生殖器官と排泄器官は近接・一体化している）に、なぜ人間は嫌悪感を抱くのか、を論じています。トイレで出るようなもの、身体から落ちたフケや唾液《だえき》、髪の毛は私たちに嫌悪感を抱かせます。なぜ動物が感じない悪臭を、人間は感じられるのでしょうか。これをデカルトのいう「物心二元論」に引きつけて考えれば、理性をもつ「精神」が、動物的・自然的な「物体」としての排泄物に脅かされている……という図式で捉えることもできます。「肉体・身体」の中にあった時は何も思わなかったものが、「精神」を有する「肉体・身体」から離れて「物体」（排泄物）となった瞬間、嫌悪感の対象となるのです。死体に対する嫌悪感も、生きていたしなやかな「精神」を失い、「肉体」が固く冷たい「物体」となった瞬間に、私たちの「精神（自我・考えるわれ）」を脅かしてくるのです。近代文明は医療や保健衛生の名の下――産婦人科や水洗便所――で、そうした嫌悪感の対象を取り去ってきたんです。近代文明的な教育・しつけを受ける前の動物的・非理性的な幼い子どもほど「うんち」や「おしっこ」が大好き……という理由も何となく理解できます。

人間は考える葦《あし》である

人間は一本の葦にすぎない、自然の中でもいちばん弱いものだ。だが、それは考える葦である……宇宙が人間を押しつぶしても、人間はなお、殺すものより尊いであろう。人間は、自分が死ぬこと、宇宙が自分よりもまさっていることを知っているからである。宇宙はそんなことを何も知らない。だから、わたした

> ちの尊厳のすべては、考えることのうちにある……ここに、道徳の原理がある。（『パンセ』）[*16]

哲学の名言で最もよく知られているのは「人間は考える葦」ではないでしょうか。フランスのモラリスト、**ブレーズ・パスカル**（Blaise Pascal）［1623―1662］の言葉です。父は税務官で数学者でもあり、デカルトともつながりをもつ学者サークルの一員でした。パスカルは学校に通わずに、父から直接学問の手ほどきを受け、12歳の時に自力でピュタゴラスの定理（三平方の定理）を発見したそうです。[*17]

パスカルは哲学者のみならず、数学者・物理学者として「パスカルの定理」や「パスカルの原理」で知られ、天気予報で耳にする気圧の単位「ヘクトパスカル」にもその名を残しています。パスカルは39歳の若さで亡くなるのですが、彼の残した文章の断片を継《つ》ぎ接《は》ぎして作られたのが『**パンセ**』（フランス語で「思考」の意）です。私の手元にある『パンセ』は以前古本屋で買ったものですが、書き込みを見るところ、30年前に大学入学のプレゼントとして誰かに贈られたものであるようです。入学祝いに『パンセ』を送るなんて、教養主義がまだ生きていたようで素敵ですね（古本屋に売られていたのは複雑です）。

では『パンセ』の引用を見ていきましょう。人間は大きな宇宙の中で、川べりにそよぐ、吹けば飛ぶ葦のような無力で惨めな存在です。確かに友人を裏切ってしまったり、名誉や金銭を求めたりしてしまうのが惨めな人間です。しかし惨めで有限な人間は、その惨めさを知るという無限の思考をもっている点で偉大なのです。[*18] ここに見られるのは「思考」する個人を主人公とする近代的な人間観です。私を震え上がらせのみ込もうとする宇宙を「思考」によって包み込むことができる……ということです。とはいえ「**偉大**」と「惨め」、「**無限**」と「虚無」というう二面性をもつ「**中間者**」であるところの人間は不安定です。「惨め」さの苦悩や、安らぎの中にある幸福からくる退屈に襲われると、人々は賭け事・友人との交際・狩猟・戦争・訴訟・玉突き・歌・作詩・王になる……その他もろもろの「**気ばらし**」に逃げ込むのだといいます。かといって、王になるといっても「王であることはどういうことか、人間であるとはどういうことか、考えようとしない」[19]のです。

パスカルの賭け

そこで、パスカルはキリスト教信仰に解決を求めました。[20]キリスト教は「原罪」を背負った「惨め」な人間は、イエスの尊い犠牲によって偉大な神により贖《あがな》われたと説きました（「イエス・キリストと共にあって、人間は、悪徳と惨めさからまぬかれられる」）。[21]しかもキリスト教は、しなやかで直感的な**繊細の精神**で捉えなくてはならず、デカルトが「神の存在証明」を行ったような、演繹的推論による**幾何学の精神**で捉えてはならないといいます。幾何学の精神では、神という対象を抽象化してしまい、全体的に捉えることができなくなるからです。確かに、恋人に優しくされたなら、愛情の裏にあるものを分析するよりも、その愛情をじかに受け止めたいように思います。とはいえ人間は、繊細の精神と幾何学の精神を兼ね備えているのが最も良い、とパスカルは考えていました。信仰に関しては、神の愛（アガペー）を分析することなどできないという立場をとったのです。またパスカルは、人間の生における**3つの秩序**（物体・精神・愛）を説いてもいます。デカルトが別物と考えた「物」と「心」は、「物体」（物質的快楽に生きる）と「精神」（学問に生きる）に対応しています。しかし、それらより上位に神の「愛の秩序」を置き、そこに生きることを望んだのです。

数学者で確率論の創始者でもあったパスカルの賭けはご存知でしょうか。一度の人生において無神論者が、神の存在に賭けるか、それとも非存在に賭けるか……「神が存在する」と信じて神が存在すれば、天国において無限の生命が得られます。「神が存在する」と信じて神が存在しなかったとしたら、不正解ですが、失うものは何もないわけです。一方「神が存在しない」と考えて神が存在していたら、「よくも神を信じなかったな」ということで、もしかすると地獄行き決定かもしれません。「神が存在しない」と考えて、実際に神が存在しなかったら、正解ですが、特に得るものはありません。そう考えると、存在するかしないかが不確かな場合は、主体的に信じる方に賭けた方が得られる利益が大きい……という話になってくるのです。これが「パスカルの賭け」です。

世界の全ては神の現れ

「神に酔う哲学者」という異名をもつのが、オランダの哲学者**バールーフ・デ・スピノザ**（Baruch de Spinoza）［1637―1677］です。パスカル同様、合理論の系譜にある人です。ユダヤ系でしたが律法批判や世界を創造した人格神を否定し、ユダヤ教会から破門されています（後にキリスト教に接近するも、キリスト教徒にはならなかった）。スピノザはユダヤ教会から無神論者として批判されるのですが、それは大きな誤解です。彼は理性と信仰を明確に分離し、教会に属することなく、絶対神ヤーウェ（『旧約聖書』の『出エジプト記』における「I am that I am（私はあるところの者である）」）から哲学を始めた人でした。*22

そうした不遇により役人にもなれなかった彼は、レンズ磨きで生計を立てていました。彼が亡くなった年に出版されたのが、演繹的推論に基づく259の定理が収められた奇書『**エチカ**』です。証明の末尾には「Q.E.D.」（ラテン語の「Quod Erat Demonstrandum」で「かく示された」「証明終わり」の意）とあるように、数学の証明のように記述された倫理学書（『エチカ［Ethica］』は「倫理学」の意）です。

定理一四　神のほかにはいかなる実体も存しえずまた考えられない。
証明　神は実体の本質を表現するあらゆる属性が帰せられる絶対に無限な実有であり（定義六により）、そして必然的に存在する（定理十一により）。ゆえにもし神のほかに何らかの実体が存するとすれば、その実体は神のある属性によって説明されなければならぬであろう。そうなれば、同じ属性を有する二つの

実体が存在することになり、これは（定理五により）不条理である……。（『エチカ』第一部）*23

スピノザによれば「世界の全ては、唯一の実体である神の現れ」（**神即《すなわち》自然**）です。これは、従来のキリスト教における「人格神が天地万物を創造した」という考えとも異なります。世界の全て、例えば私という人間や目の前のテーブル、そして庭の木も……すべてが神の現れです。「**永遠《えいえん》の相《そう》のもとに**」（『エチカ』第五部定理三〇）という言葉がありますが、これは万物が「永遠の神という均一な組成《そせい》（相）から成っている」という意味です。永遠の神を、プラトンのイデアのような理想の天上界ではなく、現実の自然界の中に見る……スピノザは、神があまねく行き渡るという**汎神論《はんしんろん》**［pantheism］によって世界を把握しようとしたのです。前述した心身問題についてのスピノザの見解はどうでしょう。デカルトは物心二元論で世界を「物体」と「精神」に分けた上で、そこに相互作用があると考えました。一方のスピノザは「物体」の属性としての「延長」も、「精神」の属性としての「思惟」も、形は違えど唯一の実体である神の属性であるとし、それらに相互作用はない、と考えました。目の前のコップを認識して生じる「心（精神）」の中にあるコップの観念と、「物体」としてのコップは、どちらも唯一の実体である神の属性です。同じ神という実体の２つの属性が平行してあらわれているのです。これを**心身平行論**といいます。

しかし、ここでもまた神が登場し、違和感を感じた人がいるかもしれませんが、ここでデカルトの物心二元論が心身問題という哲学的難問（アポリア）を生んだことを思い出してみてください。よく考えてみれば、二元論という西洋の伝統的思考法は実にわかりやすいけれども、本当にそんなに単純に真っ二つに分けられるのか、という疑問が常に生じます。「男／女」「西洋／東洋」「心／身体」……「物心二元論」はいまだに私たちが思考する拠りどころになっていますが、前述のように果たして「心」という実体があるのか、と考えてみるだけで、壁にぶち当たることでしょう。また、デカルト的な物心二元論により、私たち〈主観〉は自然〈客観〉と切り離され、自然界の物事の「ｈｏｗ（どのように）」を説明するだけの生き物に成り下がってしまいました。「ｗｈｙ（なぜ）～してはいけないのか」……つまり「倫理」を忘れてしまった現代人に、スピノザの『エチカ』（『倫理学』）は何かを問いかけてくれるのです。ですからスピノザの世界の捉え方である「神一元論」を荒唐無稽だと思わないでください。神の現れとしてこの世に位置を占めることを許されている私たちは、それぞれ何をなすべきなのか……永遠の神を直観し、それを考え抜くことこそが幸福なのです。とはいえそれは、なかなか難しいことでもあります。『エチカ』は「すべて高貴なものは稀であるとともに困難である」[24]という言葉で結ばれています。

モナド論

最後に合理論者の**ゴットフリート・ヴィルヘルム・ライプニッツ**（Gottfried Wilhelm Leibniz）［１６４６—１７１６］の思想を見てみましょう。ドイツの哲学者・数学者・法学者・政治家だったライプニッツです。ドイツ三十年戦争により社会秩序が崩壊した時代を生きた人でした。後半生はハンノーファー候３代に仕え、宮廷で文書執筆や王家の歴史書執筆に明け暮れたそうです。プロテスタントのライプニッツはカトリックとの再統一に関わり、後にはプロテスタント内部のルター派とカルヴァン派の統一に関わりますが、いずれもその調和に失敗しています。[25]当時の欧州で注目されていた中国にも関心を寄せていたようで、漢字や孔子［Ｂ．Ｃ．５５１—Ｂ．Ｃ．４７９］の倫理学に興味をもっていたようです。[26]数学の世界では微分積分法を発見した業績もあります。微分積分法はニュートン［１６４２—１７２７］の方が先に発見していたのですが、論文に仕立てるのが遅れてしまい、先取権を巡ってライプニッツと争っています（発見方法は双方異なっていた）。２００９年の旧民主党政権時代の「事業仕分け」で、次世代スーパーコンピューター開発のための予算を削減しようとする際、蓮舫《れんほう》［１９６７—］参院議員（当時）より「２位じゃダメなんでしょうか」という発言がありましたが、科学の世界では1位にならないと全く意味がないのでした。

ライプニッツの世界把握の方法は『**単子論**《たんしろん》（**モナドロジー**）』にうかがえます。「**モナド**［monad］（**単子**）」とは、ギリシア語の「monas（一《いち》）」に由来します。デモクリトス［B.C.460?—B.C.370?］のアトム（原子）と似ているようですが、世界を構成するモナドはそうした物質ではなく非物質で、分割することもできない実体です。この無数のモナドによって世界は表象されています。しかも、「それぞれのモナドには、そこを通って何かが出はいりできるような窓はな」[27]く、互いに独立しています。簡単にいえば「人間のモナド」「動物のモナド」「植物のモナド」……そのような無数のモナドから世界は構成されており、世界は秩序立っている、ということです。確かに犬の散歩で公園に行けば、犬は犬同士で楽しく走り回り、飼い主は飼い主同士で「最近のワンちゃんの調子はどうですか」なんて雑談に興じ、植物は植物でいつも通りそこにあって……こうして神が予《あらかじ》め正確な複数の時計を作って、世界を秩序づけたかのように調和が保たれているのです。これをライプニッツは**予定調和**と呼び、予定調和が保たれた世界を最善だと考えました。そしてデカルトの心身問題における「物体」と「精神」も、神の予定調和により一致するというのです。[28]神が操っているかのように、お決まりの筋書きになることを予定調和といいますが、もともとはライプニッツの言葉でした。ライプニッツは、スピノザの「神一元論」では失われてしまう、バラバラな個人（「考えるわれ」）を主人公とする近代哲学の前提を、神の予定調和によって秩序が保たれる、として担保しようとしたのです。[29]

注

＊1～2　デカルト『方法序説』（『世界の名著22』）（野田又夫訳、中央公論社、1967年）。

＊3　デカルトが生きた時代は、「中世的なコスモス（伝統的な精神秩序に支えられた世界認識の体系）は根本的に破壊され……ただひとりなげだされた個人は、何をたよりに生きていったらよいかわからない」混沌の時代であった。カトリックとプロテスタントの間の三十年戦争、貴族と新興市民の争いがおこる中で、「個人が各個バラバラに自分で自分を律する道、つまり、「方法」を見つけ出そうとやっきになっていた」のである（伊藤勝彦『人と思

想　デカルト』清水書院、１９６７年）。

＊4　デカルト『方法序説』（『世界の名著22』）（野田又夫訳、中央公論社、１９６７年）。

＊5　とはいえ日常生活に置き換えて考えると、こうした真理探求法に基づく生き方などすぐにはできない。そこでデカルトは決定的道徳に至るまでの暫定的道徳《ざんていてきどうとく》を定めて、より善く生きようとした。暫定的道徳とされたのは「「私の国の法律と習慣とに服従し……宗教をしっかりともちつづける」こと、「私の行動において……きっぱりした態度をとること」、「つねに運命よりもむしろ自己にうちかつことにつとめ」ること、そして「みずからの理性の開発」につとめ「真理の認識においてできる限り前進する」ことである（デカルト『方法序説』（『世界の名著22』野田又夫訳、中央公論社、１９６７年）。

＊6　「同一の問題については、真実な意見は一つしかありえないはずであるのに、事実はまことに多くのちがった意見が行われ、それがそれぞれ学識ある人々によって主張されているのを見て、私は、真実らしくあるにすぎぬ事がらのすべてを、ほとんど偽なるものとみなした」（デカルト『方法序説』）（『世界の名著22』野田又夫訳、中央公論社、１９６７年）。

＊7　デカルト『方法序説』（『世界の名著22』）（野田又夫訳、中央公論社、１９６７年）。ちなみに、デカルトに先駆けて、古代キリスト教会の理論的指導者だった教父アウグスティヌスが「我あやまつならば、我あり」と説いていた。

＊8　「神は……「永遠真理」と呼ばれ……数学的真理を……ほかの被造物と同様に創造したのであり、その一方で、その観念を人間精神のうちに「生得的なもの」として刻印し、他方で、それによって「自然の法則」を構成した」（永遠真理創造説）。また数学的真理は、プラトンが言うように感覚を超越した英知界に帰属するものではなく「物質的事物と同じレベルにあるものだと主張」した。そうしてアリストテレス主義の経験論的認識論やプラトン主義の数学観を廃して、物理的自然を数学的に探究することが可能となった（小林道夫『デカルト』）（小林道夫編『哲学の歴史　第5巻　デカルト革命【17世紀】』中央公論新社、２００７年）。

＊9　中村元訳『ブッダのことば　スッタニパータ』（岩波書店、１９８４年）。

＊10　デカルトは延長（物体）と運動という原理で世界を説明した。原子論者が原理としたアトム（原子）と虚空間（ケノン）のうち、物質の存在しない虚空間（ケノン）は退けている。

＊11　デカルト『情念論』（『世界の名著22』）（野田又夫訳、中央公論社、１９６７年）。

＊12　バタイユが生まれたとき、父親は梅毒で全盲になっており、後に脊髄癆《せきずいろう》を患って全身不随となった。父親は、ベル・エポックと呼ばれるフランスの理性信仰・物質文明の「時代の流れに逆行して、日々粗相を繰り返し汚物にまみれて、非理性的な人間に……野蛮な生き物に転落していった」。バタイユの「最初の小説『眼球譚《がんきゅうたん》』の主題の源泉は、父親の醜悪で汚濁にまみれた排泄行為と巨大な白眼とに」あった。その『眼球譚』は、スカトロジックな作品『太陽肛門』を読んだ友人が精神科治療をすすめ、その治療の一環として書かれたものだった（酒井健『バタイユ入門』筑摩書房、１９９６年）。

＊13　酒井健『バタイユ入門』（筑摩書房、１９９６年）。

＊14　ジョルジュ・バタイユ『エロティシズム』（酒井健訳、筑摩書房、２００４年）。

＊15　G・バタイユ『エロティシズムの歴史』（湯浅博雄・中地義和訳、哲学書房、１９８７年）。

＊16　パスカル『パンセ』（田辺保訳、角川書店、１９６８年）。

＊17　A・クレイルスハイマー『パスカル』（田辺保・足立杉子訳、教文館、１９９３年）。

＊18　パスカルは、（ストア派の）「エピクテートスは、人間の義務は知っていたが、精神的な無力は知らなかったので、人間を傲慢に陥れ」、「モンテーニュは、人間の無力は知っていたが義務は知らなかったので、卑怯な怠惰さをすすめた」とし、両者を弁証法的に統合した（A・クレイルスハイマー『パスカル』田辺保・足立杉子訳、教文館、１９９３年）。

＊19　パスカル『パンセ』（田辺保訳、角川書店、1968年）。
＊20　パスカルの人生において2回の回心があり、その第2の回心において「キリストを通して、十分に、決意を持って神を愛するため、いかなる障害をも克服できると、ついに確信した」（A・クレイルスハイマー『パスカル』田辺保・足立杉子訳、教文館、1993年）。
＊21　パスカル『パンセ』（田辺保訳、角川書店、1968年）。
＊22　工藤喜作『人類の知的遺産35　スピノザ』（講談社、1979年）。
＊23〜24　スピノザ『エチカ（倫理学）（上）』（畠中尚志訳、岩波書店、1975年）。
＊25　下村寅太郎「来たるべき時代の設計者」『モナドロジー　形而上学叙説』中央公論新社、2005年）。
＊26　酒井潔『人と思想　ライプニッツ』（清水書院、2008年）。
＊27　ライプニッツ『モナドロジー　形而上学叙説』（清水富雄・竹田篤司訳、中央公論新社、2005年）。
＊28　「……私は魂と有機的な身体の結合ないし一致を自然的に説明する方法を得た。魂は魂みずからの法則に従い、身体も身体みずからの法則に従う。それでも両者が一致するのは、あらゆる実体のあいだにある予定調和のためであり、それは実体がすべて、同じ一つの宇宙の表現だからである」（『モナドロジー』）（ライプニッツ『モナドロジー　他二篇』谷川多佳子・岡部英男訳、岩波書店、2019年）。
＊29　「ライプニッツは、スピノザの静的な、しかも無限にして不可分な実体のかわりに、不可分であるけれども、動的な、個体としての単子（モナド）を実体とし、それを諸事物に内在させることによって、事物の個体性を確立した。言いかえるならば、ライプニッツはモナド論によってスピノザ主義を克服したとされるのである」（工藤喜作『人類の知的遺産35　スピノザ』講談社、1979年）。

45章　社会契約説（ホッブズ、ロック、ルソー）

「市民革命」の時代

中世を潜り抜けて近代に入り、神や（神にその権力を保証された）王によってではなく、自立した人間によって社会をよりよく作り変えることができるという考えが生まれます。こうした近代民主主義の遠いひな型となったのは、すでに見てきた通り、デモクラシー（民主政治）の語源、古代ギリシアのポリスにおける市民参加型の政治「デモクラチア」でした。ポリスでは自立した個人による直接民主制が行われていたのです（ただし最後は衆愚政治に堕落してしまった）。現代の多くの国で採用されている民主主義という政治制度は近代に入ってホッブズ［1588―1679］、ロック［1632―1704］、ルソー［1712―1778］という３人の思想家によって構想された**社会契約説**［theory of social contract］を土台としています。私たちが自明のものと考えている、社会集団の合理的な利害調整システム（政治）は彼らの発明といってもよいものです。彼らの社会契約説が、神や王の権力を信じて疑わない人々を啓蒙し、市民革命の波をおこすことになるのです。

社会契約説が唱えられた16～18世紀の西洋では、**絶対王政**（絶対君主制）国家が幅を利かせていました。絶対王政国家とは、官僚制と常備軍を整えた国王に絶対的な支配権が集中する主権国家の形態です。例えば「朕《ちん》は国家なり」と言ったとされるフランス・ブルボン朝のルイ14世〔1638—1715〕の時代がその代表格です。人口の約2％にすぎない第一身分（聖職者）と第二身分（貴族）が、残りの第三身分（平民）を重税で圧迫していたのです。そもそも財政難に陥った理由は、侵略戦争による戦費の調達やヴェルサイユ宮殿での贅沢三昧でした。こうしたフランスの封建的な身分制社会は**アンシャン・レジーム**（**旧制度**）と呼ばれています。

一　第三身分とは何か。——全てである。
二　第三身分は、これまで、政治秩序においてどのようなものであったか。——無であった。
三　第三身分は何を要求しているのか。——何がしかのものになることを。（『第三身分とは何か』）[*1]

フランス革命前夜の1789年1月に出版され、大きな評判になった（3週間で3万部売れたともいわれる）エマニュエル＝ジョゼフ・シィエス（Emmanuel-Joseph Sieyès）〔1748—1836〕のパンフレット『第三身分とは何か』を見てみましょう。三部会（聖職者・貴族・法官の議会）で真の代表をもっていなかった第三身分は、シィエスによれば「無」であり、「足枷《あしかせ》をはめられ、抑圧された全て」[*2]でした。しかし特権身分が存在しなければ、「自由で生き生きとした全て」[*3]になるというのです。シィエスは、第三身分が代表者を真に第三身分に所属している市民の中から選出することを求めました。そして、国民の代表としての正統性を得た第三身分による急進的なフランス革命が、出版の半年後に実現するのでした。

そもそも、絶対王政下における王や特権階級の権力の自明性になぜ当時の人々は疑問を抱かなかったのでしょうか。彼らの権力を正当化していたのは**王権神授説**です。英国王の**ジェームズ1世**〔1566—1625〕や、同じく英国の政治思想家**ロバート・フィルマー**（Robert Filmer）〔1588?—1653〕、フランスの**ジャック・ベニーニュ・ボシュエ**（Jacques-Bénigne Bossuet）〔1627—1704〕がその代表的論者です。例えばフィルマーは『家父長権論』で神から人類の祖アダムに与えられ、ノアに父系相続された支配権が国王に受け継がれたと説きました。ちなみに日本が西洋近代というシステムを受け入れたのは明治時代ですが、大日本帝国憲法下では天皇を天照大神《アマテラスオオミカミ》の子孫・現人神《あらひとがみ》として神格化していましたから、日本版「王権神授説」は近代に入っても残存したということになります。

王権神授説を覆し、**市民革命**をおこしたのは社会契約説により啓蒙された、（18世紀後半の産業革命を経て勃興した）市民階級（ブルジョワジー）・資本家階級でした。人間は生まれながらにして「自由・平等」という権利をもつと考えた彼らは、革命をおこし、ギロチンで王の首を取って旧来の身分制度を廃しました。事実ではありませんが、「パンがなければケーキを食べればいいじゃない」と発言したという伝説があるルイ16世妃マリー・アントワネット（Marie Antoinette）［1755―1793］も、フランス革命期にギロチンで処刑されました。市民革命の先駆は英国の**ピューリタン**（**清教徒**）**革命**（1642〜49年）や**名誉革命**（1688年）で、その後に**アメリカ独立革命**（1765〜83年）と**フランス革命**（1789年）が続きました。彼らが構想した市民社会では、経済的には自由競争をよしとする「資本主義経済」が、政治的には言論の自由を認める「民主主義」が採用されました。

自然権・自然法とは何か

今度は民主主義を支える社会契約説について詳しく見ていきましょう。社会契約説とは**自然権**［right of nature］を保障するために、（近代市民社会の出発点であるところの）個人が相互の契約に基づいて国家を形成した、とする考えのことです。自然権とは、人間がオギャアと生まれた時にすでにもっている生命・自由・平等・財産などの権利のことです。後述しますが、自然権を尊重する自然法しかない状態を**自然状態**［state of nature］といいます。自然権をもし犯す者がいた場合、それを処罰する強制力が必要です。そうした強制力をもつ国家に権力を信託し、それに皆が同意したという建前・フィクション……これが「社会契約」です。建前と言ったのは、皆さんはそんな契約書にサインをした覚えがないと思うからです。重要なのはその契約書にサインしたことではなく、そうした契約を基にして民主社会が形成されたという建前・フィクションに皆が納得し、それを信じているという事実なのです。欧州文化の源流の1つ、ヘブライズム（ユダヤ教やキリスト教）にみられる「契約」という西洋的な発想じたい、日本ではなじみが薄いものかもしれません。西洋においては結婚も契約、ということになるわけです。

自然権は近代の**自然法**［natural law］思想の中で尊重されるようになった権利です。自然法とは、歴史的・人為的に制定された**実定法**と対比されますが、いかなる時代・国・人々でも守るべきとされる、**人間本性**［human nature］に基づく普遍的なルールのことです。例えば現行の日本の法律は、現代の日本の領域内でのみ適用される、相対的なルール（実定法）です。それに対して、モーセの十戒や仏教の五戒に見られる「人を殺すな」「物を盗むな」「嘘をつくな」……は、どんな時代、どんな国の人々でも守るべき普遍的なルールです。ちなみに「**自然**［nature］」*4とはキリスト教文化においては「神の天地創造の直後」という意味合いがあります。天地創造直後の時点で既に、皆が守るべきだと考えているルールが自然法なのです。では天地創造の直後になぜ、普遍的なルールが存在しているのでしょうか。これはストア派が説いた「万人は宇宙を支配するロゴス（理性）の種子を分有している」という発想が元になっています。神が天地を創ったその直後において、既に理性は世界中全ての人間の自然な本性として備わっており、人を殺したり、物を盗んだりしてはいけないとわかっている、ということです。

オランダの法学者で近代自然法の父・グロティウス［1583–1645］も、理性に照らした自然法に基づき、国際平和のための共通のルール、国際法を作るべきだと説いています。この自然法は、古代ギリシアのストア派に起源があるとはいえ、キリスト教文化で発展してきた思想です。ちなみに西洋近代のキリスト教文化では「政教分離」が整えられていきます。一方、イスラームはそうした西洋近代化に抵抗して現在に至っており、宗教的規範であるイスラム法（シャリーア）が近代的な法律と共存しています。西洋近代のキリスト教文化にはキリスト法がないように見えますが、宗教色を特に感じさせない自然法をキリスト法にあたるものと捉えることもできるでしょう。

近代国民国家における政治概念の多くもキリスト教を背景にしています。例えばフランスの法学者ボーダン〔1530―1596〕が定義した「主権〔sovereignty〕」という言葉なども、日本で説明しようとすると、何となく茫漠《ぼうばく》とした概念に感じられてしまいます。そこでキリスト教の神の存在を想定してみると、「（神によって）国家の全ての領域に主権が及んでいる」というイメージが浮かんでくるのではないでしょうか。無宗教を装ってアジアやアフリカに既製品として輸出された近代西洋という普遍システムも、実は多分にキリスト教色を帯びているのです。戦後日本の社会科・公民科は西洋由来の「民主主義」を教える教科として設置されたものですが、「民主主義」の基本理念が近代西洋のキリスト教文化で生み出されたものであるため、多くの場合キリスト教文化の下地をもたない日本の生徒の皆さんにとっては非常にイメージしづらい概念が多いのです。「社会契約」「自然状態」「権利」「国家」……などもそうした一例です。日本では明治時代以来、こうした西洋のキリスト教色を帯びた概念を、仏教や儒教由来の概念に引き寄せて翻訳しつつ、なんとか定着させてきた歴史があったのでした。

万人の万人に対する闘争・ホッブズ

英国の哲学者・政治学者**トマス・ホッブズ**（Thomas Hobbes）は、イギリス国教会牧師の家に生まれました。オックスフォードに学び、経験論の祖ベーコン〔1561―1626〕や、合理論の祖デカルト〔1596―1650〕（主張は相容れなかった）、そしてガリレイ〔1564―1642〕と親交がありました。ピューリタン革命（1642～49年）に先立つ1640年に、著書『法学要綱』が絶対王政を支持するものであるとされ、フランスに亡命しています（王政復古後に帰国し、暴君チャールズ2世（Charles II）〔1630―1685〕に仕えた）。哲学者としては唯物論を採り、1651年の『**リヴァイアサン**』の出版で無神論者とみなされ、後に著作の出版・再版が禁じられたこともありました。

> 明らかなことは、自分たちすべてを畏怖させるような共通の権力がないあいだは、人間は戦争と呼ばれる状態、各人の各人にたいする戦争状態にある。（『リヴァイアサン』）[*5]

『リヴァイアサン』の表紙

彼の代表作は何といっても『リヴァイアサン』でしょう。論旨明快ですらすら読める本です。「リヴァイアサン［Leviathan］」とは旧約聖書『ヨブ記』に登場する海の怪獣「レヴィアタン」のことで、**国家**（**コモンウェルス**［commonwealth］）[*6]のたとえです。ホッブズは自然法しかなく国家の強制力がない自然状態は、自由・平等だが、欲望に支配されているため「**万人の万人に対する闘争**」[*7]状態になると考えました。「万人の万人に対する闘争」……これは「人は人に対して狼になる」とも表現されますが、担任の先生が不在の時、クラスメート全員が自分の利益を主張して、相互に奪い合いをしているような風景を思い浮かべてみてください。悲観的すぎる、性悪説的な人間観に思えますが、ホッブズが生きた時代は血が流れる革命・内乱の時代でしたから、人間は理性的でありながらも感性が優越してしまうとホッブズが考えたことは理解できなくもありません。人間が生まれながらの自然権であり、自己の生命・幸福維持に努める**自己保存権**を利己的に追求すれば、「万人の万人に対する闘争」状態になってしまうのです。しかしそんな、食うか食われるか、というような暴力的な社会では平和で安全な暮らしはできません。ホッブズは、個々人が合意の下で一個人あるいは二人以上の合議体からなる国家にあらゆる権力を譲渡し、国家によって平和で安全な生活を実現してもらおうと考えました。海獣「リヴァイアサン」のような国家（「地上の神」とも形容される）に全てを委ねて守ってもらおう、という「社会契約」です。しかしこれでは、国家に対する人民の抵抗権は認められず、結果的に絶対王政を擁護してしまうことになりました。社会契約説により啓蒙された人々が王権神授説を覆し、市民革命をおこした、というストーリーと矛盾しているように思うかもしれませんが、それでもホッブズの構想した社会契約説には大きな意義がありました。国家が与えられた自明のものではなく、近代の前提である個人が合意の下で「社会契約」を結び、人工的に国家を作った（カトリック＝普遍教会は存在し得ず、人々の救済を国家の責任にした）というある種のフィクションを構想した点で偉大だったといえるでしょう。『リヴァイアサン』の扉絵に描かれる巨人＝国家は無数の人間から成り立っています。無数の人間から構成された人工的な機械装置としての国家です（ホッブズは血液循環説を唱えた解剖学者・生理学者ウィリアム・ハーヴェイ（William Harvey）〔1578―1657〕の治療を受けており、そこから機械論を学んだ）。右手には世俗的権威を示す剣が、左手には宗教的権威を示す杖が描かれています。後述するロックやルソーは、ホッブズの議論を下敷きにして独自の論を展開させました。

ホッブズは国家を称揚していたわけではありません。あくまで個人が自己保存権を保護してもらう限りにおいて、国家に全権力を譲渡し、国家に服従することを構想したのです。現代社会における国家は強大な権力を集約させ、国際社会のアクターとしてもはや操縦困難な、まさに海獣「リヴァイアサン」のような存在になっています。軍隊を掌握し、大量破壊兵器をもち、私たちの日常生活の細部に入り込み、明日の世界をも自らの手中に収めているのです。とはいえ私たちの生きる権利を保障してもらうためには、この国家に服従するほかないのです。ならばどのような国家を作ればよいのだろうか……ホッブズの洞察は現代にも有効であるように思います。

議会制民主主義を理論づけたロック

現代の「民主主義」といえば、主に自由選挙による議会制民主主義を指す場合が一般的です。私たちにとって当たり前になっている、このシステムを作ったのが英国の哲学者・政治学者の**ジョン・ロック**（John Locke）です。経験論者として「**白紙説**」を唱えて、生得観念を否定したことは既に紹介しました。議会を無視したチャールズ

2世［1630—1685］を国外追放した無血革命である1688年の名誉革命（その際、王権を制限する「**権利の章典**」が出され、人の支配に対する法の支配が確立した）を正当化する『**市民政府二論**（**統治二論、統治論**）』をロックは書いていますが、この統治に関する二論文の第一論文で王権神授説を否定し、第二論では後述する「社会契約」について論じています。近代民主主義の基本原理を確立させた重要書ですが、古本屋に行くと大抵二束三文で売られているのがちょっと悲しいですね。民主主義を構想した最重要書も市場原理の下ではもはや経

ロック

済的価値をもたない……なんだかそこに「民主主義の風化」を深読みできなくもないのです。ところで本といえば、私はポピュラー音楽に関する書籍に関心があり、書店では必ず音楽書コーナーに立ち寄るようにしているのですが、ある時『ロックとホッブズ』という重厚な社会契約説に関する専門書を書棚に見つけました。「なぜ社会契約説の専門書が音楽書コーナーにあるんだ?」といぶかしく思ったのですが、書店員が『ロックとポップス』というタイトルと勘違いしたのだと思い至りました。ちなみに音楽ジャンルの「ロック」は英語で「Rock」*8、哲学者・政治学者のロックは「Locke」です。カタカナにすると紛らわしいのです。

> 人間は生来、すべて自由であり、平等であり、独立しているのだから、だれも自分から同意を与えるのでなければ、この状態から追われて、他人の政治的な権力に服従させられることはありえない。人がその生来の自由を放棄し、市民社会の拘束を受けるようになる唯一の方法は、他人と合意して一つの共同社会に加入し、結合することであるが、その目的は、それぞれ自分の所有物を安全に享有し、社会外の人に対してより大きな安全性を保つことをつうじて、相互に快適で平和な生活を送ることである。（『統治論』）*9

話を戻しましょう。ロックはまず、国家がなく自然法しかない自然状態を想定します。ロックは自然状態を自由・平等であると捉えました。これは自然状態を「万人の万人に対する闘争」状態と捉えたホッブズとは一線を画すところです。ホッブズが生きた時代に比べて、ロックが生きていた時代は幾分か穏やかだった、という背景もあります。ただロックは、自由・平等とはいえ不安定だと考えます。なぜなら、人間は過ちを犯す可能性がある存在（可謬《かびゅう》的存在）だからです。とりわけロックが心配だったのは**所有権**です。ロックが唱えた所有権には「**生命・自由・財産の所有権**」が含まれていました。神が作った自然に人間が手を加える労働によって得られた財産は私的所有してよい……その権利は現在では誰も疑わない常識ですが、これを初めて提唱したのがロックだったのです。実は当時の英国では、市民革命の担い手となった新興の市民階級が勃興していました。彼らの財産を保障してあげるという意味合いもあったのです。せっかく稼いで得られた財産も、ドラえもんでいうところのジャイアンのような力の強い者に「お前の物は俺の物」などと奪い取られてしまっては、元も子もありません。そこで財産権をはじめとした自然権を保障してもらうため、国民の代表者に国家を統治してもらう「社会契約」を構想したのです。

議会に権力を「とりあえず」信託《しんたく》する

人々が一つの社会あるいは政府をつくることに同意したならば、そのことによって彼らは直ちに結合し、一つの政治体をつくることになる。そしてここにおいては、多数派がそれ以外の人を動かし、拘束する権利をもつのである……自然の状態を脱して結合し、一共同社会を形成する者はだれでも、そのような社会へと結合する目的に必要な権力のすべてを、その共同社会の多数派に譲渡するものと解釈されなくてはならないのである。

立法権も一定の目的のために行動すべき一つの信託権力にすぎないから、立法部がそれに寄せられた信託に反対する行動をとっていることがわかれば、立法部を移転したり改造したりする最高の権力は、いぜんとして国民のうちにあるのである……その目的が明らかに無視されたり、または妨害されたりすれば、いつでもその信託は必然的に失われ、権力はそれを与えた人々の手にもどらなければならない…そしてその人々は、その権力を彼らの安全と保障に最もふさわしいと思われるところへ改めて委ねることができるのである。（『統治論』）[*10]

ただ、ホッブズのように国民の代表者である王に全てを任せ、その王に財産を接収されてしまうのも避けたい所です。そこでロックは、国民の代表者から構成される議会に権力を「とりあえず」「**信託**」（信用して託す）しようと考えました。この「とりあえず」というニュアンスは、経験論者ロックならではのものです。経験論者は、人間一人一人の感性で、それぞれの生育環境において白紙から積み上げてきた経験を重視します。例えばそれぞれ異なる環境で育ってきた「Aさん」「Bさん」「Cさん」……が現在のそれぞれの感性で「とりあえず」A党の代表者（国会議員）に権力を信託したとします。そうして成立したA党政権が強制力を行使して、私たちの財産権などの自然権を守ってくれることを期待するわけです。しかしそれが期待通りでなかった場合、例えば代表者が権力を濫用した際には、人民の手で**抵抗権**［right of resistance］（政府を解任する**革命権**を含む）を行使し、自然権を保障してくれる政府に作り変えることができる……とロックは説いたのです。[*11] そうして新たに誕生したB党政権がまた期待外れだった場合は、再び人民は抵抗権を行使して、政府を作り変えればよいのです。あくまでも「とりあえず」権力を「信託」した政府にすぎないからです。このロックの構想が英国の議会制民主主義を基礎づけ、日本はその英国に倣《なら》ったのでした。*12

ロックの議会制民主主義（**間接民主制**・代議制）は、一人一人の国民の意志（**特殊意志**）の総和である**全体意志**に基づく**人民主権**です。特殊意志とは、白紙状態からそれぞれ異なった生育環境で育った国民一人一人が、個人の利益を求める意志のことです。例えば、同じサークルに所属する仲の良い5人が、ファミレスで同じものを注文しようと考えたとします。3人はパフェが食べたいと言い、2人はプリンが食べたいと言いました。この一人一人の特殊意志の総和であるところの5人の全体意志は、多数決によって決まり（過半数の意志）、その結果パフェを注文する、ということになります。日本の国会もこのしくみで動いています。国民一人一人が主権者となり、間接的に主権を行使しているのです。

今に生きるロック思想

アメリカ独立革命（アメリカ独立戦争）の最中に出された**アメリカ独立宣言**（トマス・ジェファーソン（Thomas Jefferson）〔1743―1826〕が起草した）の中には、平等な人間が生命・自由・幸福追求という天賦《てんぷ》の権利を確保するために政府を組織し、その目的を毀損《きそん》するものとなった場合には「人民はそれを改廃し……新たな政府を組織する権利を有する」*13と記されています。これはまさにロックの抵抗権の思想が刻み込まれている証左《しょうさ》です。イギリスのロックの思想は、植民地アメリカを啓蒙し、さらにフランスを啓蒙して、ルソーと共にフランス革命の原動力となりました。ちなみに日本国憲法前文には「国政は、国民の厳粛な信託によるものであつて、その権威は国民に由来し、その権力は国民の代表者がこれを行使し、その福利は国民がこれを享受する。これは人類普遍の原理であり、この憲法は、かかる原理に基くものである」とあります。ここに「信託」というロックの言葉がそのまま入っていることがわかります（さらにリンカーン［1809―1865］の「人民の、人民による、人民のための政治」も引用されている）。また第13条には「すべて国民は、個人として尊重される。生命、自由及び幸福追求に対する国民の権利については、公共の福祉に反しない限り、立法その他の国政の上で、最大の尊重を必要とする」とあり、ロック思想が日本という国のあり方をしっかりと支えてくれていることを実感できます。

一般意志に基づく直接民主制・ルソー

フランスの（政治・）哲学者**ジャン・ジャック・ルソー**（Jean-Jacques Rousseau）はロックと並び証される啓蒙思想家です。スイス・ジュネーブの時計職人（当時のスイスの特権階級で市民として参政権をもっていた）の父をもつ彼が、ロックと共にフランス革命に思想的影響を与えて後の世界を変えた……という事実は示唆的です。これが身分制の残る中世であれば、ルソーは一生時計職人で終わったはずだからです。ルソーの母は出産時に亡くなってしまい、その母や女性への思慕の情は彼の人生に少なからず影響しています。[*14] その後父から、ルソーが一生涯情熱を傾けることになる音楽を含む早期教育を受けるのですが[*15]（ルソーはオペラ『村の占者《うらないしゃ》』を作り、その中のメロディを元にした童謡「むすんでひらいて」が日本でも親しまれている）、その父も息子ルソーを置いて失踪してしまいます。

ルソー

著書では私有財産制の弊害を説く『**人間不平等起源論**』や『**社会契約論**』を書いています。その中身については後に触れましょう。さらに孤児エミール（ルソー自身も父の失踪により孤児となった）の成長を描いた教育書『エミール』も有名です。人為的に干渉しない自然的教育を説き、青年期を性の自覚を得る「第二の誕生」だと説明したあの本です。伝記を読むとヴァラン男爵夫人（Françoise-Louise de Warens）［1699―1762］の愛人として庇護を受けた後、フランス・パリの下宿で女中との間に5人の子どもをもうけ、5人全員を孤児院に入れてしまった……という鬼畜の所業とも思えるエピソードも出てきます。*16 正直なルソーは、それを後に過ちであったと認めていますが。

ルソーは国家がない自然状態を平和で自由・平等だと捉えました。なぜならば、悪徳を知らず、**自己愛**と**他者への憐れみ**に従って自給自足生活を営む「**幸福な未開人**」であるからです。国家の強制力がなくても人間は自分のことは愛し守ろうとしますし、他人が苦しんでいれば助けてあげようと憐れみの感情で接するものです。それだけで無垢《むく》な人々は平和に暮らせるのです。この辺りの人間観を現実主義的なホッブズやロックと比較すると興味深いです。ルソーは文明社会を悪とみなし、手付かずの未開を性善説的に理想視するロマンチストでもありました。しかしルソーは言っています。

もっとも強い者、またはもっとも貧困な者が、その力、または欲求を、他人の財産に対する一種の権利――彼らによれば所有権と等価なもの――としたので、平等が破られるとともにそれに続いてもっとも恐ろしい無秩序が到来した。つまり、このようにして富める者の横領と、貧しい者の掠奪と、万人の放縦《ほうしょう》な情念が、自然的な憐れみの情とまだ弱々しい正義の声とを窒息させて、人々を強欲に、野心家に、邪悪にした。（『人間不平等起源論』）*17

さらにこんな辛辣な言葉もあります。

ある土地に囲《かこ》いをして「これはおれのものだ」と宣言することを思いつき、それをそのまま信ずるほどおめでたい人々」に対して、「こんないかさま師の言うことなんか聞かないように気をつけろ……土地はだれのものでもないことを忘れるなら、それこそ君たちの身の破滅だぞ！」とその同胞たちにむかって叫んだ者がかりにあったとしたら……多くの犯罪と戦争と殺人とを……人類に免《まぬが》れさせてやれたことであろう?(『人間不平等起源論』)[18]

自然状態において、自己愛と他者への憐れみに基づいて平和で自由だった人間は「**私有財産**」によって貧富の差という不平等が生じ、堕落してしまった……とルソーは考えました。『社会契約論』の冒頭では「人間は生まれながらにして自由であるが、しかしいたるところで鉄鎖につながれている」[19]と書いています。ロックがむしろ「私有財産」を守るため、国家を作る「社会契約」を構想したこととは対照的です。

ちょっと恐い「一般意志」

一般意志のみが、公共の福祉という国家設立の目的に従って、国家の諸力を指導しうるということである。なぜなら、もし多くの特殊利益の対立が社会の建設を必要としたとすれば、その建設を可能にしたのも同じ特殊利益の一致であるからである。社会的紐帯を形成するのは、この種々の利益のなかにある共通なものである。すべての利益が一致する何らかの点がないとすれば、いかなる社会も存在することはできない。そこで、社会が統治されるのは、ひとえにこの共同利益に基づいてである。したがって私はここに述べたい、主権は一般意志の行使にほかならないから、譲り渡すことはできないし、主権者は集合的存在にほかならないから、集合的存在によってしか代表されることはできない、と。権力ならいかにも譲り渡すことができるが、意志についてはできない。事実、もしも特殊意志がある点について一般意志と一致することが不可能ではないとしても、すくなくともこの一致が永続的・恒久的であることは不可能である。なぜならば、特殊意志はその性質から不公平を、一般意志は平等を志向するからである。（『社会契約論』）[*20]

そこでルソーは、「**自然に帰れ**」というスローガンを掲げ、理想視していた自然状態に帰ることを目指した……などとよくいわれるのですが、実際のルソーはそのような発言をしてはいないようです。[*21] そもそも堕落した文明社会から未開の自然状態に戻ることは、さすがにできません。そこで**一般意志**[general will]に基づく「社会契約」によって共同体を形成し、自らの権利を保障してもらう**直接民主制**を構想します。一般意志とは個々人の利益に基づく特殊意志やその総和である全体意志とは異なる、「公共の利益を求める全人民的意志」のことです。東洋のルソーと称される中江《なかえ》兆民《ちょうみん》[1847－1901]の「兆民」の号は、億「兆」の「民」の「一般意志」という意味でした。先ほども挙げた、同じサークルに所属する仲の良い5人を例にしてみましょう。5人がファミレスで同じものを注文したとします。何しろ一体感があるサークルなんです。2人はパフェを選び、さらに2人はプリンを選んだその時です。残った1人が言いました。「このサークルは今、財政難に陥っているんだから、贅沢《ぜいたく》はせずにみんなで水を注文しよう！」……みんなの気持ちは一つになり、水を注文しました。まあ実際は水しか注文しなければ、お店を追い出されてしまうわけですが。このように、一人一人が公共の利益を考えて、1つの意志を形成したもの……これこそが一般意志であり、分割不可能な主権です。自由な私たちはこの全人民の意志である一般意志を法として、それにのみ拘束されるのです。日本国憲法にも各人権が衝突した際、それを社会全体の幸福・利益の名の下に調整・制限する「公共の福祉」という原理が第12条・第13条・第22条・第29条に明記されています。ルソーは『エミール』の中で、スパルタの婦人を例に出しています。

あるスパルタの婦人は、五人の息子を戦争に送り出して、戦闘の知らせを待っていた。下人がやってくる。

彼女は震えながら様子をたずねる。「五人のお子さまは戦死なさいました」「愚か者、わたしがそんなことを聞いたか」「わが軍は勝利を得ました」母親は神殿に駆けつけて、神々に感謝をささげる。これが市民だ。（『エミール』）[*22]

ここで想定される国家に、ちょっと恐いニュアンスを読み取った方がおられるかもしれません。最も有名な『西洋哲学史』を書いた哲学者・数学者・論理学者ラッセル［1872—1970］も、「その結果できるものは、明らかに集約的、あるいは全体主義的な国家であり、その国家においては個々の市民は無力となるのである」[*23]と、そうしたニュアンスを嗅ぎ取っています。私だったら、戦争で子どもを失ったら、一生祖国を恨みます（笑）。でもルソーに言わせれば、それは個人的な利害に基づく特殊意志です。特殊意志を一般意志と合致させられるのが市民であり、愛国者だということです。ルソーは一部の利害である特殊意志に基づいて国を支配することや、国全体の利益を優先して、一部の少数者に不利益が出ることは誤りであると考えていました。ロックが構想した全体意志（特殊意志の総和）に基づく間接民主制にはこのような問題点があります。こうしたロックの私人的思考をルソーは批判し、一般意志という公民的思考に基づき全人民が参加する直接民主制（一般意志の行使者である人民が主権をもつ**人民主権**）を構想したのです。ルソーは「イギリス人民は自由だと自分では考えているが、それはとんでもない誤解である。彼らが自由なのも、議会の構成員を選挙する期間中だけのことで、選挙が終わってしまえばたちまち奴隷の身となり、なきに等しい存在となるのである」[*24]とも言っています。

確かに全人民が参加する直接民主制は理想的です。選挙の時だけ政治に参加できるものの結局選んだ議員に好き勝手されてしまう間接民主制よりは、自分達が決めたことに従う直接民主制の方が良いのかもしれません。一方、直接民主制は政治知識のない人々も常に政治参加するため、ポピュリズム（大衆迎合主義）に陥る危険性も孕んでいます。直接民主制は古代ギリシアのポリス・アテネの民会がそのモデルです。現在はスイスの一部で行われる州民集会や米国の一部の州で行われるタウン・ミーティングなどで具現化されています。ただ日本ではどうかというと、国民約1億3000万人に同じ場所に集まってもらい、挙手して投票してもらうのはあまり現実的ではありません。兵庫県の淡路島ぐらいの面積があれば、肩をくっつけ合って1億3000万人が立つこと自体はできるみたいですが。もちろん学校のクラスほどの単位なら直接民主制が機能します。そんなわけで、日本の民主主義は現実主義を採り、主に間接民主制を採用しているのですが、地方自治における「国民発案（イニシアチブ）」「国民解職（リコール）」や「住民投票（レファレンダム）」、憲法改正における「国民投票」といった直接民主制的なしくみがそれを補完しています。近年は情報通信技術の発達により、多くの人々の意志を瞬時に集計することが可能になっていますから、直接民主制的な制度が存在感を発揮するようになるかもしれません。

ちなみに『エミール』に見られるルソーの女性観は、女性は女性が学ぶべき知識を学べばよく、男性に対して受動的であるべきだ……というきわめて保守的なものでした。自由や平等という普遍理念を実現する近代啓蒙主義は、男女観に関してはこうした保守的な部分を20世紀まで抱えていくことになるのです。とはいえルソーの思想は、近代への大転換点ともいえる1789年のフランス革命に多大なる影響を与えました（革命思想は後の社会主義思想にも影響を与えた）。フランス革命の最中に出された**フランス人権宣言**（1789年）には、基本的人権の尊重（「人は、自由かつ権利において平等なものとして出生し、かつ生存する」）や人民主権（「あらゆる主権の原理は、本質的に国民に存する」）、権力分立（「権利の保障が確保されず、権力の分立が規定されないすべての社会は、憲法をもつものでない」）といった近代民主主義の基本原理が刻まれています。*25 先述したルソーやロックの思想は、今なお現代の政治システムの根幹となっているのです。ちなみにルソーとロックは、それぞれフランス流・英国流の民主主義思想でした。日本の民権思想の潮流もフランス流と英国流に分かれていました。勘の鋭い方は気付いたかもしれませんが、ルソーとロックを比較すれば、西洋哲学の二元論的図式（「理性と感性」「合理論と経験論」「理想と現実」「プラトンとアリストテレス」）が見えてくると思います。

ルソー思想の急進的実践であったフランス革命を『フランス革命の省察』で批判したのは保守主義の祖エドマンド・バーク（Edmund Burke）〔1729―1797〕（アイルランド生まれの英国の政治家）でした。フランス革命には、理性に基づいて過去の旧習・伝統を一掃する側面があったからです。保守主義は理性というよりはむしろ感性に基づき、伝統的慣習を漸進的に改善する立場です。*26 現代の「保守」を自称する人々の多くは「理想」の「伝統」を称揚して、例えば教育勅語に支えられた戦前日本をユートピア視しています。これはむしろ戦後民主主義という旧習・伝統を一掃する立場ですから、ルソー的な理想主義の一形態だと考えられるのです。

注

*1〜3　シィエス『第三身分とは』（稲本洋之助・伊藤洋一・川出良枝・松本英実訳、岩波書店、2011年）。

*4　中世キリスト教世界では、自然は人間とは異なるものとして神によって創造されたとされ、人間と自然を切り分けたことが、近代における人間による自然支配を準備した。

*5　ホッブズ『リヴァイアサン』（『世界の名著23』）（永井道雄・宗片邦義訳、中央公論社、1971年）。

*6　『リヴァイアサン』に先立つ1642年の『市民論』の中でも、この表現が登場する。

*7　「「コモンウェルス」は……「一個の人格であり、その行為は、多くの人々の相互契約により、彼らの平和と共同防衛のためにすべての人の強さと手段を彼が適当に用いることができるように、彼ら各人をその［行為の］本人とすることである……そして、この人格を担う者が《主権者》と呼ばれ、「主権」を持つといわれる。そして彼以外のすべての者は、彼の《国民》である」（ホッブズ『リヴァイアサン』）（『世界の名著23』永井道雄・宗片邦義訳、中央公論社、1971年）。

*8　ロックは「rock」（揺すって）and「roll」（転がす）、つまり性行為を意味する「ロックンロール」（rock'n'roll）というアメリカの黒人の隠語に由来する。

*9〜10　ロック『統治論』（『世界の名著27』）（宮川透訳、中央公論社、1968年）。

*11　「君たちの自由や所有物に対して不法な企てがなされるときには、君たちは服従の義務から解放される……君たちの為政者である者が、その身に寄せられた信託に反して君たちの所有物を侵害するときには、君たちはこの者の不法な暴力に反抗してよいのだ」（ロック『統治論』）（『世界の名著27』宮川透訳、中央公論社、1968年）。

*12　明治政府はイギリス流の官民調和の啓蒙思想を採用し、中江兆民（東洋のルソー）を理論的指導者とする自由民権運動は、ルソー仕込みのフランス啓蒙思想を採用した。

*13　高木八尺・末延三次・宮沢俊義編『人権宣言集』（岩波書店、1957年）。

*14　ルソーの父は「スパルタ的愛国心、共和主義を」、教養のあった母は「夢見がちなやさしい心、芸術的な感性をルソーに伝えた」。（平岡昇『ルソーの思想と作品』）（『世界の名著30』中央公論社、1966年）。

＊15　「早すぎる感情教育」により、「後年にはっきりとあらわれるルソーの精神の二つの大きな方向、感情や想像力にゆたかな詩人的な面と、政治や道徳の問題につよくひかれるモラリストの面が、このころから培われていた」（平岡昇『ルソーの思想と作品』）（『世界の名著30』中央公論社、１９６６年）。
＊16　中里良二『人と思想　ルソー』（清水書院、１９６９年）。
＊17～18　ルソー『人間不平等起源論』（本田喜代治・平岡昇訳、岩波書店、１９７２年）。
＊19～20　ルソー『社会契約論』（『世界の名著30』）（井上幸治訳、中央公論社、１９６６年）。
＊21　「『自然に帰れ』ということばは、ルソーはどこにもいっていない。かりにいったとしても、それは、都会文化に毒されない田園の讃美そのものを直接さしているのでもない……モラリスト・ルソーが強調するのは、人間の内的自然の回復の努力であり、自然状態への復帰ではない。人間はけっして原始の状態にさかのぼることはできないと、彼は自然状態について断言している」（平岡昇『ルソーの思想と作品』）（『世界の名著30』中央公論社、１９６６年）。
＊22　ルソー『エミール』（『世界の名著30』）（戸部松実訳、中央公論社、１９６６年）。
＊23　バートランド・ラッセル『西洋哲学史３』（市井三郎訳、みすず書房、１９７０年）。
＊24　ルソー『社会契約論』（『世界の名著30』）（井上幸治訳、中央公論社、１９６６年）。
＊25　高木八尺・末延三次・宮沢俊義編『人権宣言集』（岩波書店、１９５７年）。
＊26　「保守主義という場合にバークに言及するならば、少なくとも、①保守すべきは具体的な制度や慣習であり、②そのような制度や慣習は歴史になかで培われたものであることを忘れてはならず、さらに、③大切なのは自由を維持することであり、④民主化を前提にしつつ、秩序ある漸進的改革が目指される、ということを踏まえる必要がある。逆にいえば、①抽象的で恣意的な過去のイメージに基づいて、②現実の歴史的連続性を無視し、③自由のための制度を破壊し、さらには④民主主義を全否定するならば、それはけっして保守主義といえないのである。少なくともバーク的な意味での保守主義ではない（宇野重規『保守主義とは何か』中央公論新社、２０１６年）。

46章　フランス啓蒙思想（モンテスキュー、ヴォルテール、百科全書派）

啓蒙《けいもう》とは何か

> 啓蒙とは何か。それは人間が、みずから招いた未成年の状態から抜けでることだ。未成年の状態とは、他人の指示を仰がなければ自分の理性*1を使うことができないということである。人間が未成年の状態にあるのは、理性がないからではなく、他人の指示を仰がないと、自分の理性を使う決意も勇気ももてないからなのだ。だから人間はみずからの責任において、未成年の状態にとどまっていることになる。こうして啓蒙の標語とでもいうものがあるとすれば、それは「知る勇気《サペーレ・アウデ》をもて」だ。すなわち「自分の理性を使う勇気をもて」ということだ。（『啓蒙とは何か』*2）

これはカント［1724—1804］による「啓蒙」の定義です。前章で取り上げたホッブズ［1588—1679］、ロック［1632—1704］、ルソー［1712—1778］の社会契約説は啓蒙思想と呼ばれました。「啓蒙」とは偏見・迷信の暗がりにとらわれた「無知《むち》蒙昧《もうまい》な人々を理性の光で啓《ひら》く」という意味で、英語では「enlightenment」といいます。「en」は「〜

の中に入った状態にする」という意味の接頭辞（「enjoy」なら「joy（喜び）」の中に入った状態にする、つまり「楽しむ」という意味）、「ment」は名詞を作る接尾辞ですから、「enlightenment」は「light（光）の中に入った状態にする」ことを意味します。漢字の「啓蒙」の意味と大体対応していますね。

一般的にいうと、前近代における封建社会の人々は生まれながらにして身分や職業が自明のものとして決まっており、それに疑問をもつことはありませんでした。そして、農民・商人・騎士・貴族・王様……といった階級によって、住居や衣服、立ち居振る舞い、そして言葉遣いまでもが異なっていたわけです。日本では家の門構えも違っていました（身分・家柄のことを「門地《もんち》」と呼ぶのは、それが理由）。階級を超えた結婚も、例外はあったにせよ、基本的には認められなかったわけです。そうした不平等に対して何ら疑問をもたず、「生まれが違うのだからしょうがない」と考える無知・蒙昧な人々に理性の光を当て、目を啓《ひら》かせたのが啓蒙思想です。社会契約説の論者たちは「農民であるあなたも、商人も、騎士も、貴族も、そして王様だって……人間は生まれながらにして自由・平等なんですよ」と説きました。そうして自由で平等とされた個人が近代の主人公となり、「民主主義」や「資本主義経済」および「科学」（学問）の担い手になっていくのです。

日本を代表する啓蒙思想家は福沢諭吉《ふくざわゆきち》［1834－1901］でした。「天は人の上に人を造らず、人の下に人を造らずと云えり」*3とアメリカの独立宣言を翻訳する形で啓蒙思想を日本に輸入したのです。もちろん、江戸時代の「士農工商《しのうこうしょう》」（四民《しみん》）が平等になったとはいえ、華族制度*4という形で貴族階級が温存されましたし、近代明治になった途端、人々の意識に劇的な変化が訪れたわけではありません。卑近な例ですが、私の家では江戸時代から続く魚屋の家業を継ぐことが祖父の代までの「当たり前」でした。戦後生まれの私の父が初めて魚屋以外の職業に就いたんです。国民の権利でいえば、戦後日本国憲法に「職業選択の自由」（第22条）が明記されてやっと、家業の縛りから精神的・物理的に自由になれたわけです。このように、近代啓蒙思想の登場により急激に社会が変化したわけではなく、新旧まだら模様の様相から、あくまで漸進的に自由・平等が実現されていったということです。

啓蒙思想の広まり

ロックの社会契約説が、絶対王政下で王権神授説を信じていた無知蒙昧な人々を啓発し、名誉革命を正当化したことは前章で確認した通りです。こうした英国の近代市民革命を皮切りに、啓蒙思想はアンシャン・レジーム（旧制度）における圧政に苦しんでいたフランス、そしてドイツ（ゴットホルト・エフライム・レッシング（Gotthold Ephraim Lessing）［1729―1781］――文豪ゲーテ［1749―1832］やフリードリヒ・シラー（Friedrich Schiller）［1759―1805］らがその後、啓蒙の理性重視に反発する「疾風怒濤《しっぷうどとう》の時代［Sturm《シュトゥルム》 und《ウント》 Drang《ドラング》］」を形成した――や、理性の能力を吟味したカント［1724―1804］がその代表）へと広がります。フランスにおいては、「自由・平等・友愛」を掲げたフランス革命という大規模な地殻変動を引きおこしました。英国からはスコットランドにも啓蒙思想が伝播します。究極の経験論者ヒューム［1711―1776］や「最大多数の最大幸福」という言葉を初めて使った道徳哲学者フランシス・ハチソン（Francis Hutcheson）［1694―1746］、そして資本主義経済の自由な営利活動を支えたアダム・スミス［1723―1790］などが代表的なスコットランドの啓蒙思想家です。

18世紀後半の英国では産業革命がおこり、理性をもつ自由な市民が資本主義経済の担い手となります。神に遠慮せず自然を合理的に捉え直す近代科学の進展も相俟《あいま》って、人々の生活が豊かになり、思想や学問に取り組む余裕が生まれます。これはギリシア思想でも取り上げた閑暇（スコレー）ですね。これらが啓蒙思想の広まりを後押ししたのです。18世紀はしばしば「理性の世紀」「啓蒙の世紀」と呼ばれます。急進的な革命がおこったフランスでは、ロックの社会契約説やニュートン［1642―1727］の物理学といった英国の進歩的思想が、フランスの封建的な因習を理性の光によって打破しました。ニュートンの機械論的自然観からは合理主義的な理神論［deism］が生まれています。理神論は無神論［atheism］ではなく、「理性に反しない部分でキリスト教の神を認める」という立場です。人格神は認めず、天地創造後の世界は自然法則に従うと考え、摂理・恩寵・奇跡・啓示といった神秘的部分を排除しました。ちなみにニュートン自身、自説から神の存在を排除することまではしていません。地球上から天体まで、あらゆる自然現象を統一的に説明できる「万有引力」の法則……なんとニュートンはそれを及ぼす神の働きを想定していたのです。理神論者の中には、理性を信じて無神論に傾斜する者もいました。フランス革命期のジャコバン派の極左ジャック・エベール（Jacques Hébert）〔１７５８―１７９４〕はキリスト教・カトリック教会の神と縁を切り、理性の神を最高存在として信奉しました。１７９４年にはその理性を神と崇め奉る「理性の祭典（理性の崇拝）」を開催しているほどです。ところで、米国ニューヨークのリバティ島にある自由の女神像は、自由の国アメリカの象徴的建造物です。これはアメリカ合衆国独立１００年を祝い、アメリカ独立戦争を支援したフランスから贈られた像でした（１８８６年完成）。この像は、理性信仰をもつフリーメーソンリー（フリーメーソン会員）同士の国境を越えた贈り物でもあったわけですが、こうした文脈からすると、理性に照らした普遍理念である自由をまさに神として信仰せよ……という無神論者からの一方的なプレゼントだと邪推できなくもありません。米国はそもそも英国のプロテスタントの一派「清教徒（ピューリタン）」が入植して作った国で、彼らは純粋（ピュア）な神への信仰心をもっていたわけですから。

フランス啓蒙思想・前期

「三権分立を唱えた人は？」と問えば、中学生でも「モンテスキュー」「法の精神」とただちに答えが返ってきます。日本の民主主義の根幹にある「三権分立」という理念が、知識の上ではしっかり尊重されていることを実感します。ただ、『法の精神』という著書のタイトルが知られている割に、その内容に触れている教科書や資料集は少ないように感じます。こういったところが原因で「日本の学校教育は知識偏重で、丸覚えしているだけで中身がない」と批判されてしまうのかもしれません。**シャルル・ルイ・ド・モンテスキュー**（Charles-Louis de Montesquieu）〔1689―1755〕はフランスの啓蒙思想家です。モンテスキューは英国の立憲君主制を理想と考えていました。『ペルシャ人の手紙』という小説も有名で、ここでは軽妙にフランスの絶対王政風刺を綴っています。

匿名で出版された『**法の精神**』*5においてモンテスキューは、法とは自然科学の法則と同様、「事物の本性に由来する必然的関係のことである」と定義しました。「神は神の」「物質界は物質界の」「天使は天使の」「禽獣《きんじゅう》は禽獣の」そして「人間は人間の」法をもっています。ですから、「人間の法によって裁定されるべきことを神の法により裁定してはならない」*6、ということです。また各国の法制度は、風土や習俗に基づいて「法の精神」に支えられていると考えました。共和制は公益を重視する「徳」、君主制は「名誉」、専制は「恐怖」という「法の精神」に支えられています。もちろん専制政治では政治的な自由を実現することはできません。政治的な自由を守るには、権力の濫用を防ぎ、国家権力を分散させる「**三権分立**」が不可欠です。モンテスキューはロックの議論を下敷きに、自説を展開しています。

各国家には三種類の権力がある。立法権、万民法に属することがらの執行権、および市民法に属することがらの執行権である。第一の権力により、君主または執政官は、一時的または恒久的に法律を定め、また、すでに定められた法律を修正または廃止する。第二の権力により、彼は講話、宣戦を行ない、大使を交換し、安全を保障し、侵略を予防する。第三の権力により、彼は罪を罰し、私人間の係争を裁く。われわれは最後のものを裁判権と呼び、他の一つをたんに国家の執行権と呼ぶであろう……もし同一の人間、または貴族か人民のうちの主だった者の同一団体がこれら三つの権力……を行使するならば、すべては失われるだろう。（『法の精神』*7）

ロックも「立法権」・「行政（執行）権」・「連合（同盟）権」という「三権分立」を説きました（一般意志による決定を重んじたルソー、そしてホッブズは権力分立を否定していた）。この場合の「連合権」とは対外的な外交権を意味し、「行政権」の中には司法権も含まれます。対内的な「行政権」と対外的な「連合（同盟）権」は君主に残し、「立法権」は国民の代表者から構成される議会（＝国権の最高機関）に属します。国王はあくまでも「君臨すれども統治せず」という原則にのっとり、「立法権」優位の下で立憲君主制を整えたのです。しかし、国王に二権を残したため「三権分立」と揶揄されることもありました。

一方モンテスキューは、現代日本にも採用されている通り、「**立法**」（国会）・「**行政（執行）**」（内閣）・「**司法（裁判）**」（裁判所）と権力を3つに分散させました。そしてお互いにチェックし合い、バランスを取り合うようにさせたのです（**抑制と均衡**［checks and balances］）。なぜなら「権力をもつ者はすべて、それを濫用する傾向があることは、永遠の経験である」[*8]からです。よって、私たちの政治的自由を失わないためにも「権力が権力を阻止するのでなければならぬ」[*9]のです。「三権分立」は一極集中した権力が暴走して不健全な専制政治が行われないよう、お互いに歯止めをかけるしくみです。例えば国会は法律を制定することができますが、制定された法律に対して、最高裁判所（あるいは下級裁判所）は違憲立法審査権を行使し、憲法に適合しているか否かを判断することができるのです。

とはいえ、原則この「三権分立」が機能しているにしても、国民の代表者である立法府による議員提出法案よりも、行政府である内閣提出法案の方が多く、優先的に審議されることは多々あります。あるいは政府におもねった判決を出すよう、最高裁判所裁判官が内閣により恣意的に任命される（長官は内閣が指名し、天皇が任命する）こともあります。政府に都合の悪いテーマについて争った訴訟（例えば自衛隊など）で、政府の意に反して違憲判決を出した地方裁判所の裁判官が、政治性の薄い家庭裁判所に左遷された例もあります。この辺りは日本における「三権分立」の形骸化といってもよいものでしょう。

フランス啓蒙思想の王様、ヴォルテール

「私は君の意見には賛成しない。しかし、君がその意見を言う権利は命をかけても守る」……表現の自由・言論を主張する名文句を残したとされている（著書にその文句は見られません）のは、**ヴォルテール**（Voltaire）［1694―1778］ことフランソワ・マリー・アルエ（François-Marie Arouet）です（ヴォルテールはペンネーム）。理神論を唱え、フランスの封建制度やカトリック教会を批判した（84歳で亡くなった時はパリの大司教・国王・カトリック教会に埋葬を拒否された）ヴォルテールこそが、まさにフランス啓蒙思想の王様といってもよいでしょう。膨大な著書・作品・書簡を残した彼ですが、代表著書を1冊挙げるとすれば**『哲学書簡』**でしょう。英国で学んだロックやニュートンの思想をフランス社会に伝えて人々を啓蒙し、アンシャン・レジームを打破するフランス革命の旋風を巻きおこすことになります（とはいえヴォルテール自身は貴族との交際を保っていた）。

自分の兄弟である人間を、その人が自分と同意見でないという理由で迫害する者は、明らかにすべて怪物である。（『哲学辞典』「寛容《トレランス》（一）」）*8

教義がなければないほど論争も少ない。また、論争がなければないほど不幸も少ない。もしこれが本当でなければ、私はどうかしているのである。宗教があるのは、現世ならびにあの世でわれわれが幸せになれるそのためにである。来世で幸せであるには、何が必要か。正しくあることである。われわれの本性の悲惨が許容する範囲で、この世で幸せであるには、何か必要か。寛容であることである。（『寛容論』）*9

ヴォルテールは**『寛容論』**において「宗教的寛容」についても説いています。この本が書かれたきっかけは、プロテスタント（新教）の布地商人ジャン・カラス（63歳）がカトリック（旧教）に改宗しようとした28歳の長男マルクを絞殺した、として死刑判決を受けた「カラス事件」です。家族も共犯で投獄されました。息子はプロテスタントでは弁護士になれないことを苦にして自殺した[*10]……とジャンは主張しましたが、受け入れられず、残虐な身体刑で殺されました。異端・狂信のプロテスタントが人々の悪意の対象になっていたことが伺えます。ヴォルテールはジャンの無罪を訴えました。この『寛容論』ではカトリックのプロテスタントに対する不寛容を批判し、最終的には判決無効を勝ち取り、再審が行われることになりました。現代における、西洋のキリスト教文化のイスラームに対する不寛容、日本社会の中国・韓国に対する不寛容（そのまた逆に中韓の日本に対する不寛容）やネット上でのウヨクとサヨクの終わりなき消耗戦などを見るにつけ、ヴォルテールの理性的な議論を振り返る必要性を感じます。

フランス啓蒙思想・後期

啓蒙思想の知の集大成ともいえるのが**『百科全書**〔L'Encyclopédie《アンシクロペディ》〕』です。これは、理性によって知り得た知を書物の形で結集させるという、初の本格的な「百科事典（encyclopedia《エンサイクロペディア》）」を作るアイデアです。『百科全書』の編纂に関わった当代随一の啓蒙思想家は「**百科全書派**（**アンシクロペディスト**《エンサイクロペディスト》）」と呼ばれ、既に紹介したヴォルテールやルソー（晩年は百科全書派と決別する）、モンテスキュー（未完の「趣味論」を執筆した）、そして『経済表』で知られる重農主義者フランソワ・ケネー（François Quesnay）〔1694―1774〕や進歩史観を説いたマルキス・ド・コンドルセ（Marquis de Condorcet）〔1743―1794〕などがその代表格です。近代「啓蒙思想」は、理性および理性に基づく科学によって社会は単線的に進歩していく、といういくぶんか楽観的な理想主義をもっていました。コンドルセは空想的社会主義者サン・シモン［1760―1825］やその弟子で実証的な社会学を創始したコント［1789―1857］にも影響を与えています。

『百科全書』の編纂者は**ドゥニ・ディドロ**（Denis Diderot）［1713―1784］と**ジャン・ル・ロン・ダランベール**（Jean le Rond d'Alembert）［1717―1783］です。ダランベールの「序論」に従っていえば、彼らは「学問・工芸のあらゆる問題について参照できるような辞典、他人の教育に努力する熱意にもえる人びとの指針としても、もっぱら自分自身のために勉学する人びとを啓発する素材としても、ともに役だつ辞典が必要だと考え」、「人間の知識の秩序と連関を可能な限り明らかに」[*11]しよう、という大きな試みに乗り出しました。「人間知識の系統図」[*12]をみると、悟性の下に「想像―芸術」「理性―哲学（自然の学／人間の学／神の学／一般形而上学または存在論）」「記憶―歴史（自然の歴史／人間の歴史／教会の歴史／神の歴史）」が置かれ、さらにその下に細分化された知の数々は現代の学問知のカテゴリの土台となっているものだと気が付きます（このように、アルファベット順で項目を立て、理性により系統樹的に切り分け分類していくという形式は、古代ギリシア以来の西洋の理性中心主義そのものである）。何と21年の歳月をかけて、17巻と図版11巻（補遺・索引含めて35巻）、総執筆者184名、総ページ1万6142、総項目7万1709に及ぶこの一大「百科事典」が完成しました。

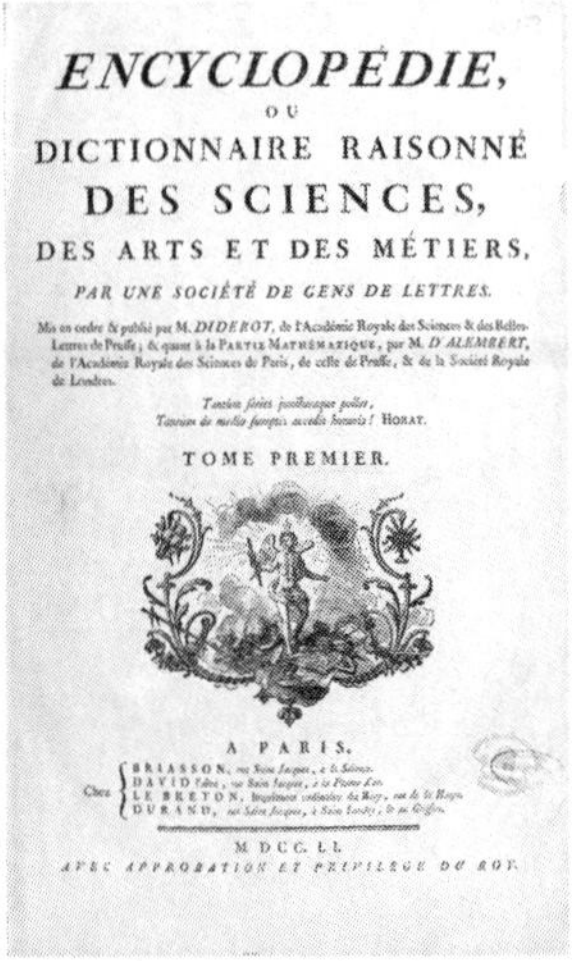

『百科全書』の表紙

編纂者のディドロは刃物師、つまり職人の息子でした。さほどの学問的業績があったわけではないのですが、パリの出版業者だったアンドレ・ル・ブルトン（André le Breton）［1708―1779］によって『百科全書』編纂者として白羽の矢があたるのです（当初は先行したイフレイ・チェンバーズ（Ephraim Chambers）［1680―1740］編纂のイギリスの百科事典『サイクロペディア［Cyclopædia］』の仏語訳を作るアイデアだった）。ディドロは当初ヴォルテールに影響されて理神論を説きますが、後に唯物論・無神論に傾斜し、政府の厳しい弾圧にさらされ、投獄されてもいます。そして発売禁止などの処分にも屈することなく、晴れて出版されたこの書物がフランス革命を準備することになるのです（予約購入者は新興の市民階級だった）。

ディドロと共に編纂者となったのは４歳年下のダランベールです。数学者としても「ダランベールの定理」に名前が残っています。ちなみにディドロには**『ダランベールの夢』**という対話形式の著作があり、邦訳も出ています。[*13]『百科全書』で多くの項目の執筆を担当した彼ですが、王権の弾圧によって結果的に、編纂者の地位を辞任してしまいました。

「百科事典」の「知」

ところで「百科事典」と言えば、日本では戦後の高度経済成長期、中流家庭の書棚に並んでいたイメージがあります。「断捨離《だんしゃり》」などという言葉が流行する現代では、場所も取りますし、中身も古くなっているため「百科事典」は廃棄され、古本屋でそれこそ二束三文で売られています。文学・思想全集の類もそうです。貧乏性の私はそうした全集の端本を古本でちびちびと集めているのですが（とりわけ中央公論社の『世界の名著』『日本の名著』は哲学・思想の古典全集の最高峰である）、大抵の場合はほとんど読まれた形跡がありません。「豊かさの記号」「見せびらかしの消費」として、書棚に並べておくことに意味があったのかもしれません。

しかし現代にあって、そうした近代的な人類の叡智を結集させるというアイデアは過去のものとなってしまったのでしょうか。そんなことはありません。「百科全書・百科事典（encyclopedia）《エンサイクロペディア》」というアイデアは、インターネット上の無料百科事典「wikipedia（ウィキペディア）」に形を変えて、現代に生きています。２００１年に設立された「wikipedia」は、ウェブ上における、誰でも編集可能な「wiki《ウィキ》」というシステムを使った「エンサイクロペディア（百科事典）」です。当初は出典不明の信用できない情報や中立性に欠ける情報があまりにも多く、大学生のレポートがほぼwikipediaのコピペ（コピー&ペースト）になってしまう……といった弊害が指摘されましたが、10年以上運営されるに従い、それなりのメディア・リテラシーをもって活用すれば、知のデータベースとして何かと有用な「百科事典」となってきています。当代随一の学者が書いている保証は残念ながらありませんが、院生なども自身の専門分野について書いたりしているはずです。それにしても暇な人がいるなあ……と思ってしまうこともありますね（笑）。ただ私自身、授業の準備などで利用することはありますが、半分以上は信用していません。やはり原典や初出の一次資料に当たらなければ話にならない、と痛感させられることが多いです。このwikipediaの執筆者はこの本とこの本の文章をつなげて、そこに自分の解釈を入れて書いているな……などといったことも原典を読めばわかってくるわけです。そしてもっといえば、原典の日本語訳に当たるだけではなく、原書に遡り、そのニュアンスに触れることも重要になってくるわけです。

賛否両論のwikipediaですが、ここから現代の「知」の形の変容について考えることもできます。これは最近の中高生をみていて思うことですが、ここ数年、授業中に電子辞書やタブレットPCを使う生徒が急激に増えました。10年前は見ることのできなかった風景です。今勤務している学校では、全生徒にタブレットPCを配布していますが、私が話した言葉を拾って、タブレット片手にすぐに調べるんです。たぶんwikipediaです（笑）。ある意味、情報を鵜呑《うの》みにしない複眼的視野が生まれているのかもしれません。

とはいえ情報社会の盲点もあります。現代の「知」の形はデータベース上から必要な情報にアクセスし、ピンポイントで引っ張ってくる「知」の形です。そこには蓄積された統計資料のように正確さもありますから、重箱の隅のような知識を振りかざして専門家を困らせる人も増えてきています。ただ、専門家が求める「知」の形は、wikipediaでチョチョイと引っ張って来られるようなピンポイントの些末な知識にあらず、むしろピンポイントの「知」をつなぎ合わせて幅広い視野でモノを見ることなのです。しかし情報社会を生きる現代人は、これがどうにも苦手になって来ているようです。社会の専門分業化も進む所まで進み、果たして世界の全体像がどうなっているのか、把握することがそもそも困難になっています（「便利になる」ということは「自分ひとりでできないことが増えていく」ことだと知るべきである）。毎年授業をしていると、時代を反映した生徒の変容を肌で感じるのですが、電脳化は確実に進んでいるように思われます。「ハイスペック」のように人間をＣＰＵやメモリに例える表現も一般化してきていますし、情報検索における全能感（自分の考えを補強するためだけの情報検索なのだが）により「わかっている」つもりになっている人が、複雑な「知」を複合的につなぎ合わせる場面に直面すると、途端に思考停止・ショートしてしまう……という場面も多く見受けられるようになってきました。

現代メディアの欠点は「知」を深めることが難しい点ではないでしょうか。文字情報の無料化による出版不況なども取り沙汰されていますが、「タダより高いものは無い」といいましょうか、無料ウェブサイトの情報には営利広告としての特性があることにもっと留意すべきでしょう。本を読まなくなった代わりにネットで膨大な文字情報に触れていることは確かです。しかし世界が広がっているようで、実はかなり限られた情報（例えば検索サイトのトップニュースやそこからのリンク記事）しか掴ませてもらえなくなっているんです。中には「釣り記事」と言われるように、特定の場所にだけお金が落ちる構造になっているものも多くあります。知識量の多寡に差がなくなり、皆一様に何でも知っているけれど、笑ってしまうくらい「わかりやすい」人間になっているようにも思えます。

また、通信販売大手のアマゾンのような仮想の「密林」（彷徨《さまよ》う可能性をもつ）が登場したことで、実店舗としての書店が消える（物理的な「場」の喪失）という切実な問題もあります。旧来の新聞や本といった紙メディアの利点は、無駄な情報に出会えるところにありました。電子辞書と紙の辞書の違いは確かにあります。見るつもりのなかった隣の語句に目が移り、また別の語句を調べていき、知識の森に分け入っていく（wikipediaでもリンクをたどってどんどん調べていけば、それはそれでよいのです）……あるいは新聞なら朝じっくり読んで、職場や学校でそれについて誰かと話をし、再び考え直し、自分なりに咀嚼《そしゃく》した深い考えを構築することができました。しかし、現代人にとっての「現在」は、言うなればヤフーのトップニュースです。それが一日に何度も更新されるとともに、「現在」は更新されていきます。誰かと話し合ったり、咀嚼する暇もなく、膨大なニュース（「NEW」の複数形）の波にのみ込まれていく……私たちは思いのほか忘れっぽくなってきてもいるんです。2011年の東日本大震災やその後の痛ましい津波の被害も、5年もたてばすっかり忘れられてしまいます。政治家は私たちの忘れっぽくシンプルで手なずけやすいデジタルな特性をよく知っています。「キャッチフレーズ政治」もその一つですし、政治家の不祥事などがおこると、地検を動かして目を付けていた芸能人を覚せい剤取締法違反で逮捕する……というお決まりのパターンも目に付きます。トップニュースが変われば世間を揺るがす政治家の不祥事だってアッという間に忘れ去られてしまうんです。

新聞の感想を生徒に書いてもらう授業も長らく続けていますが、新聞を取っていないご家庭も増えています。その場合はインターネットの記事を選んできてもらうのですが、各社が配信するニュース記事は一様に短いんです。無料で読めるものはプレスリリースや時事通信社や共同通信社の速報などが多く、長文の解説や独自取材の記事は有料になっているからです（海外の新聞社では短い記事をAIで生成する事例もある）。また、個人のブログやまとめサイトではアクセス数を増やすために長い文章を避ける傾向にあります。このような状況では残念ながら、様々な論点を咀嚼し、比較した上で自分なりの深い思考を育むのはほぼ不可能に近いでしょう。

現在進行中の日本の教育改革では、2018年3月に公示された新学習指導要領にみられるように知識の活用が強調されています。ただ知識を覚えるだけではなく「使える知識」を、という発想です。ここには「丸暗記で1点刻みのテストを潜り抜けてきただけで実社会では使えない東大生」といった、果たして現実に存在するのかよくわからない（存在したとしても少数派であろう）人たちが念頭に置かれているようです。役人というより政治家や財界人主導で改革が進んでいることからすると、正直東大や京大に入れなかった人たちのルサンチマン

（怨恨《えんこん》）や民間へと利益誘導する規制緩和の産物のように思える部分もあります。こうした実用主義的発想は、後に紹介する功利主義やプラグマティズム（結果の重視）の流れを汲んでいます。誤解を恐れずステレオタイプ的にいえば、理論（プラトン）より実践（アリストテレス）という発想です。

新自由主義者が称揚する「アクティブ・ラーニング」という対話的手法の導入もうたわれ、現在の教育現場では、その布教者が急増しているところです（既存の一斉授業を全否定する雰囲気もあり、厄介である）。もちろん話を聞くだけの授業よりも話し合う授業の方が、生徒の満足感につながると思うのですが、浅い知識で話し合っても「知」の深みにはたどり着けず、ただの雑談になってしまう可能性があります。個人的には、師と仰ぐ優秀な先生方から刺激的な一斉授業を受け、授業中もアタマの中で縦横無尽に思索し、家や図書館で本を読んではその知識を深めていました。既存の座学の授業でも自らの思索を深める問いかけがなされていれば、十分にアクティブな学習なのです。資料集や教科書、インターネットなど参考書に毛が生えた程度の知識を自分で読み込み、仲間達と教え合い、論じ、発表する授業だけで同様の知的刺激を受けられるかどうかは疑わしいと思います。

また、相手を否定することのない自由な哲学対話の場が生まれない限り、周囲や教員の顔色をうかがって（空気を読んで）求められる答えを探すだけの議論になって終わるでしょう。「何を言ってもよく、どんな発言があったとしても相手を受け入れる」という哲学対話の場が存在し得ないことこそが旧来の日本社会の窮屈さであり、これは今後改善していけるはずです。

いずれにしても、重要なのは知識とその活用のバランスです。インプットあってのアウトプット、深い学びに達するためには丸暗記も無駄ではないと私は思います。博覧強記の知識を有機的に繋ぎ合わせた深い「知」こそが、今も昔も世界を動かしているのです。人間はもはや処理能力ではＡＩ（人工知能）にかないません。既にビジネスの現場では、ヒューマンな人間性よりも処理能力や機械の世話にたけた人が「数値的に」評価される傾向が見受けられていますが（動機・プロセスより結果の重視）、機械の世話をすることだけが人間の仕事であるような社会にだけは決してなってほしくないものです。それに、処理能力だけが求められる人間の仕事は、早晩淘汰されると思います。そうなると最終的には、「人間とは何か」という33章の問いに再び舞い戻っていくのです。「知の形はどうあるべきか」という問い……それは「人間としてどうあるべきか」という問いと重なり合うのです。ＡＩには文章を正確に読んで推論・イメージすることやクリエイティビティに越えられない高い壁があるようです。「知」の形の今後に思いをはせると、人文知においては、アナログかつ人間的な古典的書物に再び立ち返り、バラバラに点在した「知」をつなぎ合わせるその不断の営みを蘇らせてこそ、現代の「ルネサンス」が訪れると信じているのですが、皆さんはいかがお考えでしょうか。

注

＊1　カント自身は「理性」ではなく、「悟性」という言葉を使っている。
＊2　カント『永遠平和のために』(『永遠平和のために／啓蒙とは何か　他3編』中山元訳、光文社、２００６年)。
＊3　福沢諭吉『学問のすすめ　ほか』(中央公論新社、２００２年)。
＊4　１８８４年の華族令により、公爵・侯爵・伯爵・子爵・男爵という五つの爵位が叙された。
＊5～7　モンテスキュー『法の精神』(『世界の名著28』)(井上堯裕訳、中央公論社、１９７２年)。
＊8　ヴォルテール『哲学辞典』(『世界の名著29』)(高橋安光訳、中央公論社、１９７０年)。
＊9　ヴォルテール『寛容論』(中川信訳、中央公論新社、２０１１年)。
＊10　中川信の解説によると、外部の侵入者による他殺説、あるいは、キリスト教国で許されなかった自殺をカラス一家が他殺と見せかけた可能性もある(ヴォルテール『寛容論』中川信訳、中央公論新社、２０１１年)。
＊11　ダランベール『百科全書序論』(『世界の名著29』)(佐々木康之訳、中央公論社、１９７０年)。
＊12　ダランベール『人間の知識の系統図』(ディドロ、ダランベール編『百科全書―序論および代表項目―』桑原武夫訳編、岩波書店、１９７１年)。
＊13　ディドロ『ダランベールの夢　他四篇』(新村猛訳、岩波書店、１９５８年)。

47章　カント

ドイツ観念論の祖

いよいよ18世紀の最も偉大な哲学者**イマニュエル・カント**（Immanuel Kant）［1724―1804］です。経験論と合理論に存するそれぞれのもやもやを批判・統合した人物です。日本の道徳の授業もカント的に作られていますし、国際的な平和維持機構である国際連盟（現在の国際連合の前身）の生みの親でもありました。英国やフランスで啓蒙思想の旋風が巻き起こったのに対し、封建制度が残存し、政治的に遅れていたドイツでは、外面的・政治的な改革ではなく、内面的・道徳的な改革がおこります。いわば「心（精神）の革命」です。この思潮を**ドイツ観念論**（**ドイツ理想主義**）といいます（「ドイツ観念論」は新カント派が名付けたある種の蔑称だった）。観念論は「物質より精神」を世界の根源と考える立場で、「観念」とはプラトンのいう「イデア」「理想」のことでした。ドイツ観念論の祖はカントで、**ヨハン・ゴットリープ・フィヒテ**（Johann Gottlieb Fichte）［1762―1814］[*1]、**フリードリヒ・ヴィルヘルム・ヨーゼフ・フォン・シェリング**（Friedrich Wilhelm Joseph Schelling）［1775―1854］[*2]と続き、ヘーゲル［1770―1831］がそれを完成させます。ところで明治の日本は大日本帝国憲法（明治憲法）制定にあたって、欧州で政治的に遅れていたプロイセン（ドイツ）憲法（君主権によって制定された欽定《きんてい》憲法）を参考にするんですね。日本はどれだけ世界から遅れていたのか、という話になります。

カントが生まれたのはプロイセンのケーニヒスベルク、現在はロシアの領土内のカリーニングラードです。馬具職人の息子として生まれ、生涯町を出たことはなかったというほどの地味で慎ましい学究肌の人生を送りました（敬虔《けいけん》なプロテスタントの両親に育てられた環境もあった）。猫背だったようで、猫背の私はちょっとシンパシーを感じてしまいます。大学ではライプニッツ［1646―1716］やニュートン［1642―1727］を学びました。30代で大学の私講師となり、46歳の時にケーニヒスベルク大学教授に就任します。とにかく真面目を絵にかいたような人で、起きてから寝るまで、時間通りの規則正しい生活を送りました。午後3時半には必ず決まったコースで散歩に出たそうです。近所の人はそれを頼りに時計の時間を合わせていた……なんていうエピソードもあります。しかしある日、カントが散歩に現れず、近所の人がざわついたのですが、その日カントはルソー［1712―1778］の『エミール』を読み耽《ふけ》っており、散歩をすることすら忘れていたのでした。散歩を忘れるくらいカントを夢中にさせたルソーの『エミール』……思わず読んでみたくなりますよね。

難解なカント

カントの哲学書、というと難解な哲学の代名詞のようなところがあります。戦前戦後の哲学というと、ドイツ思想が日本では人気がありました。マルクス［1818―1883］をドイツ思想に含めるならその影響力はさらに甚大ですし、そもそも明治日本はドイツを近代化の参考とし、官僚養成機関だった東京帝国大学にはカント・ヘーゲル思想の講座が設置されていたのでした。京都帝国大学では西田幾多郎《きたろう》［1870―1945］一派が、ドイツ思想と仏教思想を重ね合わせました。戦後も平和主義の文脈でカントが再評価されています。しかしカントの本は難しい、という印象はいまだ免れません。難解な訳語の問題もあるので、新訳や解説書もかたわらに置きつつ、読み進め

カント

るのがいいかもしれません。代表著作は、「人は何を知り得るのか（認識論）」を論じた『**純粋理性批判**』*3、それがわかった上で「人は何をなすべきか（道徳論）」を論じた『**実践理性批判**』、そして、「美的判断（趣味判断）とは何か」などを論じた『**判断力批判**』という「三批判書」です。ドイツの哲学者ハーバーマス［1929－　］は、議論（討議・批判）には「理論的」（真理の妥当性を求める）・「道徳＝実践的」（正しさの妥当性を求める）・「美的」（主観的な誠実さを求める）という3つのタイプがあることを指摘していますが、これもカントの「三批判書」のテーマ同様、真・善・美に対応しています。『純粋理性批判』には「すべての理性的な（ア・プリオリな）学のうちで、数学だけが学習せられ得る。これに反して哲学は、（それが歴史的認識でない限り）決して学習せられ得るものではない。哲学においては、理性に関する事柄をせいぜい哲学的に思索する（philosophieren）ことが学ばれ得るだけである」*4という有名な一節も含まれていました。先述しましたが、「哲学」とは「哲学」を学ぶことにあらず、「哲学する」ことである……という話です。国連のアイデアを記した『**永遠（永久）平和のために**』も不朽の古典として親しまれています。

神、正義、自由……は五感で認識できない

先ほど「批判」と言いましたが、これは「理性」の能力を「吟味・検討」するという意味です。「非難する」といった意味ではありません。果たして人間の「理性」によって、どこからどこまでが認識可能で、どこからどこまでが認識不可能なのか……これを「吟味・検討」したのです。もちろん、認識不可能なものはどう取り扱うべきか、無視してよいのか、という話も出てくるわけです。いま「理性」といいましたが、カントは人間の「理性」

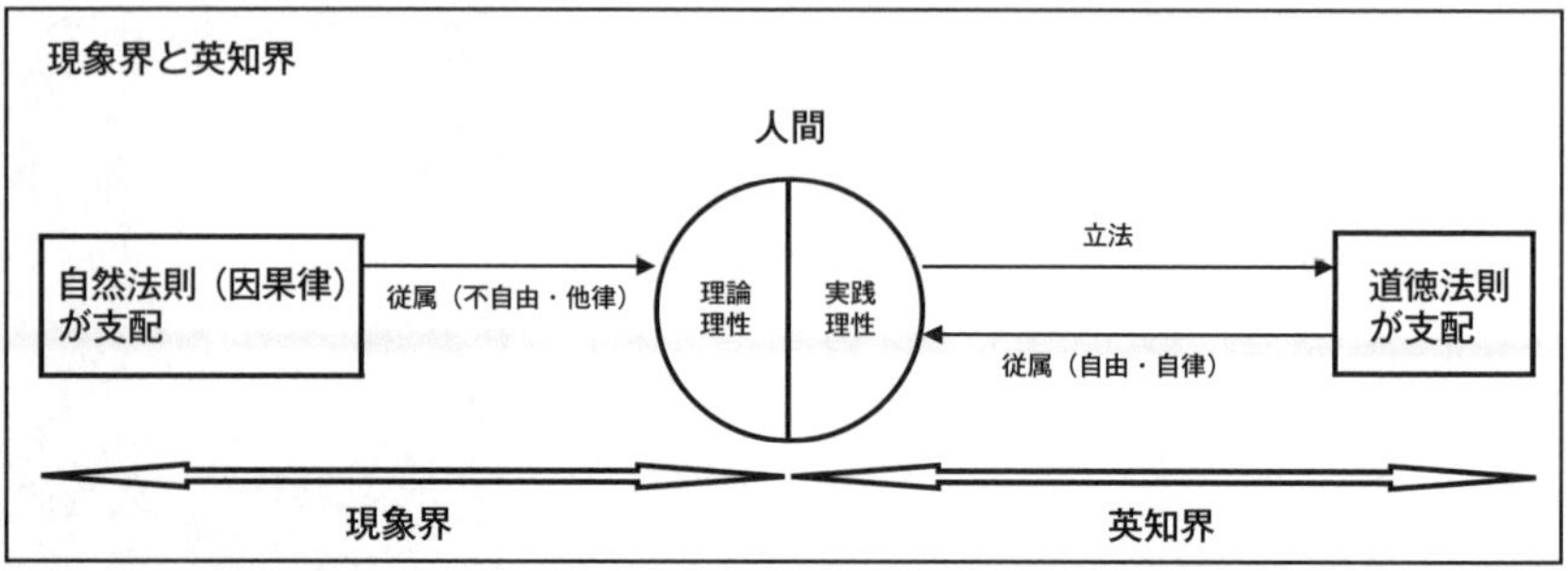

を2種類に分けています。1つは理性的な認識をつかさどる「**理論理性**」、これは目・耳・鼻などの五感で認識可能な**現象界**を扱う「理性」です。もう1つは実践的な（行為における）認識をつかさどる「**実践理性**」、これは現象界を超える**英知**（**叡智**）**界**を扱う「理性」です。英知界とは、神・正義・自由・魂・善……といった、目で見ることも、耳で聞くこともできないものの世界です。カントは理論理性では英知界は認識できない、と言いました。これは何気ないようで、すごいことを言っています。神・正義・自由……などは私たちの五感では認識できない、と言い切ったのです。今まで数多《あまた》の哲学者たちが「神とは何か」「正義とは何か」「自由とは何か」を考え、それを「認識」しようとしてきました（「神の存在証明」までやった人もいた）。しかしここで、アリストテレス以来の約2000年にも及ぶ認識論（形而上学）の議論を「そんなことはできません！　時間のムダでした！　残念！」ときっぱり、ばっさり、切り捨てたのです。これを言い切ったことでカントは18世紀の最も偉大な哲学者となったのです。

ここで「理性」とは何か、についても簡単にまとめておきましょう。「理性」はラテン語で「ratio」（古代ギリシアの「logos（ロゴス）」の意味を引き継ぐ訳語）、英語では「reason」、ドイツ語では「Vernunft」といいます。一般的に「理性」は「感性」と対置されるもので、「知性」や「精神」と重なり合う意味をもちます。古代ギリシアにおいて、秩序だったコスモス（宇宙）としての世界を人間に備わるロゴス（理性）によって把握し、ロゴス（言葉）によって語る営みが始まったことは既に触れました。中世になるとスコラ哲学によって「感覚［sensatio］」「論証知［ratio］」「理性知［intellectus］」

という序列が生まれます（「理性知」が高次とされた）。中世スコラ哲学において神の言語だったそのラテン語をドイツ語に翻訳する際、カントは「論証知［ratio］」を「理性［Vernunft］」、「理性知［intellectus］」を「悟性《ごせい》［Verstand］」と訳し、再び古代ギリシアの伝統に則って「理性［Vernunft］」を高次に置き直しました。ちなみに英国では「理性知［intellectus］」が神から切り離された人間知性である「悟性（知性）［understanding］」と訳され、経験論の基盤となりました。

独断のまどろみから目覚める

近代哲学には神に遠慮せずに真理探求する２通りの方法がありました。経験論と合理論です。しかしそれらの主張には、何とも納得のいかないもやもやが残ったのでした。カントはそれらを批判・統合します。そもそもカント自身は合理論者でした。しかしヒューム［1711－1776］の懐疑論に接し、「**独断のまどろみから目覚めた**」*5といいます。ヒュームは近代科学の「原因」→「結果」という因果律を疑う懐疑論を説きました。*6現象は知覚できる一方で、因果律を目で見て確かめることはできないからです。習慣的な連想に基づく信念から「原因」だと思い込んでいるだけかもしれないのです。確かにな……とカントは思うわけです。とはいえ、５回同じだった実験「結果」も、６回目は違う「結果」が出るかもしれないとなると、科学実験の確からしさが担保されなくなってしまいます。あるいは、「１＋１＝２」すら習慣的な連想に基づく信念だ、というのはやはり変です。それに人間は「原因」→「結果」という因果律的な思考をもつ生き物であるようにも思います。一方の合理論も、万人に備わる「理性」を正しく用いれば真理にたどりつけるといいましたが、果たして「理性」の能力は万人共通なのか、という疑問が残ります。これを、独断論（ドグマティズム）かもしれない、と思ったカントは「独断のまどろみから目覚めた」のです。

カントが考えた認識の「フォーム（形式）」

カントによれば、人間は、経験に先立って生まれながらにもつ**アプリオリ**［a priori］（先天的）*7な能力があるのだといいます。一つは経験論的な能力である「**感性**」、そしてもう一つは合理論的な能力である「**悟性**」です。それでは、私たちの「事物認識のアプリオリなフォーム」を例を挙げて見ていきましょう。まず「感性」により「時間・空間」という形式で現象を捉えます。例えば五感（視覚）により、目の前をヒラヒラっと飛ぶものを捉えたとします。これが「**直観**」という働きです。そしてその捉えたものを、今度は「悟性」により**カテゴリー**において瞬時に分析・判断します。この働きを「**思惟**《しい》」といいます。そのカテゴリーは大きさ（そんなに大きくはなかった）、形（ハエではなかったな）、色（白かった）、飛び方（虫であることは確かで、ヒラヒラ飛んでいた）、そしてヒュームが否定した因果律（暗い物置ではなく、ここはお花畑だから、蛾《が》ではない）もそこに含まれます。最後は現象界を扱う**理論理性**により「白い蝶だ」と認識されるわけです。さらにそうして認識された現象は、個々人によって「綺麗な白い蝶だ」などと判断されることになるのです（これは「**趣味判断**」の領域）。

カントは、こうした一連の認識のフォーム（形式）はアプリオリ（先天的）であると考えました。つまりAさんも、Bさんも、Cさんも……大体同じ色眼鏡（事物認識の先天的な形式）で、同じ物を眺めているわけですから、共通の認識に辿《たど》りつくことができるということです。これを明らかにしたことで、近代科学の確からしさが担保されることになったのです。ヒュームが疑った科学実験の「結果」も、それぞれ同じ色眼鏡をかけて実験をした「結果」ですから、信用してもよいことになりました。「当たり前じゃないか」と思うかもしれませんが、このカントの仕事により科学という方法論に付きまとう疑念が取り去られ、大手を振って科学研究に邁進《まいしん》できるようになったのです。

「認識が対象に従うのではなく、対象が認識に従う」

> 我々はこれまで、我々の認識はすべて対象に従って規定されねばならぬと考えていた……そこで今度は、対象が我々の認識に従って規定せられねばならないというふうに想定したら、形而上学のいろいろな課題がもっとうまく解決されはしないかどうかを、ひとつ試してみたらどうだろう。（『純粋理性批判』第二版序文）*8

ちなみにカントは「認識」とは「客観［object］」的な事物（**物自体**《ものじたい》［thing in itself］）を受動的に捉えることではなく、「客観」的な事物は捉えられないが、同じ色眼鏡（事物認識の先天的な形式）で眺める「主観［subject］」によって能動的に対象を構成すること、つまり「**認識が対象に従うのではなく、対象が認識に従う**」のだと考えました。これは、伝統的な認識論を覆す「**コペルニクス的転回**」（コペルニクスの地動説が天動説を覆したことになぞらえて）でした。「認識」のメインは対象ではなく、能動的な認識作用にある、ということです。ちなみに「物自体」というのもカント独特の用語です。目の前のコップは、私たちの事物認識の先天的な形式、つまり人間共通の生まれつきの認識作用によって能動的に捉えられることにより、コップとして現前しています（先天的な感性により「時間・空間」という形式で捉えられたのがコップという現象）。私たちの認識作用を取り去った、「時間・空間」を通さないコップそのもの自体（物自体）は認識できないのです。目をつぶればコップは見えなくなるのですから、私たちの「認識」の色眼鏡を取り去ったコップの「物自体」というものは、神様がもしいるのなら、神様にしか認識できないものです。私たちの現象界を扱う理論理性は、英知界やそこに属する物自体を認識することもできないのです。

道徳法則を打ち立てる

もう一度整理してみましょう。私たちが理論理性で認識できるのは感性で捉えることのできる現象界だけです。この五感で捉えられる現象界だけが、自然科学で合理的に把握し得る領域……ということになるでしょう。「事物認識のアプリオリなフォーム」で捉えれば――先天的な色覚異常などがなければ――、誰しもが普遍的な認識にたどりつくことができるのです。

一方、英知界に属する神・正義・自由・魂・善……これを理論理性で認識することはできないことが明らかになりました。「神がいるか、いないか」「世界に始まりはあるか（有限か）、永遠か（無限か）」（この「ある・ない」問題のように、2つの命題が同様の妥当性をもちつつ矛盾し、両立しないことを**二律背反**（**アンチノミー**［antinomie］）という）「人間の魂とは何か」……哲学の世界ではこうした問いを立て、それを理論理性で認識しようと頑張ってきたわけですが、そうした終わりなき議論にとどめを刺したのがカントです。では「神とは何か」「自由とは何か」「善とは何か」……こうした議論は全くもって無駄だったのかというと、そんなことはありません。五感で認識できず理論理性で扱えないだけの話で、**実践理性**の範囲で扱う重要な問題だとカントは考えました。つまり、近代社会の主人公であるところの主体的な人間が、認識することはできない自由や正義や善悪について考え、自ら道徳的な法則を打ち立てる必要があると考えたのです。英知界の領域は認識できないけれど、考えることはできる、ということです。理論理性の領域である自然科学に対し、行為に関わる実践理性の領域としての道徳の問題が立ち現われてくるのです。

現象界（理論理性の範囲）は「自然科学の法則」（因果律）が支配する世界です。感性的存在である私たちは「自然科学の法則」に従属する「不自由」な存在です。それに対して、英知界（実践理性の範囲）は「**道徳法則**［moral law］」が支配する世界です。「理性」的存在である私たちは道徳法則に従属する存在ですが、その道徳法則を打ち立てたのは自分ですから、その意味で「自由」であり「自律」していることになります。英知界は道徳法則が支配する実践理性の範囲ですが、これは**義務**（**実践理性の声**＝良心）に従い、善をなそうとする**善意志**《ぜんいし》に基づく、あるべき「理想」の世界です（カントは「ドイツ観念論（ドイツ理想主義）」の祖）。善意志とは人間の理性に備わった、純粋に善をなし、不完全を完全にしたいと思う意志のことです。これはいわゆるソクラテス［B.C.470?―B.C.399?］、プラトン［B.C.427―B.C.347］から受け継がれる一種の性善説です。確かに人間は、欠けた円を見たら、「完全な円にしたい」と思うでしょうし、漢字の線が一本足りなければ「書き足して完全にしたい」と思うでしょう。カントは、道徳の根拠にキリスト教色のない、人間の「理性」を置いたのです。[*9] キリスト教道徳ではなく、カント道徳が日本の道徳の下敷きに成り得たのは、そういう理由です。カントは道徳の基準を目的や結果ではなく、善意志に基づいているか、という「動機」に求めました。こうした倫理を「**動機主義**」といいます（「動機」よりも「結果」を重視するのが「**帰結主義**」）。

「どんな場合でも、お年寄りに席を譲りなさい」

その行為が、単に何か他のもののために手段として善なのであるならば、その命法は仮言的である。その行為が、それ自身において善である、と考えられ、したがって、本性上理性に従うところの意志においてそういう意志の原理として必然的である、と考えられるならば、その命法は定言的である。（『人倫の形而上学の基礎づけ』[*10]）

ではカントが考えた道徳法則とは、どのようなものだったのでしょうか。超高齢社会になり、公共の交通機関でお年寄りを見かける機会も増えました。「お年寄りに席を譲りなさい」という道徳があったとします。「〜の場合には、お年寄りに席を譲りなさい」という「条件付きの命令」を「**仮言命法**《かげんめいほう》」といいます。「周囲から褒められたければ、お年寄りに席を譲りなさい」「後でアイスを買ってあげるから、お年寄りに席を譲りなさい」「怒られたくないなら、お年寄りに席を譲りなさい」……子どもにこう説いた場合、これは道徳法則になりうるでしょうか。結果的にはお年寄りに席を譲っているわけですから、「適法性」はあるのですが、道徳とは言い難い（「道徳性」はない）のではないでしょうか。

「怒られたくないなら、お年寄りに席を譲りなさい」……お年寄りに席を譲ったほうが、後で怒られることもないし、このまま座り続けているより幸福だ[*11]、と天秤にかけるなんて、あまりにも打算的ですよね。ただ、ついついこんな怒り方をしてしまう親御さんはいるかもしれません。さて、そうなると道徳法則足りうるのは「どんな場合でも、お年寄りに席を譲りなさい」という「無条件の命令」ということになります。これを「**定言命法**《ていげんめいほう》」といいます。「ジュースを買ってあげなくても、褒められなくても、お年寄りに席を譲る」……これこそが道徳法則足りうる（「道徳性」がある）のです。確かに保護者や学校の教員が子どもや生徒に説教するときも、基本的にはこの定言命法で道徳を説いています。学校の道徳の教科書も同様です。「周囲から褒められたければ、お年寄りに席を譲りなさい」とは書いていないはずですから、厳格なカント的道徳です。

自律の意味

でも、定言命法だったとしても「どんな場合でも、やられたらやり返しなさい」というのは果たして道徳になりうるでしょうか。「目には目を、歯には歯を」というハンムラビ法典のような復讐法《ふくしゅうほう》は、万人が納得する道徳にはなり得ない気もします。つまり道徳の内容も妥当でなければならない、ということです。カントは「汝《なんじ》の意志の格率《かくりつ》が、常に同時に普遍的立法の原理として妥当しうるように行為せよ」[*12]と言っています。ちょっと難しい言い回しですが、「汝」は「あなた」、そして「格率」は「マキシム［maxim］」、つまり「個人的な行動原則」のことです。その個人的な行動原則が、万人に普遍的に妥当するように行動しなければいけない、ということです。つまり、「朝8時を過ぎて起床した場合は、1限の授業を休む」というAさんの格率（個人的な行動原則）があったとします。これは、Aさんにとっては妥当かもしれませんが、多くの人は「単位が修得できないと困る」と考えるでしょうから、普遍的に妥当する行動原則とは言い難いわけです。よって道徳法則足り得ない、ということになります。

道徳的行為を意志するのは英知界を扱う人間の実践理性です。つまり定言命法に基づく道徳法則を自らの実践理性により打ち立てて、自らがそれに従う……そういう意味で人間は「**自由**」であり「**自律**［autonomy］」しているといえるのです。「**他律**［heteronomy］」というのは他人の作った道徳法則に自らが従うことです。学校の教育目標にしばしば「自主・自律」という言葉がありますが、この「自律」の意味を理解している人は生徒にも教員にも少ないと思います。学校の校則を生徒がただ守っているだけ（「～してはいけないから、しない」）なのは「自律」ではなく「他律」です。学校の校則があったとして、それを受け止めた上で、生徒自らの実践理性で道徳法則を立法し、自らがそれに従う……それができて初めて「自由」であり「自律」しているということです。

目的の王国

「自由」で「自律」的な人間の人格は、近代の機械論的自然観に基づき、決して「モノ」として扱われるようなことがあってはなりません。

汝の人格の中にも他のすべての人の人格にもある人間性を、汝がいつも同時に目的として用い、決して単に手段としてのみ用いない、というようなふうに行為せよ。（『人倫の形而上学の基礎づけ』）[*13]

人間の人格や、人格における人間性を「目的」として尊重し、「手段」として扱ってはならない……ここで「手段」といっているのは、自分のための利己的な道具として他人を扱うことを指します。「ノートを貸してくれる、使える友達」「校内の購買で菓子パンを買いに行ってくれる友達」……これらは「手段」（道具）として他人を扱っている事例です。合理的な社会になればなるほど、他人を「手段」として扱ってしまうことがあるんです。言われてドキッとした人がいるかもしれません。それに対して「目的」として扱うとは、その人自体に絶対的な価値を見出すことです。ノートも貸してくれないし、菓子パンを買いに行ってもくれないけれど、かけがえのない、大切な友達……これが人格を「目的」として扱うということです。結婚相手にもそういった側面があるのではないでしょうか。もちろん金銭的に豊かな生活をもたらす「手段」として結婚相手を捉えている人もゼロではないかもしれません。ただ、「お金はそれほど稼いでくれないけれど、だらしないけれど、好きだから結婚する」……つまり結婚相手を「目的」として扱っているからこそ結婚生活が続くのではないでしょうか。

カントはこの理想を国際社会に適用させました。カントは「**目的の国**」を作ろうとしたのです。お互いがお互いを「手段」としてではなく、かけがえのない大切な「目的」として尊重する国であり国際社会……この理想を提起したのが『**永遠**（**永久**）**平和のために**』[*14]です。カントは「常備軍（miles perpetuus）は、時とともに全廃されなければならない」と説き、戦争を防止する平和連合の創設を訴えました。それから120年あまりを経た第一次世界大戦（大量破壊兵器が導入されたため膨大な戦死者を出した、人類初の世界戦争）後の1920年に国際連盟［League of Nations］という形で、その理想が結実しました。残念ながら国際連盟は言い出しっぺの米国をはじめ主要国が不参加となり（日独伊は脱退し、ソ連は除名された）、軍事制裁もなく、理事会が全会一致制を採っていたことなどの不備がみられ、第二次世界大戦を防ぐことができませんでした。その反省の下に作られた戦後の国際連合［United Nations］は、幾つかの問題点はあるにせよ——第三次世界大戦がまだおこっていないことからすると——一応機能しているといってもよいでしょう。国連総会では大国も小国も「一国一票」の原則が適用されており、ここにもカントの、一国を「目的」として尊重するという理想が体現されています。

理想と現実のギャップ

しかし現実を見れば、理想とのギャップに目を背けたくもなります。例えば日本にとって最も重要な同盟国である米国は、今まで果たして日本を「目的」として扱ってきたのでしょうか。世界の警察になりたい米国です。東アジアの安定のため、思いやり予算で米軍基地を置かせてくれる日本を「非常に使える国だ」と考えてきたのではないでしょうか。一方の日本も第９条（この条文もカント的）という重しにより「自衛隊」を「軍隊」と位置づけられない中で、核の傘で日本を防衛してくれる米国は「実に使える国だ」と思ってきたのではないでしょうか。カントの優等生的・学級委員的な道徳は、確かに宗教色もなく、万国に受け入れられる道徳足り得ていますが、「皆にそれが守れるか」と問われれば、難しいと言わざるを得ません。現実問題として、人助けのために嘘をつかなくてはいけない状況だってあるでしょう。「理論と実践」「プラトンの理想（イデア）主義とアリストテレスの現実主義」の対立がここにも見えてきました。つまり、カントの「目的の国」のような「理想」は崇高な「観念」、つまりプラトンの「イデア」のごときものなのです。*15 現実がどうあるにせよ、そうした暗い現実を常に照らし、導いてくれる天上の存在なのです。近代の理性やそれに基づく普遍理念はこの後、現代思想によって非理性の観点から批判され、現在に至ります。しかし人間は理性的であるという大前提が揺らいだとはいえ、感情に揺さぶられ過ちを犯す人間を導いてくれる天上の理想は、これからも必要であるように思えるのです。では最後に、カントの墓碑銘ともなった、『実践理性批判』の結語を紹介して本章を締めくくりたいと思います。

> ここに二つの物がある、それは――我々がその物を思念すること長くかつしばしばなるにつれて、常にいや増す新たな感嘆と畏敬の念とをもって我々の心を余すところなく充足する、すなわち私の上なる星をちりばめた空と私のうちなる道徳的法則である。（『実践理性批判』）*16

注

*1 ドイツ観念論の哲学者フィヒテは、カントのいう実践理性の優位を継承し、認識の対象（非我）は自我（実践的主体としての事行）が生み出したものであるとする主観的観念論を説いた。非我は自我の生み出したものだと考えたことでカントの物自体は否定された。フィヒテはフランス支配下のベルリンで行った憂国の教育論『ドイツ国民に告ぐ』でも知られている。

*2 カント、フィヒテ、スピノザ、ライプニッツの影響を受けたドイツ観念論の哲学者・シェリングは、自然と精神・主観と客観の根底に絶対者を置く同一哲学を説いた。ヘーゲルはその絶対者を「闇夜にはすべての牛が黒い」という諺《ことわざ》の、闇夜のようなもの」として批判している（ヘーゲル『精神現象学　序論』（『世界の名著35』山本信訳、中央公論社、1967年）。本質に対する実存の優位を主張するシェリング後期の積極哲学（本質を問題する消極哲学に対し）は実存主義の先駆ともなった。とはいえシェリングが強調した実存は人間というより神のそれだった。シェリングは神と、神の実存の根底にある自然「神自身のうちにおいて神自身でないもの」を区別し、両者は統合されず対立があると考えた。この対立から、絶対的な神の被造物である人間の悪をなすという自由の可能性が現れてくるのである（シェリング『人間的自由の本質』西谷啓治訳、岩波書店、1975年）。

*3 「知識は権威や伝承によって与えられるのではなく人間自身の経験と知性によって発見すべきものとなると、これを確実にするために人間自身の認識能力の反省、吟味から再出発せねば」ならなくなり、「ロックは『人間悟性論』を、バークリーは『人間的知識の原理』を、スピノザも『知性改善論』を、ライプニッツも『人間悟性新論』を書いて、伝統的な形而上学の転覆を企図し、カントは全認識論の決算をしてこれを回復する『純粋理性批判』を書いた（下村寅太郎『来たるべき時代の設計者』（『モナドロジー　形而上学叙説』中央公論新社、2005年）。

*4 カント『純粋理性批判（下）』（篠田英雄訳、岩波書店、1962年）。

*5 「私は正直に認めるが、デヴィッド・ヒュームの警告がまさしく、数年前にはじめて私の独断的まどろみを破り、思弁的哲学の分野における私の探究にまったく別の方向を与えたものであった。といっても、私はけっして彼の結論についてヒュームに耳を貸さなかった」（カント『プロレゴーメナ』）（『世界の名著32』土岐邦夫・観山雪陽訳、中央公論社、1972年）。

*6 とはいえ、「じっさいカントは、ヒュームの要求が、因果律を「神、自由および（魂の）不死」という形而上学のテーマに適用するのを拒むこと以外ではなかった、とはっきり述べている」（石川文康『カント入門』筑摩書房、1995年）。

＊7　先天的な「アプリオリ」な認識に対し、経験的・後天的な認識の源泉を「アポステリオリ［a posteriori］」という。
＊8　カント『純粋理性批判（上）』（篠田英雄訳、岩波書店、1961年）。
＊9　カントは啓示宗教としてのキリスト教の中にある理性宗教としての本質を明らかにする『宗教論』を執筆するが、発禁処分を受けて宗教的発言を禁じられている。ちなみにカントは徳と幸福が一致することを最高善と呼んだ。しかし、どんなに徳を積んでも幸福になれないのは「わかっちゃいるけど、やめられない」人間の根源悪である。そうなると、この世での最高善は実現不可能であり、道徳法則に合致するためにはこの世を超えた無限のチャレンジを行う必要がある。よって理性は魂の不死を要請（信仰）するのである。さらに、徳と幸福の一致を可能とするためには、理性によって神の存在が要請（信仰）され、道徳は必然的に宗教に至る。
＊10　カント『人倫の形而上学の基礎づけ』（『世界の名著』32）（野田又夫訳、中央公論社、1972年）。同書は『道徳形而上学原論』（篠田英雄訳、岩波書店、1976年）としても訳出されている。
＊11　カントは、幸福という結果を得る手段としてお年寄りに席を譲るのは、道徳的ではない、と考えた。「創造者の唯一の目的は、人間の道徳性だけでもなければ、また幸福だけでもなくて、世界において可能な唯一の最高善——すなわちこの両者の一致と調和とを旨とするところの最高善にほかならない」。幸福という結果としての利益を得るための行為ではなく、最高善を実現させる行為が道徳的であり、その最高善に幸福は随順するということである（カント「理論と実践」）（『啓蒙とは何か　他四篇』篠田英雄訳、岩波書店、1974年）。
＊12　岩波文庫版では「君の意志の格率が、いつでも普遍的立法の原理として妥当するように行為せよ」と訳出されている（カント『実践理性批判』波多野精一・宮本和吉・篠田英雄訳、岩波書店、1979年）。
＊13　カント『人倫の形而上学の基礎づけ』（『世界の名著』32）（野田又夫訳、中央公論社、1972年）。
＊14　カント『永遠平和のために』（宇都宮芳明訳、岩波書店、1985年）。
＊15　しかしカントはただの理想主義者だったわけではない。『永遠（永久）平和のために』では、サン・ピエールの空想的な永遠平和論を実現可能な形で論じて見せたし、「権力の所有は、理性の自由な判断をどうしてもそこなうことになる」ため、「国王が哲学することや、哲学者が国王になることは期待されるべきことではな」い、とプラトンの哲人政治の理想を批判してもいる（カント『永遠平和のために』宇都宮芳明訳、岩波書店、1985年）。とはいえ、国家が哲学者に耳を傾けさえすればいい、というカントの言葉が、現代社会に照らしてみると理想主義的に聞こえる、という皮肉も成り立つが。
＊16　カント『実践理性批判』（波多野精一・宮本和吉・篠田英雄訳、岩波書店、1979年）。

48章 ヘーゲル

馬上の世界精神を見た

ドイツ観念論の完成者とされるのが**ゲオルク・ヴィルヘルム・フリードリヒ・ヘーゲル**（Georg Wilhelm Friedrich Hegel）［1770―1831］です。ヴュルテンベルク公国（現ドイツ）のシュトゥットガルトに生まれ、チュービンゲン大学神学部時代にはシェリング［1775―1854］（後にヘーゲルは『**精神現象学**』で彼の哲学を批判する）や詩人ヘルダーリン［1770―1843］と交友を深めました。在学中におこったフランス革命に熱狂してもいます。イエナ大学講師時代にナポレオン・ボナパルト（Napoleon Bonaparte）［1769―1821］がイエナに侵攻し、大学も閉鎖の憂き目に遭いました。しかしヘーゲルはそのナポレオンを「馬上の世界精神を見た」と感激して迎え入れました。[*1] 48歳の時には、フィヒテ［1762―1814］の後を継いでベルリン大学教授に就任しています。大衆哲学という形で哲学を啓蒙しようと考えていただけに、とにかく講義が面白かった人です。『**歴史哲学講義**』という講義録がありますが、その語り口は今も読んでいるだけで引き込まれてしまう程です。

ヘーゲル

人気のない授業

ちなみに当時、同じベルリン大学の私講師だったのは哲学者のショーペンハウアー［1788─1860］でした。理性を強調する西洋哲学（当時のヘーゲルはその最進化型）にあって盲目的な「生存への意志」を説き、その「生の哲学」*2はニーチェ［1844─1900］にも影響を与えました。日本でも『知性について』『自殺について』『読書について』が今なお読まれています。しかし授業の面白さにおいてはヘーゲルに軍配が上がったようで、同時間帯に開かれた講義ではヘーゲルに出席者が殺到したそうです（近代という「行け行けドンドン」の時代に、ショーペンハウアーの厭世《えんせい》思想は受けが悪かったのかもしれません）。

人気のない授業といえば、私が大学生の頃にも確かにそんな授業がありました。研究中心の大学教員の中には講義を苦手とする人も多かったんです。教室にとぼとぼ入ってきたお爺ちゃん教授がおもむろにノートを見ながら、「ええーっと……」なんて言ってぼそぼそ90分しゃべり続けるというパターンです。レジュメも板書もなし。板書中心だった高校の授業との違いにカルチャー・ショックを受けました。教員免許を取るために履修した「日本経済史」という授業、初回の授業は大教室が満杯、座れず立ち見が出るほどの盛況でした。「さすが大学の授業はスゴイなあ」なんて感心してしまったんですが、翌週のことです。朝寝坊で15分遅れて教室に入ると、最前方にたった３人の受講者が教授の目の前の机に座っているんです。何かの間違いかと思いましたが、「日本経済史」の授業です。勇気を出して前方に座りました。そのまま半期は個別指導のような授業が続き、いよいよ試験の日です。ドアを開けると……再び満杯の教室です。「一体この人たちはどこから湧き出てきたんだ？」と思いました（笑）。あまり面白い授業ではないのが理由かと思っていましたが、途中で気が付きました。出席を取らない教授だったんですね。出席しなくても試験を受ければ「可」がもらえる、学科では有名な「大仏レベル」の教授だったのです。思い返してみても、現金な話です。

現実世界で自由を実現させる「絶対精神」

ヘーゲルはカント［1724—1804］を学び、大きくその思想を吸収したのですが、後にそれを批判しています。『法の哲学』には「**理性的であるものこそ現実的であり、現実的であるものこそ理性的である**」*3という言葉もありました。「理性的な」というのはカントの主観的・内面的な道徳のこととも読み取れます。「道徳法則を自らの実践理性により打ち立て、自らがそれに従う、これこそが自由であり自律だ！」と心の内で宣言したとしても、外面的には「何が変わったの？」という話になるかもしれないわけです。ヘーゲルは「自由」を現実離れした抽象的・内面的なものではなく、具体的・外面的に現実社会を動かす力として捉えました。フランス革命に熱狂したのも、そういう理由なのです。

では人間は、なぜ「自由」でありたいと思うのでしょうか……実は、目に見えない「自由」の神様のようなものに、突き動かされているんです。これをヘーゲルは**絶対**（**世界**）**精神**と呼びました。抽象的に思えるかもしれませんが、ヘーゲルはドイツ観念論の哲学者、つまり「物質より精神［Geist《ガイスト》］」を世界の根源と考える立場にありました。絶対精神は「自由」という普遍的理念を本質とする**絶対者**［the Absolute］です（絶対者はキリスト教の「神」と言い換えても構いません）。この絶対精神が現実世界において「自由」を実現させているのです。しかも絶対精神は、歴史上の偉人（英雄）を道具として利用し、現実の「自由」という目的を実現させています（「世界史的個人は世界精神の事業遂行者たる使命を帯びています」）*4。ナポレオンがイエナに侵攻した際、「馬上の世界精神を見た」と言ったのは、そういう理由でした。ナポレオンに絶対精神が乗り移り、欧州に「自由」がもたらされたのです。ガイウス・ユリウス・カエサル（シーザー）（Gaius Julius Caesar）［B.C.100—B.C.44］やアレクサンドロス大王［B.C.356—B.C.323］

も同様、絶対精神が乗り移っていたのでした。これを**理性の狡智《こうち》**（**詭計《きけい》、策略**）*4といいます。英雄たちは最後没落しますが、絶対精神は「無傷の傍観者」のままなんです。「理性」（「絶対者」「絶対精神」）はずる賢いんですね。

世界史とは

さらにヘーゲルは「**世界史とは自由の意識が前進していく過程**」*5であると言いました。絶対精神が自分の本質（自由）を自己実現（自己外化）*6する過程が世界の歴史なんです。『歴史哲学講義』によると、古代オリエント（東洋）は1人だけが「自由」を知る専制国家でした。そして古代ギリシア・ローマ（西洋）では奴隷制のお陰で一部の市民が「自由」になりました。さらに当時のドイツをはじめとした近代国家（「ゲルマン国家の受け入れたキリスト教」）*7では万人が「自由」になったというのです。国家の法は国民の理性の表れです。それに従うことで万人は「自由」になったのです。確かに世界の歴史を俯瞰《ふかん》してみると、苦難の歴史――様々な対立・闘争を経て――「不自由」から「自由」へと進歩してきているように思えます。学校や社会のルールもそうでしょう。校則が以前より厳しくなったり、より人々を不自由にさせる法律が制定される……という話は、通常あまり聞かれないのではないでしょうか。坊主頭の強制から長髪の許容へ、パターナリズム（父権主義・保護者温情主義）から自己決定権の重視へ、そして選挙権年齢の引き下げ（20歳から18歳へ）もその一例です。あるいは学校の現場における携帯電話を巡るルールの制定過程で考えてみると、はじめは当然「持参不可」とされるわけですが、保護者の方から「安全対策で持たせたい」という要望が出され、「ロッカーに入れれば持参してもよい」ということになったりするわけで

イエナにて馬上の世界精神ナポレオンを見るヘーゲル

す。そしていずれ「授業中以外では使用してもよい」ことになり、最後は「授業中でも調べ物や辞書代わりだったら使用してもよい」ことになるのかもしれません。ミクロな事例ではありますが、「自由」を本質とする絶対精神に突き動かされて、世界は「自由」へと進歩し続けているのです。

弁証法

> 花が咲けば、蕾《つぼみ》が消えるから、蕾は花によって否定されたと言うこともできよう。同様に、果実により、花は植物のあり方としてはいまだ偽であったことが宣告され、植物の真理として花にかわって果実が現れる。植物のこれらの諸形態は、それぞれ異なっているばかりでなく、たがいに両立しないものとして排斥しあっている。しかし同時に、その流動的な本性によって、諸形態は有機的統一の諸契機となっており、この統一においては、それらはたがいに争いあわないばかりでなく、どの一つも他と同じく必然的である。そして、同じく必然的であるということが、全体としての生命を成り立たせているのである。(『精神現象学　序論』)*8

世界は「自由」へと進歩していく……と言いましたが、どのようなプロセスを踏んで「自由」へと進歩していくのでしょうか。ヘーゲルはこれを**弁証法**［dialektik］で説明しています。一般的にはヘーゲルといえば弁証法というイメージすらあります。弁証法とは、万物はある立場とある立場の矛盾・対立によって、より高次の統一体に発展する、という運動法則のことです。奇妙な訳語ですが、もともとの弁証法の意味は問答法、そうです、ソクラテスのディアレクティケー［dialektike］のことでした。ソクラテスは対話によってロゴス（言葉・理性）を分かちもち、真理に近づこうとしました。一人で考えていても、にっちもさっちもいかないときに誰かと話して、「〜は……だよね」「いや、違うんじゃないかな」「でも、〜だと思うけど」「たしかにそれはそうだけど、〜の場合は……だと思うよ」「じゃあ〜ならどうなるだろう」……なーんてやり合ううちに、どんどん道が開けていって、とりあえずの何らかの結論にたどり着く……そんなことって、ありますよね。これが問答法であり弁証法です。

　では改めて弁証法のプロセスを見ていきましょう。まず「〜は……である」という命題［proposition］があります。対立物はまだありません。これが「**正**《せい》（**定立・テーゼ**［These］）」の段階です。すると、それと矛盾・対立する「〜は……である」という命題が現れます。これが「**反**《はん》（**反定立・アンチテーゼ**［Antithese］）」の段階です。「定立・テーゼ」

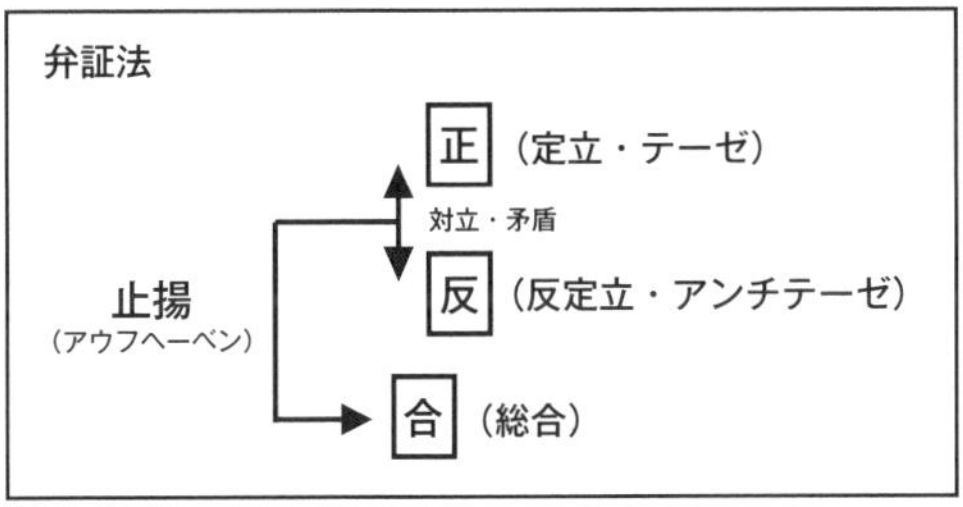

を否定し、「反定立・アンチテーゼ」を突きつける……この「アンチテーゼ」は日常用語にもなっていますね。すると今度は、その矛盾・対立のプロセスの中で、お互いを**止**《し》**揚**《よう》（**アウフヘーベン**［aufheben］）し、「**合**《ごう》（**総合・ジンテーゼ**［Synthese］）」の段階に達します。[*9]

止揚（アウフヘーベン）は「否定する」という意味と、「高め」「保存する」という意味がある言葉です。お互いを否定する激しい矛盾・対立の中で、否定しつつも、そのある部分がより高次元で保存される、ということです。さらにそのジンテーゼに対して、アンチテーゼが突きつけられて、アウフヘーベンされて、より高度なジンテーゼの段階に達し……という繰り返しです。クラスの話し合いもそんな形で展開していきますよね。Aさんが「文化祭の出し物は飲食店にしましょう」と言うと、Bさんが「いや、うちの学校は小学生のお客さんも多いから、小さい子どもも楽しめるバラエティ系の出し物にしましょう」と言い、するとCさんが手を挙げて「ではバラエティ系の出し物も楽しめる飲食店にしたらどうですか」と言う。するとまたDさんが……といった繰り返しです。

こうして万物は発展していくのです。ヘーゲルが取り上げたように「蕾」(正)に対して「花」(反)が咲き、「果実」(合)が実る、というのも弁証法の一例です。

ヘーゲルが『精神現象学』で例に出した「主人と奴隷の弁証法」も有名です。科学的社会主義の創始者マルクス[1818―1883]を感動させたことでも知られています。奴隷に労働させて、自由(自立)を保っている主人ですが、実は奴隷に依存しており、奴隷なしには自己の生命も、自由も保つことができません。生命も保障されず、自由も獲得できていない奴隷の方が、自然に働きかける主体的な労働によって、真の自由と自立に至る可能性がある、ということです。*10 一発形勢逆転ですね。

私たちの話し合いやルール・思考・歴史発展も、もちろんこの弁証法という運動法則に基づきます。後述するマルクスは唯物論にヘーゲルの弁証法を取り入れた「唯物弁証法」で歴史発展を説明し、資本家と労働者の矛盾・対立から階級闘争がおこり、全ての人が平等になる共産制社会が実現することは歴史の必然である、と考えました。世界は自由の進歩の歴史であり、社会は高次の状態へと発展していくと考えたヘーゲル同様、今にして思えば少々無邪気なまでに楽観的な進歩主義だと思えるかもしれません。しかしこの根拠なく「未来は明るい!」と言い切る発想が、日本においては少なくとも高度経済成長期まで共有されていた、極めて近代的な発想なのです。

人倫の三段階

ヘーゲルは「自由」な精神が現実的に具体化されなければいけないと考えました。『法の哲学』では、「**法**」と「**道徳**」をアウフヘーベンした「**人倫**」が「自由」を実現する場であるとされました。「法」(正)によって客観的・外面的な「自由」を実現することはできます。ただ、「法」に従うのは、カントによると「自律」ではなく「他律」です。そこでアンチテーゼとして突きつけられた「道徳」(反)はどうでしょう。道徳法則を打ち立て、自らがそれに従うのは主観的・内面的な「自由」であり「自律」です。ただし主観的なルールであるがゆえ、客観性をもちえません。そこで両者の矛盾・対立を総合した「人倫」（合）が持ち出されてくるわけです。「人倫」は主観的・内面的な精神が、客観的・外面的な社会制度・組織として実現されたものです*11。つまり、内面性と外面性を兼ね備えた「自由」を実現する場のことです。この「人倫」も弁証法的に三段階を経て発展していきます。

最も基礎的な「人倫」とされるのが「**家族**」（正）です。「家族」は愛情によって結合された共同体ですが、個人としての独立性はありません。例えば友人と休日に遊園地に行く約束をしたとしても、親に「その日は法事があるからダメ」と言われれば、当然「家族」の用事を優先しなくてはいけませんよね。では「**市民社会**」（反）はどうでしょう。ここでいう「市民社会」とは、いわゆる資本主義社会を想定してかまいません。そこでは個人が自由・平等を勝ち取って、利己的な経済活動に邁進することになります。それによって「家族」から独立することができましたが、各人が利害を主張する「**欲望の体系**」となり、貧富の差が生じ、自由を実現する場としての「家族」の絆はもはや失われてしまいます（人倫の喪失態）。そこで「家族」と「市民社会」の矛盾・対立をアウフヘーベンしたのが「**国家**」（合）です。「国家」こそが「家族」の共同性と「市民社会」の個別性を併せもつ、「**人倫の完成態**（**最高形態**）」なのです。ヘーゲル自身は当時プロイセンという国家をこのように称揚していたわけですが、そこには強大な君主権による思想弾圧を逃れる目的もあったはずです。それによりヘーゲル自身が国家主義者であるというイメージにとらわれているのは少し残念です。何しろヘーゲルは愛国心をこのように説明しているのです。

政治的心術、総じて愛国心というものは、真理をふまえた確信〔たんに主観的な確信は真理に由来するものではなくて、私的な意見であるにすぎない〕であるとともに、習慣になった意志のはたらきであるから、国家において存立している諸制度の成果にほかならない。国家においては、理性的本性が現実に存在しているとともに、この本性が諸制度に適った行動によって確証されているからである。――この心術は、総じて信頼であり、〔そして信頼は多少とも教養によって形成された洞察に移りうるものであるから〕――私の実体的で特殊的な利益が或る他者の〔ここでは国家の〕利益と目的のうちに、すなわち個としての私に対するこの他者の関係のうちに、含まれ維持されている、という意識である。――このことによってほかならぬ他者は、そのまま私にとって他者ではなく、私はこの意識において自由なのである。（『法の哲学』）[*12]

愛国心は「異常な献身や行為をしようとする気持だと解される」[*13]が、そんなものではなく、「自由」な個人の利害対立を調整してくれる「国家」への信頼である……この冷静な分析を見ると、ヘーゲルを単なる国家主義者と片づけることはできないのではないでしょうか。

ちなみに『法の哲学』の序文には「ミネルヴァのふくろうは、たそがれがやってくるとはじめて飛びはじめる」[*14]とあります。ローマ神話に登場する女神ミネルヴァ（ギリシア神話でいうアテネ）は知性・哲学の象徴で、ふくろうはアテネで聖鳥とされたそうです。つまり、「哲学は世界の思想である以上、現実がその形成過程を完了しておのれを仕上げたあとではじめて、哲学は時間のなかに現われる」[*15]のです。混迷の現代はもしかすると「ミネルヴァのふくろう」という名の「哲学」が飛び立つ夕暮れ時のようにも思えてきます。

注

＊1　「皇帝――この世界霊魂《ヴェルトゼーレ》――が町を通り馬で陣地偵察に行くのを僕は見ました」（『ヘーゲルからニータンマーへ』）（廣松渉・加藤尚武編訳『ヘーゲル・セレクション』平凡社、２０１７年）。

＊2　ショーペンハウアー『知性について――他四篇』（細谷貞雄訳、岩波書店、１９６１年）、『自殺について――他四篇』（斎藤信治訳、岩波書店、１９７９年）、

『読書について——他二篇』（斎藤忍随訳、岩波書店、1983年）。

＊3　ヘーゲル『法の哲学』（『世界の名著35』）（藤野渉・赤澤正敏訳、中央公論社、1967年）。

＊4　「理性は有力であるとともに狡智にたけている。その狡智がどういう点にあるかといえば、自分は過程に直接には入りこまないで、もろもろの客体をそれら自身の本性に従って相互に作用させ働きつかれさせて、しかもただ自分の目的をのみ実現するという媒介活動にある。この意味で、神の摂理は世界とその過程とに対して絶対的な狡智として振舞っていると言うことができる」（ヘーゲル『エンチクロペディー』）（廣松渉・加藤尚武編訳『ヘーゲル・セレクション』平凡社、2017年）。

＊5　ヘーゲル『歴史哲学講義（上）』（長谷川宏訳、岩波書店、1994年）。

＊6　絶対精神は、自らを否定（自己疎外、自己外化）し、その外へ出て自然へと具体化され、主観的精神、客観的精神（法・道徳・人倫）、絶対的精神（芸術・宗教・哲学）へと発展していく。

＊7　ヘーゲル『歴史哲学講義（上）』（長谷川宏訳、岩波書店、1994年）。

＊8　ヘーゲル『精神現象学　序論』（『世界の名著35』）（山本信訳、中央公論社、1967年）。

＊9　ヘーゲルは、他者と矛盾・対立する意識をもたない正の段階を「即自」、他者との矛盾・対立を経験し、他者に対する自己を意識する反の段階を「対自」、そして両者が高次に統一された合の段階を「即自かつ対自」と呼んだ。サルトルはこの語を独自に活用した。

＊10　長谷川宏『ヘーゲル『精神現象学』入門』（講談社、1999年）。

＊11　ヘーゲルに影響された和辻哲郎が人間を個別的存在と社会的存在を「止揚・アウフヘーベン」した「間柄的存在」としたことも想起される。

＊12〜15　ヘーゲル『法の哲学』（『世界の名著35』）（藤野渉・赤澤正敏訳、中央公論社、1967年）。

49章　アダム・スミス

資本主義経済とは何か

合理的に利潤追求をする資本主義という経済システムは、18世紀後半の英国に端を発する**産業革命**によって成立しました。トーマス・ニューコメン（Thomas Newcomen）〔1664―1729〕が発明し、ジェームズ・ワット（James Watt）〔1736―1819〕が改良したことで知られる蒸気機関、つまりスチームという新たな動力の発明などにより、工場における大量生産が始まるんです。羊毛生産に特化する「囲い込み」で農地を追われた人々が工場労働者として雇われ、資本主義を準備したという話や、コツコツ頑張るプロテスタントの勤勉・禁欲の倫理〈エートス〉が精神的原動力となって資本が蓄積され、資本主義が成立したというマックス・ウェーバー〔1864―1920〕の分析も既に紹介したと思います。

資本主義社会に生きている私たちにとって「資本主義」という存在は、もはや空気のようなものになっており、それを相対化することは難しいかもしれません。しかしマルクス〔1818―1883〕が「下部構造」〈物質を生み出す生産活動のしくみ〈資本主義〉〉が「上部構造」〈人間の精神活動〉を規定する、と言ったように、私たちのものの考え方も資本主義という経済システムに規定されています。例えば、なぜ私たちは常に「時間を守ろう」とするのか考

アダム・スミス

えてみましょう。その理由は資本主義という下部構造が、いかに短い時間で高いパフォーマンスを発揮し、利潤を獲得するかを求めるしくみだからです。端的にいえば「時間を守った方がお金儲けができる」ということでもあります。よって私たちは常に「時間を守ろう」（上部構造）と考えるのです。

「**資本主義経済**」は、ある一定のルールの下で皆が夢中になって取り組んでいるゲームのようなものです。ルールはさほど多くありません。財やサービスを生み出す生産手段（土地・原材料・工場・機械など）を個人で私有してよい、というルール（私有財産制）や、市場原理（市場メカニズム）に任せて自由競争し、政府はなるべく手出しをしない（自由放任）というルールです。そして最も重要な点である、このゲーム最大の目的は、資本（元手）を使って「利潤を追求すること」です。「世の中、金じゃない」という言葉がありますが、これは残念ながら「世の中は金」であるからこそ意味をもつ言葉なのです。ちょっとこう言い切ってしまうのは悲しい気もしますが、資本主義社会である限り「世の中は金」であり、貨幣を媒介してあらゆるものが市場で売買されるんです。金儲けは長らくキリスト教社会では賤《いや》しい行為として是認されてきませんでした。利子を取ることもヘブライズムの伝統に則《のっと》り、ユダヤ教・キリスト教・イスラームでは禁止されていたのです（欧州の被差別民であったユダヤ人は、異教徒であるキリスト教徒からは利子を取り、金を貸していた）。[*1] そんな時、宗教改革者カルヴァン〔1509―1564〕が、神から与えられた天職を全うして得られた利潤は神の栄光を増す手助けになるのだから、喜んで受け取ってよい、という革命的な解釈を行ったのです。これによって利潤追求が、晴れて大手を振ってまかり通るようになったのでした。

ちなみに利潤を得るためには、商品の性能や質・販売方法・宣伝・アイデア・労働者の質などにある種の「差異」を生み出し続けなければなりません。「差異」から儲けを生む……というエンドレスな営みこそが資本主義の本質です。永遠に今よりもっと魅力的なモノやサービスを生み出し、消費し続けなくてはいけないということです（無限の欲望がある限り消費の営みはなくならず、ゆえに生産の営みも果てしなく続く）。当然最後は劇薬が必要になってくるでしょうし、そうした劇薬にも不感症になっていくのかもしれません。もっとも現代社会では人間は欲しいモノやサービスが、もはやなくなってしまったようにも思えます。ご存知の通り、銀行や投資ファンドが貨幣によって貨幣を増殖させる、金融資本主義の段階に到達しています。そうした貨幣の魔力に引き寄せられる私たちは無限の、ある種エロティックな欲望を抱いています。そもそも「利子」というのは「利」潤という「子」どもを生む営みであるわけですし、**資本主義**［capitalism］の語源はラテン語の「caput」（頭、先っちょ）だったのでした（「capitalist」には「生産者のあいだに割って入る、役に立たないのに力をふるう媒介者」という語義があった）。[*2] ところで英語で「利子」を「interest」と言いますが、これはそもそも「損失の埋め合わせ」を意味する言葉で、中世まで禁じられていた「高利［usury］」とは区別されていました。その後「利子」を取ることが認められるようになると「利子」は人々の「関心・興味［interest］」となるのです。

　資本主義社会における労働者育成機関は学校です。学校では児童・生徒を決まった時間に登校させ、所定のイスに遅刻することなく座らせるなど、一定の社会マナー・躾《しつけ》を反復的に身に付けさせ、ある合格ラインを超えた労働者予備軍のみに卒業を許します。その一方で、学校内外では絶えず互いに競争（よく言えば切磋琢磨《せっさたくま》）させられ、他人との間に「差異」を作ること（他人とは違う、その人にしかない個性）が求められます。その個性という「差異」を売り物に、労働力市場に自らを「買ってください」と売り出しに行くのが就職活動です。資本主義経済では労働力も含めたあらゆるものが市場で売買されるのです。就職先では多くの場合、利潤追求が使命となり資本主義という射幸心を煽《あお》る終わりなきゲームに、日夜飽きもせず没頭させられることになります。この資本主義経済のルールに基づく限り、寝る間を惜しんで努力し、仕事に全身全霊を注ぎ、最大の利潤を得られた者が称揚されることになるわけです。

「（神の）見えざる手」

そんな資本主義経済に欠点があるとすれば、貧富の差が生じてしまうことです。市場原理に基づく弱肉強食の自由競争に対し、政府が手出しをしなければ、必ず経済格差・不平等が生じます（後に社会主義経済はその不平等を是正するため、生産手段の公有というルールを採用する）。そうした欠点を抱えた資本主義経済は、至上の目的であった利潤追求により社会全体に富がもたらされる、という理論的裏付けを必要とするようになります。

資本主義経済を正当化した人物こそが、古典派経済学の父**アダム・スミス**（Adam Smith）［1723―1790］です。スミスはヒューム［1711―1776］（究極の経験論者でスミスの大親友）やハチソン［1694―1746］（道徳哲学者）同様、スコットランド啓蒙の中心的人物として知られています。スミスは絶対王政の下で国家が経済活動に介入する重商主義[*3]を批判し、金銀や貨幣ではなく労働こそが真の価値の尺度である（労働が商品価値を決める）という労働価値説を説く『**国富論**（**諸国民の富**）』を著しました。この本の中では各人の**利己心**に基づく自由な経済活動が、分業など を通じて（職人1人でピンを作るより効率よく分業した方が生産性が高まる、という例が出てくる）、社会全体の富（諸国民の富）を実現させると説かれました。自由競争で各人が営利追求する資本主義経済は、社会全体の富につながり、その結果貧しい人が救われることもある、ということです。

> かれは……見えざる手に導かれて、みずからは意図してもいなかった一目的を促進することになる。かれがこの目的をまったく意図していなかったということは、その社会にとって、これを意図していた場合にくらべて、かならずしも悪いことではない。自分の利益を増進しようと真に意図する場合よりも、もっと有効に社会の利益を増進することもしばしばあるのである。（『国富論』[*4]）

スミスの『国富論』といえば「（神の）**見えざる手**［invisible hand］」[*5]という有名な一節があります。富んだ人は意図せずして貧しい人に富をもたらし、貧しい人も富んだ人に寄与する意図をもたないにも関わらず、「（神の）見えざる手」に導かれて、社会全体の利益が増すというのです。「（神の）見えざる手」という言葉は、有名な割に本文中、1カ所しか出てきません（『道徳感情論』にも1カ所登場する）。しかも「神の」とは書かれていません。これは意訳で、英語圏で「invisible（見えない）」といった時に「invisible hand (of God)」が含意されることによるものです。この言葉には市場原理（市場メカニズム）の肯定という重要な意味合いがあります。従来のキリスト教社会の倫理において市場原理は否定されていました。なぜなら、弱肉強食の自由競争では皆が幸せにはなれないからです。「要領のよい人と悪い人」というのは昔からいたはずですが、要領のよい馬具職人にばかりに人気が殺到し、要領が悪い馬具職人が食いっぱくれるような状況になっては困るわけです。そこで、皆の幸せを平等に重視する宗教倫理ならではの発想ですが、要領のよい職人も、要領の悪い職人も、作った馬具には同じ正当価格（ジャスト・プライス）が設定され、全ての職人の暮らしが守られていたんです。[*6] しかしスミスは自由放任に基づく市場メカニズムをよしとしていました。そこで、市場における自由競争で需要量と供給量が調整され、「（神の）見えざる手」により操られているかのごとく均衡価格に落ち着く……神を思わせる「invisible hand（見えざる手）」という言葉をもち出すことで、「神が操っているんだから、市場原理に従いなさい」と人々を説き伏せたのです。[*7]

共感の原理

人間がどんなに利己的なものと想定されうるにしても、あきらかにかれの本性のなかには、いくつかの原理があって、それらは、かれに他の人びとの運不運に関心をもたせ、かれらの幸福を、それを見るという快楽のほかにはなにも、かれはそれからひきださないのに、かれにとって必要なものとするのである。この種類に属するのは、哀れみ《ピティー》または同情《コンパッション》であって、それはわれわれが他の人びとの悲惨を見たり、たいへんいきいきと心にえがかせられたりするときに、それにたいして感じる情動《エモーション》である。われわれがしばしば、他の人びとの悲しみから、悲しみをひきだすということは、それを証明するのになにも例をあげる必要がないほど、明白である。（『道徳感情論』第一部第一篇　同感《シンパシー》について）*8

しかし本当に各人が利己心に基づいて自由な経済活動を行うことで、社会全体の富裕が生み出されるのでしょうか。人間の利己的な部分が強調されれば、一部の人に富が偏在し、格差が生じてしまうようにも思います。スミスには道徳哲学者としての側面もあり（グラスゴー大学で道徳哲学を教えていた）、**『道徳感情論』**を著しています。この本は『国富論』と両面をなす著作で、スミスが単なる市場原理主義者であるという見立てが的外れであると気付かされます。*9

スミスによると、人間は利己心だけではなく他人の運不運などに関心をもつ**同感**（**共感**）［sympathy］の原理を兼ね備えており、各人の利己心は調整されるのだといいます。道徳の基礎に理性ではなく感情（道徳感情＝モラル・センス［moral sense］）を置く道徳哲学は親友ヒュームも説いていましたが、*10 スミスはさらにそこに、自分の中の「**公平**（**中立**）**な観察者**［impartial spectator］」の存在を付け加えました。例えば、入試の合格発表で自分の番号を見つけて「イエーイ！」なんて飛び上がって喜んでいると、隣に下を向いて悲しんでいる受験生が立っているんですね。自分の中の「公平な観察者」は「イエーイ！」を是認せず、喜びを抑制しようと努めるわけです。この第三者的な「公平な観察者」から見て同感を得られる範囲において、利己的な営利追求は認められる、とスミスは考えました。「公平な観察者」は、フロイト［1856―1939］のいう超自我のような検閲者です。貧乏人を食い物にするような商売の仕方をしていれば「公平な観察者」から同感を得られるはずがありません。同感が道徳的判断基準となり、そうした非道な行為を「フェアプレイ」として認めないのです。逆に「**フェアプレイ**」に基づいた自由競争は「（神の）見えざる手」に導かれて、社会の繁栄をもたらすのです。ちなみに『国富論』における利己心の強調と、『道徳感情論』における同感の原理は一見すると矛盾するように思えますが（アダム・スミス問題）、スミスは第三者の同感を得られる範囲で、利己的な判断をすることを説いたわけですから、何ら矛盾していないといえるでしょう。

資本主義経済のその後

アダム・スミス的な自由放任の自由競争をよしとする19世紀的な国家観はドイツのヘーゲル左派の哲学者・政治学者・社会主義者の**フェルディナント・ラッサール**（Ferdinand Lassalle）［1825―1864］によって夜警国家と皮肉られました（ラッサールはドイツ社会民主党の母体・全ドイツ労働者同盟を結成した）。「夜警国家」とは「国家の役割は国防と治安維持に限る」とした財政支出の少ない「**小さな**（**安価な**）**政府**」です。市場原理に基づく自由競争に「なすに任せて」（自由放任主義・**レッセ・フェール**［laissez-faire］）[*11]、政府は経済活動に手出しをしない、というわけです。しかし当然貧富の差は拡大していくことになります。そこで貧富の差をなくし、平等を実現しようとする社会主義経済というアンチテーゼを突きつけられることになりました。後述しますが、マルクスの科学的社会主義思想に基づき、レーニン［1870―1924］がロシア革命を指導し、1922年には世界初の社会主義国家・ソビエト社会主義共和国連邦が樹立されました。

　そこで資本主義経済は、貧富の差を是正するという修正を余儀なくされます。人権拡大の歴史でいうと、自由権、平等権に続いて、1919年のワイマール憲法（ドイツ共和国憲法）で社会権（生存権）が規定されます。現在の日本国憲法でいうところの第25条、国民の「健康で文化的な最低限度の生活を営む権利」に至るまで、国家がお節介を焼いてくれるという話になったんです。さらに１９２９年には世界恐慌がおこります。米国ニューヨークの金融街・ウォール街で株価が大暴落し、その影響が世界に波及したのです。これは現代でいうリーマン・ショック（２００８年）級の出来事です。この窮地を各国はいかに乗り切ったか……英国やフランスという植民地を有する「持てる国」は、植民地と宗主国との間で保護貿易体制（ブロック経済圏）を築き、自分たちだけは助かろうと考えました。それに対し日本やドイツ、イタリアといった植民地を「持たざる国」は、余裕を失う中で軍国主義・全体主義（ファシズム）化を推し進め、対外侵略戦争に打って出ました。ご存知の通り、第二次世界大戦や日中十五年戦争に突入していくわけです。またソ連は、社会主義国家による経済統制が行われていたため、世界恐慌の影響は少なく、米国は民主党・リベラル派のフランクリン・D・ルーズベルト（Franklin D. Roosevelt）〔１８８２─１９４５〕大統領による**ニューディール**（**新規まき直し**）政策でこの難事を乗り切ります。

ニューディール政策は、英国の経済学者**ジョン・メイナード・ケインズ**（John Maynard Keynes）〔１８８３─１９４６〕が『**雇用・利子および貨幣の一般理論**』で説いた理論を基にした政策です。ケインズは、政府が経済活動に手出しをしない自由放任では完全雇用が実現できない、と考えました。失業者をなくすには**有効需要**（貨幣の支出を伴った需要）を増大させることが必要です。そのためには、政府は自由放任の「なすに任せて」ではなく、減税や公共事業を積極的に行わなくてはなりません。失業者が街中に溢れる中、ニューディール政策に基づき、政府がダム建設という公共事業をやり始めるんです。ＴＶＡ（テネシー河流域開発公社）を設立し、「ダム建設で働きたい人は集まれ！」とやったんです。失業者は仕事を得ることができました。さらにダム建設にはセメントや鉄鋼も必要です。「セメントや鉄鋼を作りたい人は集まれ！」とやったんですね。結局、有効需要は増大し、世界恐慌を乗り切ることができました。アダム・スミス的な自由放任の古典派経済学を改め、ケインズが説いたように、政府が積極的に経済活動に介入する資本主義を**修正資本主義**と言います。貧富の差という資本主義につきものの欠点を「修正」

したのです。それによって実現されたのは「国民の社会保障を充実させ、完全雇用を実現させる」20世紀的な「福祉国家」であり、国民にお節介を焼く分、財政支出が増大する「大きな政府」です。

今述べたように福祉国家はお金がかかります。現在の日本は少子高齢化により、医療（健康）保険・年金保険への財政支出が増える一方、保険料が減少しています。消費税率が2019年に10％に引き上げられましたが、それでも足りないほどです。そんな状況の中で、「政府の援助を得ずに、自分の身は自分で守るべきである」「努力した者の所得が、貧しい者へ再分配されるのはおかしい」という考えをもつ人々が増えて来ています。再びアダム・スミス的な「小さな政府」に回帰すべきである、とする反ケインズ的な主張を**新自由主義（ネオリベラリズム）**といいます（政治的には新保守主義＝ネオコンサバティズム）。グローバリゼーションという国境を越えた世界市場化と、その主要なアクターである多国籍企業の活躍が新自由主義の台頭を促しました。生徒と日々接している感触でいうと、新自由主義的な思考回路をもった生徒が増えてきたことを実感したのは、2010年代半ば前後になってからのことです。メディアや社会の空気が人間の思考を少なからず規定しているのだと思います。

「新自由主義」化する世界

新自由主義は、市場原理を強調する**マネタリズム**を説いた米国の経済学者**ミルトン・フリードマン**（Milton Friedman）［1912―2006］、そしてオーストリアの経済学者・哲学者**フリードリヒ・ハイエク**（Friedrich Hayek）［1899―1992］（哲学者ウィトゲンシュタイン［1889―1951］の従弟）らが代表的論者で、1980年代に米国のロナルド・レーガン（Ronald Reagan）［1911―2004］政権（レーガノミクス）、英国のマーガレット・サッチャー（Margaret Thatcher）［1925―2013］政権（サッチャリズム）に採用されました。ケインズ的な「大きな政府」を批判し、民営化・規制緩和・公共事業縮小など政府の経済活動への関与を弱める市場原理主義に基づく政策は、当然格差社会化を促しました。

1980年代以降、世界に先駆けて社会格差が拡大した米英で、低所得層の鬱屈した不満が移民排斥に向けられ、2016年に米国のトランプ現象（およびサンダース現象）、英国のEU離脱（ブレグジット［Brexit］）に至ったことは象徴的です。日本でもレーガンとの蜜月関係を演出した中曽根《なかそね》康弘《やすひろ》［1918—2019］政権以降、日本専売公社・日本電信電話公社・日本国有鉄道の民営化（それぞれJT・NTT・JRへ）や、労働市場の規制緩和を進める労働者派遣法制定など新自由主義的な政策が採用されます。これが森喜朗《よしろう》［1937—］、小泉純一郎［1942—］、そして安倍晋三［1954—］政権（金融緩和で通貨量を増やし、ある種のバブルをおこす「アベノミクス」を推進した）という新自由主義者ラインでさらに加速されるのです。

小泉政権においては郵政民営化がありました。郵便局の「ゆうパック」も「公企業にあぐらをかいてはいてはいけない」「企業努力を惜しまず、クロネコヤマトや佐川急便と競争しろ」ということです。ではもし万一競争に負けたらどうするか……政府は「知ったこっちゃない」という立場を取ります。新自由主義はあくまで市場原理主義、企業や個人の自助努力を重視するのです。政府は国民にお節介を焼かず、経済活動における規制をなるべく緩和し、弱肉強食の自由競争に任せるようになりました。よって日本社会も米英に続き、格差社会化が進行しています。

新自由主義を勝ち抜くグローバル企業（ないし多国籍企業）は限られた人材を安く酷使する「ブラック企業」へと変容しました。この言葉が流行語になったとき、既に社会全体が世知辛く「ブラック企業」化（ユニクロ社長の言「泳げない者は沈めばいい」や、ワタミの社内冊子の「365日24時間死ぬまで働け」に象徴される）し、失われた人間の連帯は「絆」といった安上がりなナショナリズムによって取り戻すことしかできない状況にもなりました。時代も人口規模も変わり、利己的な自由競争が同感の原理によって調整されると考えたアダム・スミスの思惑とは、違う方向に進んでいることがわかります。2016年に格安スキーバスが軽井沢で道路から転落し、多くの大学生の命が失われる事故がありました。2000年の貸切バスの規制緩和によって価格競争が激化し、コストカットのしわ寄せが運転手に来てしまったわけです。十分な休憩を取らせない過重労働が悲惨な事故に繋がってしまいました。事故の後、規制緩和による政府の責任を追及した遺族もいましたが、メディアの報道はツアーバス会社の責任追及一色に染まっていたことが思い出されます。これこそが自助努力・自己責任を重視する新自由主義的発想です。つまり、ツアーバス会社の努力が足りなかったのが原因で、そんな格安バスツアーを選んでしまったあなたの責任でもある、と。万一事故が起きたとしても政府は「知ったこっちゃない」ということなのです。

資本主義経済の機能不全

先進国ではこのように、基本は修正資本主義の「大きな政府」を維持しながらも、「小さな政府」に回帰している状況が見られます。資本主義経済の延命（中央銀行の量的緩和政策で危機を先延ばしする、ヴォルフガング・シュトレーク（Wolfgang Streeck）［1946―］言うところの〝時間稼ぎの資本主義〟）のためには致し方ないことかもしれません。そもそも、近代以降の世界を動かしてきた資本主義経済自体の機能不全が指摘されているんです。よくよく考えてみれば資本主義経済という営み自体、前代未聞の環境破壊やアジア・アフリカという未知のフロンティア・市場の収奪を前提としていました。生産活動には資本が必要です。資本のうち、土地や原材料は自然を改変・収奪して得られるものです。近代以降、約46億年の地球の歴史から考えると異常な程のスピードで有限な化石燃料（石油・石炭・天然ガスなど）を無限の欲望で収奪し、豊かな文明生活を実現することができたわけです。しかしそうした有限資源の枯渇も目前に迫ってきましたし、アジア・アフリカという第三世界も文明化し、アマゾンの奥地に行っても皆Tシャツを着て、スマートフォンをいじっているわけです。もはや商品を売りに行く場所がないわけで、これがフロンティア・市場の消滅です。もはや宇宙人にでも売りにいかない限り、今まで通りの経済成長は見込めない、という所まで来てしまいました。そうしたどん詰まりの状況にあって、「乗らない船は沈む」といった危機感が煽られ、グローバリゼーションというヒト・モノ・カネ・情報の合理化・自由化が推し進められているのです。地球上の有限資源の偏在でもあった「中心と周縁」が単一市場化によって組み替えられて、国民国家ではなく多国籍企業のグローバル資本によって、新たな市場の奪い合いがおこり、必然的に格差が生じているのもうなずけます。地球上の資源は有限です。発展途上国が経済発展するようになれば、今度は先進国の低所得層、非正規雇用者などにしわ寄せがいくだけのことなのです。

ところで最近日本では、どの駅を降りてもチェーン店の顔ぶれが一緒です。「愛想の悪いおばちゃんがいる地元の豆腐屋」みたいなものは生き残れず駆逐されていきます。でこぼこした人間の個性や人情を切り捨て、合理性・効率重視で均質化させていく……これもグローバリズムのある種の暴力的側面です。政府が躍起になっているグローバリゼーションを生き抜く人材、「グローバル人材」育成は、学校教育にもいよいよ浸透してきました。大学は補助金欲しさに「グローバル人材」育成をうたった学部を増やしています。哲学者の内田樹《たつる》［1950— ］は劇作家の平田オリザ［1962— ］の言を引用して、グローバル人材育成を「ユニクロのシンガポール支店の店長を創り出すための教育のこと」[*12]だと説明しています。これは卓抜な表現です。多国籍企業であるユニクロのシンガポール支店長になってくれ、と言われたら、明日にでも飛んで行ける人材……そんな「グローバル人材」になるためには「英語（語学）力」「コミュニケーション力」「異文化理解力」「リーダーシップ」「プレゼンテーション能力」が必要です。かといってシンガポールが気に入り、シンガポール人になってしまっては困ります。グローバル社会で活躍し、最終的に日本にお金を落とす人材であってほしい……そこで、伝統文化の理解・発信というナショナル・アイデンティティの涵養《かんよう》までもが「グローバル人材」育成に組み込まれているんです。なかなか日本の教育は周到です。

さて、そうした必死のグローバル戦略の下で、先進各国の利潤率が上がっているかというと……これがちっとも上がっていないんです。これぞ「資本主義経済の終焉」です。[*13] このまま最後の悪あがきのように、近代資本主義の成長神話やグローバリゼーション幻想にしがみつき、虫の息となった資本主義を延命させていくべきなのか、あるいは「所有から共有（シェア）へ」といった資本主義経済のオルタナティブを考えていくべき時にきているのか……これは私たちに課せられた重たい宿題だと思われます。

注

＊1　シェイクスピアの戯曲『ヴェニスの商人』ではユダヤ人の金貸しシャイロックが悪役として描かれている。

＊2　レイモンド・ウィリアムズ『完訳　キーワード辞典』（椎名美智・武田ちあき・越智博美・松井優子訳、平凡社、2002年）。

＊3　絶対王政（絶対主義）が備える官僚制・常備軍維持のために資金を必要とした国家が、重金主義（海外植民地における金銀鉱山の開発など）・貿易差額主義（貿易黒字を拡大させて、貨幣の獲得を行う）をとり、重商主義政策を展開した。

＊4　アダム・スミス『国富論』（『世界の名著31』）（玉野井芳郎・田添京二・大河内暁男訳、中央公論社、1968年）。

＊5　「『見えない手』という語句を創案したのはスミスではない……軍艦プリンス・ジョージが1703年に、英国海軍の数隻の船舶を難破させた大暴風に生き残ったとき、旗艦の艦長マーチンはその航海日誌の中で、「神の見えない手がわれわれを救い給うた」と書いた」（D・D・ラファエル『アダム・スミスの哲学思考』久保芳和訳、雄松堂出版、1986年）。

＊6　橋爪大三郎・大澤真幸『ふしぎなキリスト教』（講談社、2011年）。

＊7　とはいえ、「見えない手というアダム・スミスの心像は決して神学の見解ではない。疑もなくスミスは、有益な結果が究極的には、自然あるいは神聖な自然の創造者に帰せられると言いはしたが、神がしょっちゅう（万事を）あやつるのだというのではない。かれは想像上の制御装置をわれわれの心にはっきりと描かせるために、この語句を使うのであるが、その効果は、個人的利益と交換制度との相互作用を通じて自動的に生じるということをよく知っているのである」（D・D・ラファエル『アダム・スミスの哲学思考』久保芳和訳、雄松堂出版、1986年）。

＊8　アダム・スミス『道徳感情論（上）』（水田洋訳、岩波書店、2003年）。

＊9　堂目卓生によれば、「無限の利己心が放任されるべきだという考え方は、スミスの思想からは出てこない」（『アダム・スミス』中央公論新社、2008年）。

＊10　「ヒュームは、社会契約説に同調せず、経験と慣習を通じて徐々に築かれた社会制度を重視し、理性の力によって、それを即座に、またいかようにも変えることができるという考え方には懐疑的であった……ヒュームは「啓蒙」の中にある傲慢さを洞察した。スミスはヒュームから、この洞察を受け継いだ」（堂目卓生『アダム・スミス』中央公論新社、2008年）。

＊11　フランスの重農主義者の語で、「なすに任せよ」の意。ケインズ『自由放任の終焉』の注によれば、ベンサムが用い、ベンジャミン・フランクリンによってイギリスに広まったという（ケインズ『自由放任の終焉』）（『世界の名著57』宮崎義一訳、中央公論社、1971年）。

＊12　内田樹『生きる力を高める』（『高校生と考える日本の問題点　桐光学園大学訪問授業』）（桐光学園中学校・高等学校編、左右社、2015年）。

＊13　水野和夫によると、「資本主義は「中心」と「周辺」から構成され、「周辺」つまり、いわゆるフロンティアを広げることによって「中心」が利潤率を高め、資本の自己増殖を推進していくシステム」であった。「「地理的・物的空間（実物投資空間）」からも「電子・金融空間」からも利潤をあげることができず、「日本……アメリカ、ユーロ圏でも政策金利がおおむねゼロ……となり……資本の自己増殖が不可能になってきている」現実は、「資本主義の死期

が近づいている」ことを思わせる（『資本主義の終焉と歴史の危機』集英社、２０１４年）。

50章　功利主義（ベンサム、ミル）、実証主義、進化論

最大多数の最大幸福

産業革命がおこり、近代資本主義をリードしたのは英国です。その英国で各人の利潤追求・幸福の実現が、ひいては社会全体の幸福につながるとする考えが登場します。これが**功利主義**［utilitarianism］です。*1 それぞれ違った環境で育った人々が、それぞれ利潤を追求することが社会全体の幸福につながる……これは経験論の流れをくんだ思想です。「utility」とは「効用・有益性」のことです。これを「功利」と訳すと、ちょっと小ずるいニュアンスが出てしまうのが玉に瑕《きず》です。

功利主義は行為の善悪の基準を、快楽や幸福という結果をもたらすか否かに求めます。よってこれは、結果を重んじる（結果さえよければよい）**帰結主義**の道徳哲学であるといえます。帰結主義に対置されるのが、カント［1724—1804］の**動機主義**の道徳哲学です。カントによれば、「結果的にお年寄りに席を譲っていればいい」というわけではなく、動機が重視されます。「どんな場合でも、お年寄りに席を譲る」という定言命法だけが道徳法則足り得るのでした。

社会とは、いわばその成員を構成すると考えられる個々の人々から形成される、擬制的な団体である。それでは、社会の利益とはなんであろうか。それは社会を構成している個々の成員の利益の総計にほかならない……ある行為が社会の幸福を増大させる傾向が、それを減少させる傾向よりも大きい場合には、その行為は〔社会全体について〕功利性の原理に、短くいえば、功利性に適合しているということができる。
（『道徳および立法の諸原理序説』*2）

功利主義の祖は、哲学者・法学者の**ジェレミー・ベンサム**（Jeremy Bentham）［1748―1832］です。ベンサムは後に紹介する質的功利主義者J・S・ミル［1806―1873］の父のジェームズ・ミル（James Mill）［1773―1836］の友人でした。ベンサムの功利主義は**量的功利主義**と呼ばれています。ベンサムは、個々人の集合体からなる社会において、個々人の快楽は、強さ・持続性・確実性（不確実性）・遠近性・多産性・純粋性・範囲（影響を受ける人々の数）という7つの条件によって計算可能であると考えました（**快楽計算**）。個々人の快楽を計算して足し合わせれば、それは社会全体の幸福量として数値化できるわけです。また、「自然は人類を苦痛と快楽という、二人の主権者の支配のもとにおいて」*3きたといいました。個々人は快楽と苦痛を感じるサンプルとしてはあくまでも同質です。なるべく多くの人が快楽を感じ、苦痛を減らすことができればできるほど、社会の幸福量は増えるんです。これが**最大多数の最大幸福**［the greatest happiness of the greatest number］という功利主義のモットーです。もともとはスコットランド啓蒙の道徳哲学者**フランシス・ハチソン**（Francis Hutcheson）［1694―1746］の言葉でした（ハチソンは利己心ではなく利他心を重視していた）。とはいえ少

ベンサムのオート・アイコン

数者の犠牲には目をつぶるようにも取れてしまうモットーですから、ベンサムはこれを「最大幸福の原理」*4と後に言い換えています。

4つの制裁（サンクション）

ベンサムは個人の利己心と社会の公共の福祉を一致させるための4つの強制力（**4つの制裁＝サンクション**［sanction］）を考慮しました。公益を損なった場合は、個人の利益を上回る制裁を与えればよいのです。1つ目は**自然**（**物理**）**的制裁**です。不注意の火事で財産を失ってしまったら、「火の元には十分を気を付けよう」と思いますから、そう思う人が増えれば増えるほど、社会の幸福量は増えます。2つ目は**法律**（**政治**）**的制裁**、火事をおこせば失火罪で罰を受けるはずです。3つ目は**道徳的制裁**、「火事をおこすような不道徳な家とは付き合うのをやめよう」と皆が思うでしょう。そして4つ目は**宗教的制裁**です。火事をおこしてしまえば、神の審判が下るわけです。こうした制裁を受ければ、誰しも「二度と火事をおこさないでおこう」と思いますから、そう思う人が増えれば増えるほど……社会の幸福量は増えるのです。

ベンサムは4つの制裁のうち、特に法律的制裁を重視していました。そもそもベンサムは代々法律家を輩出する家に生まれ、自身も弁護士資格を取り、法改正・行政改革についてのアイデアを数多く出しています。例えば選挙法改正案（選挙権を広げれば、社会の幸福量は増える）、同性愛の合法化、動物愛護、救貧法の改正案などが知られています。選挙権を拡大し、禁止されていた同性愛を認め、動物をいたわり、貧しい人を救貧院に収容して物ごいに嫌悪感を抱く人が減れば、社会の幸福量は増える……という発想です。刑務所の待遇改善にも関心があったベンサムは**パノプティコン**（**一望監視装置**）という刑務所の設計構想にも関わりました。後述するフランスの哲学者フーコー［1926－1984］が『監獄の誕生』で取り上げたことでも知られています。少ない看守で効率的に囚人を監視することができ、社会復帰を支援する試みでしたが、英国立監獄に採用されることは残念ながらありませんでした。ちなみにベンサムは、自身のミイラを残すよう遺言していました。藁《わら》をつめて、蝋《ろう》の頭部を載せた亡きがら（自己標本、オート・アイコン）は今もユニヴァーシティ・カレッジ・ロンドンに保存されています。

トロッコ問題

ハーバード大学教授のマイケル・サンデル［1953— ］が履修者延べ1万4000人という人気講義「Justice（正義）」の冒頭で取り上げていた倫理学の思考実験があります。*5「トロッコ問題」です。ここで皆さんと考えてみたいと思います。1台のトロッコが暴走していたとします。このまま暴走を放置すれば、レールの先の5人が死にます。しかしあなたは分岐点の近くにいて、レールを切り替えることができます。レールを切り替えたならば、そのレールの先の1人が死にます。法的な責任は問われないことを前提としたとき、あなたならレールを切り替えますか？　それとも切り替えませんか？

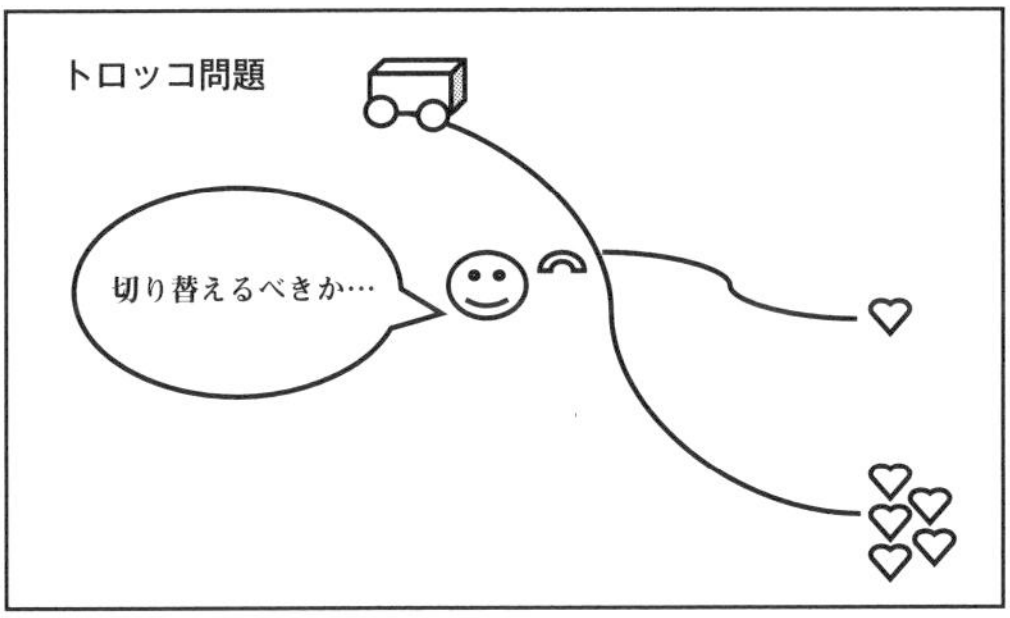

「レールを切り替える」と答えたあなたは、功利主義（最大多数の最大幸福）・帰結主義（結果の重視）の倫理をもっていると考えられます。これは結果的に5人が死ぬより、1人だけ死んだ方が社会全体の幸福量が増す、という考え方です。5人にはそれぞれ家族や友人がいるでしょう。その多くの人々の苦痛の総量を思えば、1人の犠牲は確かに悲しいことではありますが、5人が死ぬよりも結果的によいだろう……ということです。

「レールを切り替えない」と答えたあなたは、カント主義（人格を目的として扱い、決して手段としてのみ用いない）・動機主義（動機の重視）の倫理をもっていると考えられます。これは5人を助ける手段として、誰か1人の犠牲を利用することはできないという考え方です。結果よりも善意志に基づいているか、という動機を重視しているのです。

では今度は別のシチュエーションを考えてみましょう。あなたの真横に体重のあるAさんがいたとします。Aさんをレールの上に突き落として障害物にすれば、確実にトロッコは止まります。しかしAさんも亡くなります。Aさんを突き落としますか？　それとも突き落としませんか？

ここで「突き落とす」と答えたカント主義者がいたとしたら、どうかしているかもしれません（笑）。カント主義者ならおそらく「突き落とさない」と答えたのではないでしょうか。カント主義者は見知らぬ1人であっても、真横のAさんであっても、5人を助ける手段として利用することは決してできないと考えるはずだからです。

功利主義者はどう答えたでしょうか。Aさんでも、見知らぬ1人でも、1人の犠牲で5人を救えるなら同じだと考え、「突き落とす」と答えた人もいるでしょう。これは社会全体の幸福量を増やすための理知的な選択です。その一方で「突き落とさない」と考えた功利主義者もいるかもしれません。やはり分岐点のレバーを動かすのと、体温を感じる人間の身体に触れて突き落とし、その死を目撃するのとでは心理的なストレスが異なってくるからです。あるいは「突き落とす」と考えていても、実際の場面に立ち会えば突き落とせなくなる人もいるかもしれません。実は「レールを切り替える」と答えた米国人の功利主義者の8割が「突き落とせない」と答えているのです。理性的な人間の倫理的判断も、ときに感情によって制約を受けるということです。

私は毎年倫理の授業でこの思考実験に取り組んでいるのですが、功利主義者とカント主義者で大体クラスが二分されます。中には運命を自らの手で変えることはしたくないから「レールを切り替えない」という人や、法的な責任は問われないという前提にもかかわらず、自分が責任を負うことはなるべく避けたいとして、「レールを切り替えない」「Aさんを突き落とすこともしない」と答える人もいます。また、「Aさんを突き落とすくらいなら自らが飛び込む」と自己犠牲の精神に満ちた人もいたりと、様々です。ただ近年は世知辛い世相を反映した理想主義の退潮もあるのか、功利主義者が少し多くなってきた印象があります。主観的かもしれませんがカント主義者の割合が半分を超えるとクラスの雰囲気がほっこりしてヒューマンになり、功利主義者が多いと少々ドライではあるものの、理知的・合理的な雰囲気になるという印象があります。

ちなみに社会を二分する議論の対立軸が功利主義とカント主義になることも多く見られます。例えばクローンの是非に関する議論なら、功利主義者は亡くなった生命体を生き返らせて、結果的に幸せを感じる人が多くなればなるほど社会の幸福量が増える……と賛成するかもしれませんし、カント主義者なら、そもそもクローンを造ることは善いことなのかと動機に引っ掛かりを感じ、コピーを造る手段として生命体を操作することに反対するかもしれません。もちろんこの程度の思考実験で自分を「～主義者」と定義するのは早計だと思いますが、自分の思考回路を可視化することで、自分のことを客観的に見つめ直すようになる生徒もいます。こうしたメタ認知は重要です。さらに自分とは異なった考えをもつ様々な人々から社会は成り立っている、という事実に気付くことも大切だと思います。

不満足なソクラテス

ベンサムの友人、ジェームズ・ミルの息子だった**J・S・（ジョン・スチュワート・）ミル**はベンサムの量的功利主義を普及させ、それを大きく修正した**質的功利主義者**です。父から英才教育を施され、幼くして古代ギリシア哲学の古典・ラテン語・数学などを学び、13歳でアダム・スミスや**デヴィッド・リカード**（David Ricardo）［1772―1823］といった古典派経済学について研究していたそうです。

ちょっと脱線しますが、リカードは比較生産費説で知られる経済学者です。安いコストで済む商品に特化して生産を集中させ、お互いに交換し合った方が有利になると考えて自由貿易・国際分業の利点を説きました。これを実生活に応用してみましょう。数学のテストが95点、社会のテストが90点のAさんと、数学のテストが35点、社会のテストが85点のBさんがいたとします。Bさんは数学が苦手です。仮に2人共、学校の先生になりたかったとしましょう。Aさんは得意な数学に特化して当然数学の先生を目指すでしょう。ではBさんはというと、BさんはAさんと比べて、どちらの教科も低い点数です。ただ絶対優位ではないけれど、数学に比べたら社会が得意なBさんです。比較優位な社会に特化して社会の先生になればいいのです。なぜそうすれば良いのかというと、どんなに優秀な人でも数学と社会の先生に同時になることは不可能だからです。自分と比べて何においても秀でている絶対優位なスーパーマンがいたとしても、安心して下さい。自分の中で比較優位なものに特化して、それを自分の仕事にすればよいのです。そうして社会的分業は成り立っているのです。

満足した豚であるより、不満足な人間であるほうがよく、満足した馬鹿であるより不満足なソクラテスであるほうがよい。(『功利主義論』[*6])

J・S・ミルに話を戻しましょう。ベンサムは快楽と苦痛を感じるサンプルとして個々人はあくまでも同質だと考えていました。しかしミルは、快楽には質的な差異があると訴えました。ミルは質の異なる快楽を求める個々人から成り立つ社会の最大幸福を追求しようとしたのです。快楽の質……精神的快楽は高級で、肉体的快楽は低級な快楽だということになります。人間やソクラテスは精神的快楽を求め、馬鹿(愚者)や豚は肉体的快楽を求める、ということです。こんな言われようではちょっと豚が可哀想な気もしますが(不満足な豚はもっと可哀想だ)。

J.S.ミル

ミルは功利主義者の父ミルからがんじがらめの英才教育を授けられ功利主義者となるのですが、それは人類愛や貧しい人への同情からおこったものではなく、父親からの一方的な教育訓練によるものであったそうです（「ほめたり非難したりすることの目的は、まちがった行為を抑制し正しい行為を奨励することであるべきだという説を絶えず実行していたから、父は自分のほめたり非難したりが、絶対に行為者の動機に左右されることのないように努力した」）。[7] 若かりしミルに社会の中で何かを学ぶ機会はついぞなかったのです。ですから20歳で精神の危機に陥ってしまいました。自伝によればそれを脱するに益したのが絵画や音楽、ウィリアム・ワーズワース（William Wordsworth）［1770―1850］の詩だったそうです。[8] こうした高尚な精神的快楽を経験することで幸福が得られることを実感したのです。

ミルは、イエス［B.C.4?―A.D.29?］の**黄金律**（「おのれの欲するところを人にほどこし、おのれのごとく隣人を愛せよ」）を、功利主義倫理の精神を理想的極地だと考えました。[9] 孔子［B.C.551―B.C.479］の「己《おのれ》の欲《ほっ》せざる所《ところ》は、人に施《ほどこ》すこと勿《なか》れ」[10] という言葉にも通じる倫理です。功利主義にはいまだに「多数者の幸福のために少数者の犠牲を考慮しない」という批判がついて回ります。しかしミルは言います。功利主義における正しい行為の基準は行為者個人の幸福ではなく、利他心によって実現される関係者全員の幸福なのです。さらに社会の幸福量を増大させるために外的制裁《サンクション》（特に法律的制裁）を重視したベンサムに対し、ミルは**内的制裁**（**良心**）だけで十分であると考えました。良心の声である義務に反した行動をすれば苦痛を感じ、そうした行為をやめるようになり、結果的に社会の幸福量は増すでしょう。強制力は良心だけで足りるのです。

他者に害を及ぼさない限りは自由

人間が個人としてであれ、集団としてであれ、誰かの行動の自由に干渉するのが正当だといえるのは、自衛を目的とする場合だけである。文明社会で個人に対して力を行使するのが正当だといえるのはただひとつ、他人に危害が及ぶのを防ぐことを目的とする場合だけである……個人の行動のうち、社会に対して責任を負わなければならないのは、他人に関する部分だけである。本人だけに関係する部分については、各人は当然の権利として、絶対的な自主独立を維持できる。自分自身に対して、自分の身体と心に対して、人はみな主権をもっているのである。(『自由論』)[*11]

ミルの名を轟《とどろ》かせている名著に『**自由論**』〔On Liberty〕があります。「人に迷惑をかけない限り何をやってもいいから」と、親や学校の先生が言うことがありますが、これは明六社《めいろくしゃ》の同人だった中村正直《まさなお》〔1832—1891〕がミルの『自由論』を『自由之理《じゆうのことわり》』として翻訳し、日本に広めた**他者危害原理**(他者に害を及ぼさない限りは自由)です。本人にとって幸福だから、という理由で自由を制限することも許されないのだといいます。この自由論の古典的図式はいまだ自由を論じるときにもち出されます。ミルは『代議政治論』[*12]を著し、下院議員として政治活動を行い、少数者意見の尊重や一部の例外を除いて全ての人々に選挙権を与えることを訴えています。これも民主主義が教育のない多数者の専制となり、個人の自由を抑圧する可能性があると考えていたからでした。このミルの『自由論』に基づけば、賭博・違法薬物・自殺・ポルノグラフィーの頒布《はんぷ》などの「被害者なき犯罪」は果たして違法とみなすことができるのでしょうか。人に迷惑をかけない限り何をやってもいいのではないか、という話になるわけです。またこれは「本人を保護するために国が親代わりになる」というパターナリズム（父権主義・保護者温情主義）の観点から、自己決定権を侵害しうる、という法律学上の学説もあります。シートベルト着用の義務づけなども同様の論理です。

ところでミルが早い時期から女性参政権を主張していたことは注目すべきです。ミルは晩年に『女性の解放（隷従）』を書き、「女性の法律的従属という制度は……人類にとって最良であるという理由をもって採用されたものではな」く、「男性が強さにおいてまさるという単なる肉体的事実が、法律上の権利にかえられ、それが社会によって認められたのである」[*13]と喝破しています。そして女性に自由な活動を許し、職業選択の自由を与えることを説いています。国会議員としての女性参政権の提案は残念ながら反対多数で退けられてしまいました。ちなみにミルにこれを主張させたのはハリエット・テイラー夫人（Harriet Taylor Mill）〔1807―1858〕の存在です。もともと薬問屋に嫁いだ人妻でしたが、知性的・活動的な性格で、真面目だがそうした側面を受け止め切れない前夫との距離を感じていたようです。そこでミルと運命的な出会いを果たし、親交を深めます。結局、前夫が先に早逝し、ミルとハリエット・テイラー夫人は晴れて結婚するのです。しかしその結婚生活は7年半しか続かず、今度はテイラー夫人が亡くなってしまいました。『自由論』の序文には亡き妻への謝辞と共に「わたしの著書であると同時に、妻の著書でもある」[*14]と記されており、当時のミルの心痛が伺い知れます。

「いいこと」と「わるいこと」

ベンサムの著書のタイトルに『**道徳および立法の諸原理序説**』とありましたが、彼は道徳と法律の科学的な基盤となるものを検討し、「最大多数の最大幸福」という功利主義の倫理を提示しました。もうすでにお気付きの方もおられると思いますが、功利主義者やカント主義者が説いているのは「いいこと」と「わるいこと」の基準です。「いい」「わるい」の基準について考える学問を倫理学といいますが、功利主義もカント主義も、現代に至るまで有効性をもっている倫理思想です。

ところであなたの考える「していいこと」と「わるいこと」を分かつ原則とは何でしょうか。倫理学の教科書は数多く出版されていますが、私が特におすすめしたいのは『ぼくたちの倫理学教室』[*15]という本です。学生と先生が繰り広げる自由な哲学対話の形式で、小学生でも読める易しい文章の中に倫理学の様々な論点が織り込まれています。自由に何でも話せる先生がいる学校……もちろん架空の学校だと思いますが、日本のような威圧的な学校の空気とは違って、なんだかいいですね。ではこの本をタネ（＝ネタ）に、哲学してみましょう。

「いい」行動と「わるい」行為の絶対的基準などというものは、果たして存在するのでしょうか。例えば、「盗み」は「わるい」行為だと言える気もしますが、それは『十戒』に書かれている宗教的道徳だから従うべきなのか、それとも法律違反だから「わるい」行為といえるのでしょうか。また、別の視点から見れば「盗み」は相手に苦しみや害を与えるから「わるい」行為といえるのでしょうか。しかしこれらは、主観的あるいは文化的要因によって「わるい」とされているのではないか、という疑問が残ります。つまり、ある国の法律や文化、宗教倫理、はたまたその相手が害や苦しみを感じたから「わるい」行為とされたのだということもできるのです。また「盗み」が「わるい」ことだとすると、薬を盗んで子どもの命を救うことは「わるい」行為と言い切れるでしょうか。とはいえ、殺人を犯してまで子どもの命を救うことを正当化できる自信はありません。

だとすると、「殺人」のような絶対的に「わるい」と言える行為を「法律」として定め、それに違反する者に罪を負わせれば、社会は幸せになるといえるでしょうか。私は必ずしもそうは思いません。もし学校の校則に「わるい」行為が細かく列挙されていたら……おそらく学校生活は相当息苦しいものになるでしょうし、個人の自由を失った全体主義国家のような結末を迎えることもあり得ます。

そう考えると「いい」行動と「わるい」行為の絶対的基準を、法律として強制するのではなく、集団の中で皆が幸せに生活する上での道徳として提示することは意味があるように思えてきます。道徳というのは法律ほど厳格ではない、ゆとりをもたせた幅のようなものだと思います。法律を守らなければ罰せられますが、道徳を守らなくても罰せられることはありません（非難されることはある）。法律は私たちが社会で生活する上での最低限のルールです（ドイツの法学者イェリネック［1851―1911］は「法は最小限の道徳である」といっている）。道徳は法よりも上位にあるものなのです。

私は「どんな場合にでも」嘘をつかないようにしていますが、これは「いい」道徳の一例になるでしょうか。これはカントが道徳法則になり得ると考えた無条件の命令、定言命法です。これは自分だけでなく、普遍的に妥当する原則であるように思えます。とはいえちょっとした嘘をついたとしても法律で罰せられることはありませんし、ごまかすために嘘をついた方が楽だという気持ちにもなることもありますが、我慢をして本当のことを言うようにしています。カントは無条件の命令として従う義務を完全義務（果たさないと不正に権利を侵害する）と不完全義務（努力目標）に分類しました。真面目に仕事をする（不完全義務）ことは望ましいことですが、真面目に仕事をしなかったことで人の権利を不正に侵害するとは言いがたく、それは努力義務となるでしょう。その一方で「嘘」をつけば人の権利を不正に侵害しますから、「どんな場合にでも」嘘をついてはいけません（完全義務）。しかし小さい子供に「嘘をついて」苦い薬を飲ませ、病気を治すことは「わるい」行為といえない気もします。道徳は必ずしも杓子定規《しゃくしじょうぎ》な定言命法であるとは限らず、行為に優先順位がつけられる場合もあるのです。

とはいえ、自分の好きな人にも嫌いな人にも嘘はつきたくありません。自分が嫌われている立場だったとしても、自分の権利を尊重してほしいからです。一人一人の権利を尊重するために私たちは義務を負っており、それが道徳を形作っているのです。道徳は教育を受けて法的な責任をもった私たちが自己を抑制し、社会を幸せにするための最低限のルールです。誰もがマザー・テレサ［1910―1997］のような自己犠牲を実践できるほどの聖人君子ではありません。マザー・テレサのアガペー（神の愛）の実践やカント道徳を万人に適用するのは、もしかすると現実的ではないのかもしれません。そう考えるとミルも取り上げたイエスの黄金律は、そうした最低限のルールに成り得ると思います。しかしそうした絶対的基準は学校で答えとして教わるようなものではありません。学校で教えられた道徳に付き従うのではなく、一人一人が日常生活の中で道徳を追求し続けられるかどうか……本当の自律はそこにかかっているのではないでしょうか。

社会の「秩序と進歩」に役立てる

「sociologie」（**社会学**［sociology］）という言葉を作ったのはフランスの社会学者・哲学者の**オーギュスト・コント**（Auguste Comte）［1789―1857］です。社会学と哲学というと、現代ではそれぞれが扱っている領域が近接している印象があり、よくその違いを生徒に聞かれます。社会学は、社会現象を実証的に捉える学問です。**実証主義**［positivism］とは経験的に観察できる事実のみを認める立場のことです。対する否定主義［negativism］とは、想像的・抽象的な形而上学的立場のことです。つまり、「自由」や「精神」といった抽象的で、経験により観察できない事実（哲学が扱ってきた対象）を無用なものとして切り捨てて、フィールドワークで秋葉原のメイド喫茶に潜入し、そこに集う世界中の人々を観察する……といった有用な経験的事実のみを学問の対象とするのが社会学であるということです。コントはフランス革命後の混乱の時代にあって（産業革命と市民革命という大変革の時代だった）、事実的で有用な科学的知識を観察によって把握し、見いだされた法則で未来を予見し、社会の「秩序と進歩」に役立てようと考えたのです。この実証主義のモットー「秩序と進歩（Ordem e Progresso）」は、ブラジルの国旗にも明記されています。

人間精神の性質そのものによって、人間の知識の各部門は、必ず次の三つの理論段階を次々に通るコースをとるものである。それは、神学的すなわち虚構の段階、形而上学的すなわち抽象の段階、そして、科学的すなわち実証の段階である。（『社会再組織に必要な科学的作業のプラン』）*16

コントは、数学・天文学・物理学・化学・生物学・社会学と6つの基礎的科学を分類した上で、そうした人間精神により生み出された知識は、**三段階の法則**に従って発展すると考えました。*17 第1は**神学的段階**で、神の存在で現象を説明した段階です。原始未開社会のフェティシズム（物神崇拝）、古代社会の多神教、中世キリスト教社会の一神教という3つの時期がありました。第2の**形而上学的**（**哲学的**）**段階**は、経験的事実を超えた抽象的な思索で現象を説明した段階で、ルネサンス、宗教改革からフランス革命の時代がそれに相当します。「自由とは」「平等とは」「精神とは」……理性に基づく思索であるものの、経験的に確認できる事実ではありません。そして第3の**実証的段階**は、経験的に確認できる事実を科学的に観察・検証し、普遍的な法則を捉え、現象を説明する理想的な時代です。コントは、人類の進歩の最高の段階である実証的段階へと引き上げる使命感をもっていました。

さらに、社会の進歩は**軍事的段階**（奴隷制が存在し、人間が人間を支配する）、**法律的段階**（法律家や哲学者が支配する）、**産業的段階**（科学者と産業者が支配する）という三段階に対応しています。*18 産業的段階は、人間が科学により自然を支配する時代ということになります。

聖女クロティルド

ちなみにコントは、教授に対して学生がおこしたストライキの首謀者として放校されたため、アカデミズムの正門を閉ざされ、終生在野の研究者として活動した人です。貧困で苦しんだ時期も多かったようです。一時期、空想的社会主義者サン・シモン［1760―1825］の秘書となって多大な影響を受けますが、『社会再組織に必要な科学的作業のプラン』を発表したことで決別します。その後、カロリーヌ・マッサン（Caroline Massin）［1802―1877］という売春婦がコントの将来を見込んで結婚を申し込み、二人は結ばれました。しかし、自宅で講義を行ったものの（『実証哲学講義』としてまとめられた）、お金がないコントです。カロリーヌは自らの身体を売るために、何度も家出を繰り返したものですから、コントは精神錯乱に陥り、一度は自殺を図りました。その地獄の結婚生活の果て（最後は離婚した）に出会ったのが、夫に捨てられた病弱なクロティルド・ド・ヴォー夫人（Clotilde de Vaux）［1815―1846］でした。J・S・ミルらの支援者を得て、コントが経済的に安定していた頃です。しかしクロティルドと愛を誓ったのもつかの間、彼女は病気で亡くなってしまうんです。晩年のコントは失意の下、亡くなったクロティルドを聖女として崇拝する人類教（Religion of Humanity）という宗教を創始しました。過去の偉人や思想家（モーセ・ブッダ・孔子・ムハンマド・ホメロス・アリストテレス・タレス・ソクラテス・プラトン……）を冠した実証主義の暦を作ったことでも知られています。結局、人類教という新宗教が成功を収めることはありませんでしたが、ラテンアメリカの一部では支持され、ブラジルには教会が作られています。ブラジル国旗にコントの実証主義の文句が引用されたのも、そうした流れの中での出来事です。

優勝劣敗で社会は進化する

コントに影響を受け、個人を社会の一器官とみる**社会有機体説**[*19]を唱えたのが英国の社会学者・哲学者の**ハーバート・スペンサー**［1820―1903］です。スペンサーもコントと共に、社会学の創始者とされています。スペンサーは鉄道技師として働いた後、自由放任を支持する英国の雑誌『エコノミスト』（今もある）の副編集長となり、文筆活動に専念した人です。スペンサーの思想は19世紀末の米国で大流行し、明治時代の日本でも一大ブームを巻き起こしました。特に森有礼［1847―1889］や加藤弘之［1836―1916］といった啓蒙思想家に多大な影響を与え、夏目漱石［1867―1916］にもよく読まれました。スペンサーは自由放任主義*20・適者生存（ダーウィン［1809―1882］に先んじてこの言葉を使った）により、社会は軍事型から産業型へと進化［evolution］（この語もダーウィンに先んじて使った）する、と言いました。これはつまり有機体としての社会（生物有機体のアナロジー［analogy］である社会有機体）が、中央集権的な統制社会から、自由な個人が自発的に協力する社会へと進化していくということを意味します。

　このように、弱肉強食の競争・優勝劣敗で社会は進化していくという発想を、**社会進化論**（**社会ダーウィニズム**［Social Darwinism］）といいます。現代の新自由主義（ネオリベラリズム）や、毎年繰り広げられる受験戦争、就職活動、そしてスポーツチームのセレクションに至るまで受け継がれている思想でもあります。また、近代西洋の植民地支配を正当化する思想ともなりました（優れた西洋列強が劣ったアジアやアフリカを支配するのは当然だ、という発想）。ちなみに近代明治の日本は社会進化論に基づき、アジア人の中でも日本人を開明人種であると考え、その植民地支配を合理化していくのです。そもそも「人種」は欧州人がアフリカ人と出会い、「同じ人間であるはずがない」という恐怖の裏返しとして意識されたものでした。

　このように社会進化論は、優れた遺伝子を増加させ、劣った遺伝子を減少させるという**優生学**（ダーウィンの従兄のフランシス・ゴルトン（Francis Galton）［1822―1891］により提唱された）の思想にもつながるものです。これは20世紀に跋扈《ばっこ》した恐ろしい思想です。ナチス・ドイツのヒトラー［1889―1945］が金髪碧眼《へきがん》のアーリア人種・ゲルマン民族を優性人種、ユダヤ人種を劣性人種とみなし、強制収容所においてユダヤ人を大量虐殺したホロコースト（ショアー）はご存知だと思います。ヒトラーは「ユダヤ教徒」として宗教的に定義される「ユダヤ人」を生物学的な「人種」として捉えるという間違いを犯しました（「ユダヤ主義とは人種ではなくて宗教のことであるという、この最初の、また最大の嘘の上に、避けることのできぬ帰結として、ますます続きの嘘が重ねられてゆく」)。[*21]そして優性アーリア人種が劣等民族と交配すれば、高等人種の水準低下と肉体的・精神的退行が始まる、などとのたまったのです。[*22]

知的障がい者やハンセン病患者の断種・堕胎が、優生学思想の下で長らく断行されたことも知られています。聖書に「重い皮膚病」という記述があるハンセン病は、かつて癩《らい》病と呼ばれ、感染力の弱い感染症であるにも関わらず、遺伝病であるという偏見が存在しました。よって1996年に「らい予防法」が廃止されるまで、日本では隔離政策が布かれました。ハンセン病患者は家族や親戚縁者との交流を断たれ、隔離施設で生まれた子どもは強制的に断種させられていたのです。「らい予防法」が廃止された今でも、全国のハンセン病施設には家族と自由に会えない高齢の患者の方々が生活し、断種された胎児のホルマリン漬けが数多く残されています。

2016年には神奈川県相模原市の障がい者福祉施設が襲われ、19名の尊い命が失われるという戦後最悪のおぞましい殺人事件がおこりました。被疑者の男は「障がい者は生きていても仕方がない、安楽死させた方がいい」と語っていました。優生学思想が現代にも生き永らえている事実に、思わず身震いしてしまいました。

ダーウィンの〈生物〉進化論

人間にとって有用な変異がたしかにおこることがみられるのであるから、各生物にとって巨大で複雑な生活の戦闘のためになんらか役だつ他の変異が、数千世代をかさねるあいだに、ときどきおこるとは考えられないであろうか……他方、ごくわずかの程度にでも有害な変異は、厳重にすてさられていくことも、たしかであるように感じられる。このように、有利な変異が保存され、有害な変異が棄てさられていくことをさして、私は〈自然選択〉とよぶのである。有用でもなく有害でもない変異は、自然選択の作用をうけず、それには変動的な要素がのこされるであろう。（『種の起源』）[*23]

チャールズ・ダーウィン（Charles Darwin）は、生起した変異の中で、自然界に環境に適応した優位な形質をもつ種が生き残る（**適者生存**［survival of the fittest］）という**自然淘汰**（**自然選択**）［natural selection］説を唱え、（**生物**）**進化論**［evolutional theory］を体系化しました。自然淘汰説は、トマス・ロバート・マルサス（Thomas Robert Malthus）［1766―1834］の『人口論』[*24]から1つのアイデアを得たのだといいます。1831年に英海軍の測量艦ビーグル号でガラパゴス諸島などで調査にあたったダーウィンです。「ガラパゴス化」という言葉もありますが、大陸と離れていたため、生物が独自の進化を遂げていた地域です。ここでフィンチという鳥のくちばしが、島の食べ物によって形状が異なっていることに気がついたのでした。ちなみにこの時ダーウィンがもち帰ったガラパゴスゾウガメのハリエットは長命で2006年まで生き、175歳で死にました。

ところで進化論と同様のアイデアを温めていたのは英国の博物学者アルフレッド・ラッセル・ウォレス（Alfred Russel Wallace）［1823―1913］です。二人は文通する間柄で、ダーウィンはウォレスから刺激を受けていました。結局ダーウィンは先取権を勝ち取るべく、論文をウォレスの了解を得ぬまま共通の表題をつけて発表し、その後『種の起源』を著したことで進化論の祖として名を歴史に残したのです。しかしこの『種の起源』は波紋を巻き起こします。キリスト教の世界観において、神の天地創造により万物は造られたとされています。しかし、被造物とされた自然は実は変化・進化していた……そんなことを言ったものですから、人々を動揺させてしまったのです。下等なサルから高等なヒトへと単

ダーウィンを揶揄する風刺画

線的に進化した……そんなに単純な話ではなく、樹形図のように枝分かれする形で進化を遂げていくとダーウィンは説いたのですが、人々は「ならばお前はサルなのか！」と言わんばかりに、サルの身体にダーウィンの顔を載せた風刺画まで作られてしまうのです。

とはいえ米国中西部の保守的なキリスト教圏では、進化論否定論者が今でも一定数存在します。そこに留学していたかつての教え子から聞いた話では、進化論を教わらぬよう保護者が子どもを学校に通わせず、自宅で教育している人もいたそうです。

ところで私の高校時代の恩師は英語の先生でした。当時の英語の先生は、今思えば舶来思想の啓蒙者といいますか、どことなく文化的な香りが漂っていたように思います。それに現在ほど、英語は商売のツールと化してはいなかったのです。クリスチャンの先生も比較的多くいました。「英語＝クリスチャン」という明治以来の図式もまだ辛うじて生きていたということでしょう。その恩師が授業の中で何気なく、「人間がサルから進化したなんて、信じられますか？」とおっしゃっていたのを今でも思い出します。当時はどうしてそんなことをおっしゃっているのか、全く意味が分からなかったのですが、今ならその理由もわかるのです（先生はクリスチャンでいらっしゃった）。これは全くの余談ですが、私が教員になった頃、突然その恩師から連絡があり、ガリ版刷りの学級通信や古びた本を手渡されました。その古びた本は『矢と歌』というタイトルで、当時はすでに絶版。わざわざ古本屋から取り寄せてくださったそうです。早速読み進めると、新潟県にあるプロテスタント系の私立高校の創設者の自伝でした。書名『矢と歌』[25]は、米国の詩人ヘンリー・ワズワース・ロングフェロー（Henry Wadsworth Longfellow）［1807―1882］の詩のタイトル"The Arrow And The Song"から採られたものです。そこでこの英詩に興味をもち、試しに訳してみました。「空に向かい一本の矢を私は放つ　それは地面に落ちたようだが　その場所を知らない　どうしてか　それはあまりに速く飛んでいったから　私の眼はついていくことが出来なかったのだ　空に向かい一つの歌を私は歌う　それは地面に落ちたようだが　その場所を知らない　それはそうだ　その歌声について

いけるほど　鋭く強い眼《ひとみ》を誰がもっているのだろうか　時は遥か流れ流れて一本の樫の木に　まだ折れもせずあの一本の矢が　刺さっているのを知った　そしてまた　あの歌が頭から終わりまで　一人の友の心の中にあることを知ったのだ」……この詩を反芻《はんすう》していたら、恩師のメッセージに気がつきました。学校教育というものも「矢と歌」のようなものなのだ、ということです。放たれた矢が、20年後、30年後、生徒の心に折れもせず刺さっていればよいのです。東大・京大に何人合格させるか……教育の世界でもそんな短期的な数値目標を突きつけられ、評価を下される世知辛いご時勢にあって、教育の本質を見誤ってはいけない、と思いました。恩師が伝えようとしたメッセージを、私はいつも胸に置いているのです。

注

＊1　アダム・スミスは、「道徳的行為は……全体として、全般的幸福を促進するということ、およびこれこそ神の意図した目的であるということ、この二つを……容認するにやぶさかではなかったが、功利だけが正しい行為のただ一つの基準であるとする考え方には反対であった」（D・D・ラファエル『アダム・スミスの哲学思考』久保芳和訳、雄松堂出版、１９８６年）。

＊2〜4　ベンサム『道徳および立法の諸原理序説』（『世界の名著49』）（山下重一訳、中央公論社、１９７９年）。

＊5　マイケル・サンデル『ハーバード白熱教室講義録＋東大特別授業（上）』（ＮＨＫ「ハーバード白熱教室」制作チーム、小林正弥・杉田晶子訳、早川書房、２０１０年）。

＊6　J・S・ミル『功利主義論』（『世界の名著49』）（伊原吉之助訳、中央公論社、１９７９年）。

＊7　ジョン・スチュアート・ミル『ミル自伝』（朱牟田夏雄訳、岩波書店、１９６０年）。

＊8　関嘉彦『ベンサムとミルの社会思想』（『世界の名著49』）（中央公論社、１９７９年）。

＊9　J・S・ミル『功利主義論』（『世界の名著49』）（伊原吉之助訳、中央公論社、１９７９年）。

＊10　加地伸行全訳注『論語』（講談社、２００４年）。

＊11　ミル『自由論』（山岡洋一訳、光文社、２００６年）。

＊12　J・S・ミル『代議政治論』（『世界の名著49』）（山下重一訳、中央公論社、１９７９年）。

＊13　J．S．ミル『女性の解放』（大内兵衛・大内節子訳、岩波書店、１９５７年）。

＊14　ミル『自由論』（山岡洋一訳、光文社、２００６年）。

＊15　E．トゥーゲントハット、A．M．ビクーニャ、C．ロペス『ぼくたちの倫理学教室』（鈴木崇夫訳、平凡社、２０１６年）。

＊16　コント『社会再組織に必要な科学的作業のプラン』（『世界の名著46』）（霧生和夫訳、中央公論社、１９８０年）。

＊17　清水幾太郎『コントとスペンサー』（『世界の名著46』、中央公論社、1980年）。
＊18　コントは、後述する空想的社会主義者サン・シモンの秘書となったことから、彼の産業主義の影響を受けている。
＊19　個人ではなく社会こそが実在だ、と考える社会実在論の立場。社会実在論に対して、個人の集合体に与えた名称が社会だ、と考える立場を社会名目論という。
＊20　自由を重んじ、政府の干渉を嫌ったスペンサーの思想は、自由民権運動を支える思想ともなった。その一方でスペンサーは、森有礼らを通じて政府の求めに応じ、日本国憲法の起草に至るまで様々な忠告を行っていた。その忠告は、日本国民に急激に政治的自由を与えないように、といった保守的・漸進的な内容であったという（清水幾太郎『コントとスペンサー』）（『世界の名著46』中央公論社、1980年）。
＊21〜22　アドルフ・ヒトラー『わが闘争（上）』（平野一郎・将積茂訳、角川書店、2001年）。
＊23　ダーウィン『種の起原（上）』（八杉龍一訳、岩波書店、1990年）。
＊24　食料は算術級数的にしか増えないのに対し、無限の性欲に基づき人口は幾何級数的に増える、という点を指摘し、貧困や悪徳を、過剰な人口を抑制するために肯定した。しかしこの論は批判を集め、後には道徳的な人口抑制策を説いている。
＊25　太田俊雄『矢と歌　師弟物語』（聖燈社、1972年）。

51章　社会主義（空想的社会主義、マルクス・レーニン主義、社会民主主義）

資本主義のアンチテーゼとして

資本主義経済の自由競争は必ず貧富の差を伴います。近代の普遍理念である「自由」と「平等」は実は相性が悪く、なかなか両立できないのです。産業革命を経て、私有財産制・市場原理主義に基づいて営利追求を行う資本主義のしくみが整うと、そのひずみともいえる階級対立や貧富の差という社会問題が露呈してきます。近代明治の日本に資本主義が導入された際も同様の経過をたどりました。そこで、資本主義の私有財産制・市場経済を否定し、生産手段の公有・計画経済を是として平等を実現する**社会主義経済**が構想されるのです。この社会主義経済は、冷戦時代は世界を二分する（厳密には世界の約3分の1を席巻する）勢力をもち、冷戦終結後も中国や北朝鮮、ベトナム、ラオス、キューバが採用しています。既に述べたように資本主義を修正したケインズ［1883－1946］も社会主義的な所得の再分配の発想をもっていましたし、資本主義・自由主義経済を採用する各国において、行き過ぎた自由主義に歯止めをかけているのは暴力革命を否定した社会民主主義政党であったりもします。

空想的社会主義者

初期の社会主義者として知られているのがフランスの**サン・シモン**（comte de Saint-Simon）［1760—1825］伯爵です。彼はカール大帝（Charles I）（シャルルマーニュ）［742—814］の血を引く名門の生まれでした。そのサン・シモンの秘書を一時期務めていたのは、社会学の祖コント［1789—1857］です。サン・シモンは晩年自殺を図り、一命を取り留めた後に『**産業者の教理問答**』を著し、封建階級（新旧貴族やブルジョワ）ではなく「国民の二十五分の二十四以上を構成してい」[*1]る**産業者階級**（農業者、製造業、商業者からなる）が団結して、暴力を用いることなく産業や科学を基盤にした産業社会に移行するべきであると説きました。「世界のあらゆる民族は……支配的、封建的、軍事的制度から管理的、産業的、平和的制度へ移行するという目標」に向かっているのです。科学者と産業者が支配する産業的段階へと社会は進歩すると考えたコントに与えた影響がうかがい知れます。ちなみに「**社会主義**」の語はフランスのサン・シモン派の哲学者ピエール・ルルー（Pierre Leroux）［1797—1871］が1831年に発明したとされています

フランスの**シャルル・フーリエ**（Charles Fourier）［1772—1837］も初期の社会主義者です。毛織物・香料商人の家に生まれますが、嘘をついて物を売る商業に憎しみを抱き、それは文明社会の産業全体への批判意識へとつながりました。また、絹織物工業の中心地だったリヨンでは多くの悲惨な生活をする労働者階級を目にします。そこでフーリエは、土地や生産手段を共有する**ファランジュ**［phalange］[*2]という協同社会を作ろうと考えました。ファランジュは、「最小四百人、最大二千人、平均千六百二十人の老若男女と、一人当たり一ヘクタールの農地をもった、生産と消費にわたる生活協同体で、ファランステールとよばれる広大な協同宿舎で生活」します[*3]（**ファランステール**［phalanstère］はファランジュと大建造物［monastère］を組み合わせたフーリエの造語）。そこ

では建物や公共施設が快適に整えられ、フーリエが人間の本性であると考える12種類の情念が満たされるようコントロールされています。主産業である農業の生産余剰は資本・労働・才能に対して平等に配分されます（私有財産制は維持されている）。ちなみに多様性の観点から、男女共に複数の性的関係をもつことを肯定してもいます（「どんなにおいしい料理でも、毎日毎日供されたのでは、やがて胃が受けつけなくなるであろう」）。*4 ファランジュは弟子のヴィクトル・コンシデラン（Victor Considerant）［１８０８―１８９３］によって１８５０年代、米国のテキサスに建設されました（結局試みは失敗に終わった）。

理性的な人間が社会を操作するという、こうした平等な共産主義ユートピアの実践は、実は近代宗教ともよく似ていると思います。１つの目的に向かって大衆を理性的にマインドコントロールしていく、というのが近代の本質だからです。私が中学生くらいの頃、（東京の多摩地域に住んでいた）ヤマギシズム（幸福会ヤマギシ会）*5がバンに載せた農作物・乳製品を近所によく売りに来ていました。ヤマギシズムは無所有一体のユートピアの実践運動です。宗教ではありませんが、マインドコントロールによって私財を奪われたとするトラブルも少なくありません。しかし、当時あんなに美味しいプリンはどこへ行っても買えなかった……と今にして思います（笑）。

英国のニュー・ラナーク紡績工場（世界遺産に指定されている）の共同経営者だった**ロバート・オーウェン**（Robert Owen）［１７７１―１８５８］は、工場労働者の生活環境を憂いて社会改良を志しました。児童労働の禁止を決め、フリードリヒ・フレーベル（Friedrich Fröbel）［１７８２―１８５２］に先んじた世界初の幼児学校《インファントスクール》を工場内に作っています。初期の社会主義はこうした資本家の人道的見地に支えられていた部分があったのです。さらにオーウェンは貧困の原因が性格にあると考え、環境を改めて性格を改良する「性格形成新学院」を作ったりもしています。この辺の発想はちょっと怖いですね（笑）。１８２５年にオーウェンはドイツのラップと言う宗教団体からインディアナ州の広大な土地を買い求め、**ニューハーモニー村**という理想主義共同体を作る一大実験に打って出ます。しかし入村者が増える中、運営を巡って大混乱が生じ、３年余りでオーウェンは退村し、６万ポンドの資産を失ってしまいました。

『共産党宣言』によると、サン・シモン、フーリエ、オーウェン……この3人の初期社会主義者・共産主義者の著作は、現存社会に対する批判的要素をもっていたものの、「プロレタリア階級の側に、歴史的自発性を、独自の政治的運動を、まったく認め」ず、ファランステールの創設などは「ユートピア的な意味しかもたない」「空中楼閣」[*6]でした。そこで、彼らの「**空想的社会主義**」に対し、科学的な現状認識に基づく「**科学的社会主義**」が打ち出されていくことになります。

科学的社会主義の成立

ヨーロッパに幽霊が出る――共産主義という幽霊である。ふるいヨーロッパのすべての強国は、その幽霊を退治しようとして神聖な同盟を結んでいる……。（『共産党宣言』）[*7]

『**共産党宣言**』を執筆したのはドイツの哲学者・経済学者にして科学的社会主義の祖**カール・マルクス**（Karl Marx）〔1818―1883〕と盟友**フリードリヒ・エンゲルス**（Friedrich Engels）〔1820―1895〕です。彼らは資本主義〔capitalism〕経済を仔細《しさい》に分析し、共産主義革命の必然性を論証することで、単なるユートピア思想・ブルジョアの博愛心の域を出なかった社会主義〔socialism〕思想を科学的に理論化することに成功しました。もちろん社会主義の失敗が明らかになった現在ですから、何を今さらマルクス……と思う人もいるかもしれませんが、一時期世界の約3分の1を支配したその影響力はイエス〔B.C.4?―A.D.29?〕やブッダ（仏陀）〔B.C.463?―B.C.383?〕、ムハンマド〔570?―632〕に匹敵するレベルですし、さらには資本主義社会であり続ける限り、肯定的あるいは否定的にマルクスを経ずして社会を相対化することは全くもって不可能だと思っています。

マルクス

マルクスはドイツ（プロイセン）出身、父はユダヤ教の律法学者（ドイツ社会に溶け込むためか、マルクスが生まれる前にプロテスタントに改宗した）・弁護士でした。高等中学校《ギムナジウム》の卒業作文では自分の利益のためだけでなく、社会の幸福のために働くときに自己を完成させられると述べています（利己的な資本主義の弊害を指摘し、「類的存在」としての人間を回復するマルクス思想の萌芽）。卒業後はボン大学、そしてヘーゲル［1770―1831］が学長を務めたことがあるベルリン大学でも学んでいます。卒業後『ライン新聞』の主筆を務めていた時（政府の検閲・発行停止により主筆を辞した後、貴族出身だった才媛イェニー（Jenny）［1814―1881］と結婚した）に、キリスト教と一体となっていたヘーゲル思想を乗り越えようとしたヘーゲル左派（青年ヘーゲル派）の哲学者**ルートヴィヒ・フォイエルバッハ**（Ludwig Feuerbach）［1804―1872］の思想に触れます。その人間主義的唯物論（神の本質は人間*8――類としての人間が全能であるがゆえ、神は全能――であり、人間は人間の意識のつくった神の奴隷となっている）に影響を受け、さらにそれを乗り越えようとするのです。そして『ライン新聞』時代に出会ったエンゲルスとパリで再会したことによって、秘密裏に社会主義思想の研究に勤しむようになり、共産主義者同盟を結成、労働運動（労働者の選挙権要求運動である1946年のチャーチスト運動など）やフランス二月革命（1848年）を背景に『共産党宣言』を二人で書くのです（共産主義者同盟の第2回大会に出された綱領――活動目標・取り組み方針――だった）。マルクス29歳、エンゲルス27歳の時です。

その後幾度の亡命でたどり着いた英国・ロンドンでは極貧生活の中で3人の子どもを失いますが（柩《ひつぎ》を買うお金もなかった）、大英博物館にせっせと通い、『**資本論**』（の第一部をなす『**経済学批判**』）を書き上げました（エンゲルスは極貧のマルクスを経済的にも支援した）。ロンドンでは、労働者の国際組織第一インターナショナルの結成にも参加しています。仲間や家族に支えられたマルクスは、1883年に65歳の時に肝臓がんで亡くなりました。エンゲルスは稀代の悪筆だったマルクスの膨大な遺稿を視力を悪くしながらも整理し、『資本論』

の第二部・第三部を完成させました。

私が大学生の頃は、大学構内に『資本論』を読みませんか」という勉強会のビラがよく貼られていました。大学の学生自治会の勧誘ビラでした。在籍上限の8年間大学に通って、授業料値下げや自衛隊の海外派兵反対運動なんかをやっているマルクス主義の影響下にある組織だったからです。冷戦終結後の余韻があった時代の「社会主義・共産主義」には冷静になれない何かがあったように思います。しかし今にして冷静に『資本論』を読むと、これは革命をたき付ける思想書というより、「経済」という営みをまっとうに批判した本です。数学的に誤りがある点も指摘されていますが（マルクスは計算が苦手だった）、私たちの空気と化している資本主義経済を俎上《そじょう》に載せて、鮮やかに分析してみせた『資本論』は現代でも有効性があるのではないでしょうか。2014年には「21世紀の資本論」という触れ込みで、フランスの経済学者トマ・ピケティ（Thomas Piketty）［1971―］が書いた『21世紀の資本』が話題になりました。戦前非合法下の日本共産党に入党していたプロレタリア文学者・小林多喜二《たきじ》［1903―1933］（治安維持法違反で1933年に逮捕され、拷問の末、殺された）の『蟹工船《かにこうせん》』（1929年）が、過酷な派遣労働やブラック企業がクローズアップされる中で2008年に再びベストセラーを記録した時代の文脈もありました。格差拡大という資本主義の矛盾が露呈すればするほど、資本主義を分析する意義を認めざるを得なくなるのです。

資本家の搾取

わが労働者は賃労働者である……彼は紡績工だと仮定しよう。彼が一日に六時間はたらくならば、彼は一日に三シリングの価値を棉花に付加するであろう……ところが資本家は、紡績工の労働力の一日分または

> 一週間分の価値を支払うことによって、その労働力をまる一日または一週間にわたって使用する権利を得たのである。だから彼は、紡績工をたとえば一日に十二時間はたらかせ……日々三シリングを投下して日々六シリングを回収するであろう。そして半分はふたたび賃金を払うために出てゆくであろうが、残り半分は、資本家によって何らの対価も支払われない剰余価値を形成するであろう。資本と労働との間のこの種の交換こそは、資本制的生産または賃金制度の基礎であり、そしてそれは、労働者としての労働者および資本家としての資本家の再生産をひきつづき生ぜざるをえないものである。」（『賃金・価格および利潤』）*9

資本主義社会において経営者にならない限りは皆、労働者（**プロレタリアート**［proletariat］）です。いわば労働力を切り売りして月給をもらうサラリーマンだということです。例えば時給１０００円でアルバイトをしたとしましょう。もしあなたの労働力が１時間に１０００円の価値しか生み出せなかったとすると、経営者（**資本家・ブルジョワジー**［bourgeoisie］）はどうなるでしょうか。利益が出ず、拡大再生産を図ることは難しくなるでしょう。あるいは、あなたの労働力が１時間に８００円の価値しか生み出せなかったとすると、経営者はお飯《まんま》の食い上げです。あなたはお尻を叩かれて「もっと仕事しろ！」と怒鳴られるか、あるいはクビになってしまうかもしれません。そう考えると、労働力の対価として時給１０００円を受け取っているけれども、実際は１時間に１２００円くらいの仕事をさせられている、ということになります。この１２００円が労働力の使用価値です。そして１０００円の時給ですから、差し引き２００円が剰余《じょうよ》価値＝利潤になります。この２００円の**剰余価値**＝利潤は、経営者に丸々**搾取**《さくしゅ》されてしまうのです（労働時間を短縮することで利潤を得る方法もある）。ここに暴露されたのが、「不払い労働でさえ支払労働のように見」*10せる資本主義経済のカラクリです。もちろん現在は皆が工場労働に勤しんでいるわけではありませんし、株式会社における資本の提供者は株主ということになりますから、経営者を個人として特定することは、マルクスの時代ほど容易でない部分があります。また、マルクスが古典派経済学の父アダム・スミス〔1723―1790〕たちから受け継いだ労働価値説（商品価値は労働量や労働時間で測定できる）を現代のサービス業などに一概に当てはめるのはもはや困難でしょう。とはいえ、人間の労働によって財やサービスが生み出されている以上、おおむね有効な見立てだと思えるのです。[*11] このマルクスの見立てに基づくと、労働者階級は資本家階級と対等ではなく、前者は後者に一生頭が上がらない、ということになります。

マルクス主義の歴史観・唯物史観

> 一切の歴史は階級闘争の歴史である……ヘーゲルは歴史観を形而上学から解放して、それを弁証法的にした、――けれども、彼の歴史観は本質的には観念論であった。いまや観念論はその最後の隠れ家たる歴史観から追放され、一つの唯物史観なるものがここに生まれた、そしてそれは従来のように人間の存在をその意識から説明する方法ではなく、人間の意識をその存在から説明する方法であった。（『空想から科学へ』[*12]）

唯物論者・無神論者マルクスの卒業論文が、デモクリトス〔B.C.460?―B.C.370?〕とエピクロス〔B.C.342?―B.C.271?〕の比較研究だったことは既に紹介しました（「自由や行為や自己意識の問題をあきらかにする」エピクロスがデモクリトスより優れて進歩的である点を指摘した）。[*13] フォイエルバッハからも人間主義的唯物論を学んでいます。そんなマルクスはエンゲルスと共に、唯物論の土台の上にヘーゲルの弁証法を取り入れた「**唯物弁証法**」で社会の発展を説明しました。それに基づく歴史観がマルクス主義の歴史観・**唯物史観**《ゆいぶつしかん》（**史的唯物論**〔historical materialism〕）です。カント〔1724―1804〕やヘーゲルの観念論ではなく唯物論に立ち、透徹なまでに社会を科学的に分析したのです。

日本でいえば縄文時代にあたるのが、原始共産制社会です。それぞれの共同体が狩猟採集の自給自足生活をし、皆平等で、ルソー言うところの「幸福な未開人」のような人々には、階級など存在しませんでした。ちなみに戦後日本の歴史教科書は戦前の反動もあって、マルクス主義の歴史観が入っています。ですから私たちが抱く縄文時代のイメージもそんなところだと思います。それが古代奴隷制社会になると、君主や貴族による専制政治が成立し、奴隷を使役して生産活動が行われます。日本で言えば縄文後期から弥生時代以降、水が得られる広い農地を巡って争い、大王《おおきみ》のようなリーダーが登場した経緯を思い浮かべればいいでしょう。生産活動のための生産手段（土地、資本、労働力）を誰が所有するか、を**生産関係**と呼び、これが社会のあり方を形成しています。私たち

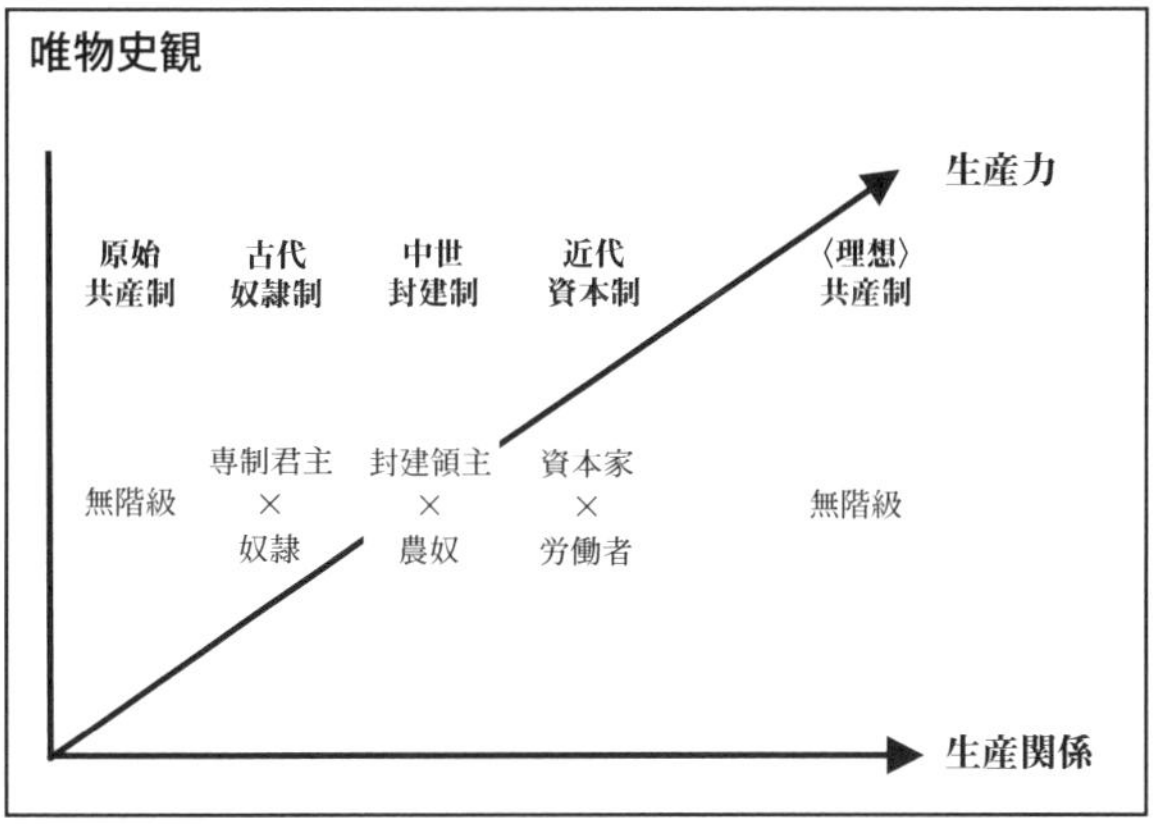

人間は生産力を高めたいと考えます。そこでマルクスは、高めようとされる**生産力**と古い生産関係の間の矛盾から階級闘争がおこると考えました。これはヘーゲルの弁証法の影響です。生産力はどんどん高まり、社会は発展していく……という楽観的な見立ては「行け行けドンドン」的な近代思想そのものであるように思えます。

古代奴隷制社会の次は中世封建制社会へと発展します。日本では近世江戸時代まで続いた身分制社会に相当します。ここでも封建領主と農民との間に生産関係を巡る階級闘争がおこり、近代資本主義社会が誕生します。市民革命以降、政治的には民主主義を、経済的には産業革命以降、資本主義経済を布《し》いた社会です。これこそがマルクスやエンゲルスが生きていた時代なのですが、資本家と劣悪な労働環境に置かれた労働者の階級闘争が目に見えて勃発し始めていました。

資本家は農民から土地を奪って工場における賃金労働者にし（本源的蓄積）、労働者の生み出す剰余価値を搾取します。自由競争に打ち勝つ

ため、剰余価値の一部は資本に転化され（資本の蓄積）、拡大再生産がなされます。それにより資本家と労働者という人間関係が再生産され、そうした資本の蓄積は労働者の過剰をもたらします。商品の価値（W）は不変資本（生産手段のために投下される）（c）と可変資本（労働力を買うために投下される）（v）と剰余価値（m）からなります（W＝c＋v＋m）。剰余価値を生み出しているのは、不変資本ではなく可変資本です。しかし資本家は「m／v」という剰余価値率ではなく、「m／（c＋v）」という利潤率を問題とし、総資本（c＋v）が利潤の源泉であるかのように、不払い労働の事実を隠蔽します。そうなると、生産拡大のために不変資本（c）が投下されればされるほど、可変資本（v）に対する割合が増え、利潤率は低下します。それでも資本家は剰余価値を増やすことができるのです。[*14] 当然、資本家と労働者の格差は拡大するでしょう。しかし、望ましい生産力の増大を実現する上で、利潤率の低下は望ましいとはいえないでしょう。[*15] そうした矛盾から資本家と労働者の間で階級闘争がおこり、共産制社会が到来することは歴史的必然であるとされました。最終的に国家も消滅し、階級も存在しなくなり、全ての人々は平等を勝ち取ることができるというのです。ちなみにマルクスは当初、ユートピア的な社会主義［socialism］に対して、自らの主張を**共産主義**［communism］として区別しました。しかし後に科学的社会主義を標榜するとともに、社会主義は理想の共産主義の過渡期（低次の段階）として位置づけられます。「能力に応じて働き、労働に応じて分配される」社会主義では労働者による政治支配（プロレタリアート独裁）が敷かれます。その過渡期を経て、「能力に応じて働き、必要に応じて受け取る」共産主義が実現すると、国家は廃止され、無政府状態の平等な無階級コミューンが到来するのです。

下部構造が上部構造を規定する

マルクスは唯物論に基づいて資本主義社会を科学的に分析した、といいました。唯物論（マテリアリズム）は「精神よりも物質」を世界の根源だと考える立場でした。そうなると、私たちの意識（精神）が社会的存在（物質）を規定しているのではなく、社会的存在が私たちの意識を規定している、ということになります。マルクスは社会的存在を**下部構造**と考え、その上に私たちの意識である**上部構造**が横たわっていると考えました。私たちの意識を規定する下部構造……それは資本主義経済という物質的構造です。資本主義経済は資本家が労働者が支配しています。その土台の上に、私たちの意識や法律・政治・思想ないし宗教が成り立っているのです。近代の主人公である理性的な私たちの自由な意識と思われるものも、実は下部構造に基づいているのです（「存在が意識を規定する」にもかかわらず、「意識が存在を規定する」という幻想を抱かせるドイツ観念論＝ドイツ・イデオロギーは「虚偽意識」だった）。例えば、私たちが「勉強しなければいけない」とか「時間を守らなければいけない」という意識をもつのは、資本主義経済における至上命題である「利潤の追求」を実現するためです。人一倍勉強をし、時間を有効に使えなければ、お金を稼げない……と一般的に考えられているからです。これが資本主義の**イデオロギー**［ideology］（集団や立場における行動を制約する意識の体系）です。でも、資本家（経営者）にでもならない限りは、つまり多くの人にとっては、（いつか経営者になれるかもしれないという希望に支えられて）労働者として会社の利潤を増すお手伝いをし、結局搾取されて終わってしまうということです。マルクスは「宗教は民衆の阿片《あへん》」だとも言っています（アヘン戦争がおこった時代背景ゆえ、こんな例えをしたのだろう）。つまりキリスト教は人々の心を癒し、慰めてはくれるけれども、国王権力と結託して労働者が立ち上がるのを防いでいるということです。ただしマルクスが理想とした「能力に応じて働き、必要に応じて受け取る」共産主義は新約聖書の「使徒言行録」の中に既に見られます（「信じた人々の群れは心も思いも一つにし、一人として持ち物を自分のものだと言う者はなく、すべてを共有していた……信者の中には、一人も貧しい人がいなかった。土地や家を持っている人が皆、それを売っては代金を持ち寄り、使徒たちの足もとに置き、その金は必要に応じて、おのおのに分配されたからである」）。*16 ユダヤ教からキリスト教に改宗した家庭に生まれたマルクスですが、「宗教は民衆の阿片」としつつも、全世界に共産主義を行き渡らせる普遍（カトリック）教会を作ろうとしたと言えなくもないのです。

話を戻しましょう。私たちの意識を労働者のための意識に変えるためにはどうすればよいのか……全世界の労働者が連帯し、共産主義革命をおこして、下部構造をすげ替えるしかありません。私有財産制に基づく市民社会（資本主義社会）の矛盾は、ヘーゲルが言うように国家ではなく、プロレタリアートによって止揚・アウフヘーベンされるのです。『共産党宣言』の末尾にはこのような激しいアジテーションがありました。

共産主義者はどこにおいても、現存の社会的ならびに政治的状態に反対するあらゆる革命運動を支持する……共産主義者はどこにおいても、すべての国の民主主義諸政党の結合と協調に努力する……共産主義者は、これまでのいっさいの社会秩序を強力的に転覆することによってのみ自己の目的が達成されることを公然と宣言する。支配階級よ、共産主義革命のまえにおののくがいい。プロレタリアは、革命においてくさりのほか失うべきものをもたない。かれらが獲得するものは世界である。万国のプロレタリア団結せよ！

（『共産党宣言』[*17]）

労働の疎外

労働者が苦労すればするほど、かれが自分のむこう側に作り出す外的な対象世界の力が大きくなり、逆に、かれ自身の内面世界は貧しくなり、かれ自身の所有物は減少する、ということだ。宗教でも同じことが起こるので、人間が神にゆだねればゆだねるほど、人間のもとにあるものは少なくなる。労働者は自分の生命を対象に投入する。と、その生命はもはやかれのものではなく、対象のものとなる。労働者の活動が大きくなればなるほど、労働者は対象を失うことになる。労働の生産物はかれのものではない……生産物の形を取った労働者の外化は、かれの労働が対象となり外的存在となるという意味をもつだけでなく、それがかれの外に、かれから独立した疎遠なものとして存在し、独立した力としてかれに立ちむかうようになることを、いいかえれば、かれが対象に投入した生命が疎遠なものとしてかれに敵対することを意味する。
（『経済学・哲学草稿』*18）

マルクスが共産主義を構想したのは、人間の本質である「**類的本質**」（動物とは異なる人類の本当のあり方）を回復することにありました。「類的本質」……別の言い方でいえば、人間は人類やその他の類を対象化し、労働を通して自然に働きかけ、他人と結びつき連帯し、自己実現を果たす「**類的存在**」だということです。人間は利己的なものではなく、他人と連帯する公共的なものでもあるのです。

しかし、資本主義社会において私たちが他人と結びつき、自己実現を果たす労働は、喜びというより苦役と化しています。なぜなら、労働生産物は資本家によってまんまと搾取され、せっかく作ったものを取り返すため、賃金奴隷に堕すことを余儀なくされるからです。労働生産物は芸術家にとっての丹精こめた作品のようなものであるはずです。それが資本家によって奪い取られてしまうわけです。せっかく作った絹のドレスを自分が着ることは叶わないのです。そうなると労働は、自由意志に基づくものではなく、単なる強制労働となり、目的というより賃金を得る手段に成り下がります。ですから、労働の喜びが得られるというより、労働しないときに安らぎを得られる始末なのです。これが**労働の疎外**です。「疎外」とは（52章でも触れますが）人間から人間らしさが離れていき、よそよそしく非人間的な状態になることを意味する言葉です。*19「労働は楽しく、人間的な喜びを十分感じられる」と言う人もいると思いますが、ここでは現代社会でいうところの過酷な派遣労働のようなものを思い浮かべてほしいのです。どんなに楽しいと思える労働も、目的と手段のバランスがひとたび崩れれば、人間は社会の歯車となり、苦痛に満ち満ちたものになってしまうでしょう。

社会的活動のこうした自己膠着《こうちゃく》、**われわれ**自身の生産物が**われわれを**制御する一つの**物象的な強制力**と化すこうした凝固――それは**われわれの**統制をはみだし、**われわれの**期待を裏切り、**われわれの**目算を無に帰さしめる――、これが、従来の歴史的発展においては主要契機の一つをなしている。社会的威力、すなわち幾重にも倍化された生産力――それはさまざまな諸個人の**分業の内に条件づけられた**協働によって生じる――は、協働そのものが自由意志的でなく自然発生的であるために、当の諸個人には、彼ら自身の連合した力としてではなく、疎遠な、彼らの外部に自存する強制力として現われる。（『ドイツ・イデオロギー』[*20]）

マルクスの資本主義分析は今なお現代的です。例えば「**物象化**」という言葉があります。これは人と人が労働にとって結ばれる関係が、資本主義社会では物と物の関係になってしまうということです。つまりモノとして、機会として、道具として……「使えるか、使えないか」の関係になってしまうのです。これはまさに人間疎外状況でしょう。確かに職場などにおいて、人間は労働力として売買される交換価値として数量化され、序列化されてしまっています。これでもし人間的な会話をする余裕まで失われたら、職場に設置された機械（マシーン）と変わらなくなるかもしれないですよね。

そうした物象化により、**物神崇拝**がおこります。物神崇拝とは英語で「**フェティシズム**［fetishism］」[*21]のことで、本来は労働そのものに価値があるはずなのに、人間が生産した商品や貨幣を神として崇めてしまうことを意味します。一般に「〜フェチ」という、あれですね。資本主義は貨幣や商品を崇める宗教みたいなものなんです。確かに私たちは一万円札や高価な家電や宝石、車を神のように崇め奉っています。もはや金本位制ではありませんから、現在の紙幣は金や銀と兌換《だかん》できない不換紙幣なんですが、商品との交換価値をもつモノとしてそれらを崇め奉っているのです。社会的分業に基づいて物神崇拝がおこるという指摘も納得です。もっとも「モノより情報」という現代では、モノよりむしろ非物質的なサービスを崇拝する次元に達しているように思えますし、モノとしての貨幣による決済に代わり、電子マネーも一般的になりました。ちなみに私はレコード盤に相当のフェティシズムがあります。音楽を聴くにしても、ＣＤやダウンロード、サブスクリプション、動画サイトではなく、黒い塩化ビニールでないとダメなんです。しかし、自分はその何に価値を見出しているのだろう……と考えてみると複雑です。「音の良さ」ももちろんありますが、「レア」であるか否かという希少性を価値だと勘違いして崇め奉っている部分もあるように思えます。本当の価値は音楽そのものにあるはずなのですが。

レーニンのロシア革命

マルクスの共産主義革命は、生前実現することはありませんでした。マルクスは生産力と生産関係の矛盾が大きい先進資本主義国で革命がおこると予想しましたが、実際は経済発展が遅れ、封建的な農奴制が残存したロシアや中国で社会主義政府が実現しました。私有財産制を廃止し、計画経済で平等を実現する社会主義は、全体的に貧しい国家では経済的レベルを「底上げ」するものとして期待されたからです（全体的な「底上げ」が実現されると、人々の心は離れていく）。

焼け跡から復興した戦後間もない日本は本当に貧しかったんです。終戦を迎えた２年後の１９４７年には日本社会党のキリスト教社会民主主義者・片山哲《てつ》〔１８８７―１９７８〕内閣が誕生しています。片山は公社・公団を設立し、労働組合法や健康組合法をつくり、公務員を公僕化する国家公務員法も制定されました。私が初めて勤めた頃の公立学校は本当にボロボロの校舎で、職員室の壁には巨大な亀裂が入っていました。パソコンも支給されず、私物をもちこむほかありませんでした。今は少しずつ変わってきていますが、公務員の待遇や労働環境、施設にちょっと共産主義国家風な部分が残っているのはそういう理由かもしれません（笑）。

世界初の武力による社会主義革命を成功させたのはロシアの**ウラジーミル・レーニン**（Vladimir Lenin）〔１８７０―１９２４〕です。兄はロシア皇帝の暗殺未遂事件に加わって死刑になっており、その後レーニンはマルクス主義者となりました。「**マルクス・レーニン主義**」という言葉がありますが、レーニンはマルクスの科学的社会主義を継承する正統マルクス主義者でした。レーニンは、資本主義は市場や原料を求めて列強が植民地獲得競争を行う**帝国主義**[*22]という最高の段階に入っているとし（アメリカ、イギリス、日本という「足の先から頭のてっぺんまで武装した二、三の強盗ども」が「自分たちの獲物を分配するための自分たちの戦争に、全地球をひきずりこむのである」）[*23]、労働者による世界革命を目指しました。１９１７年に世界初の社会主義革命であるロシア革命では、レーニンの指揮するボリシェビキ（ロシア社会民主労働党の「多数派」を意味し、ソ連樹立後はソ連共産党となる）が武装蜂起し（十月革命）、１９１８年にはプロレタリアート独裁が実現します。同年レーニンの命で処刑されたロシア皇帝ニコライ２世（Nikolai II）〔１８６８―１９１８〕は、来日時の１８９１年に襲われて暗殺されかけた（大津事件）こともあった人物でした。国際的な共産主義運動を支援するコミンテルン（第３インターナショナル）も発足し、その後１９２２年には世界初の社会主義国家であるソビエト社会主義共和国連邦（ソ連）が誕生しました（ソビエトは最高議決機関である「評議会」の意）。そういえば、高校には社会問題研究会という同好会が時折あります。昭和の時代だとたいてい顧問はマルクス主義の社会科の先生、と相場が決まっていました。そんな同好会にかつて所属していた大先輩から聞いた話ですが、ある時モスクワのコミンテルンから指令が来た、と言うんですね。こんな末端にまで指令が来たことに感動して、「世界同時革命だ！」と皆で大騒ぎしたんだとか……信じるか信じないかは、皆さん次第ですが。

東西ドイツの統一やソ連の崩壊により、冷戦が終結したことは既に述べました。自由競争がないことで、やる気の低下がおこり、計画経済の失敗も明らかになりました。学校の宿題で「プリント10枚やっても1枚やっても、プラス5点加点します」と言ったら、誰が10枚やってきますか、という話です。競争がなければやる気の低下がおこります。また、計画的生産が滞り、お店の棚はスカスカ……ソ連名物は行列でした。今では権力の腐敗や、ソ連のヨシフ・スターリン（Joseph Stalin）［1879－1953］による大粛清《だいしゅくせい》の実態なども詳《つまび》らかになっています。私はちょうど東欧の民主化が進んだ頃のスロベニアに行ったことがあります。旧東欧のスロベニアですが、当時はまだ社会主義国の雰囲気が残っていました。一番印象的だったのは、人々が一様に冷たい表情で、自然な笑いが見られなかったことです。下部構造が変われば上部構造が変わる……その怖い一面を覗いてしまったようにも思えました。

中国の謎

中国革命史の道程は二歩に分けられなければならない。その第一歩は民主主義革命であり、第二歩は社会主義革命であって、これは性格の異なる二つの革命過程である。ここで民主主義といっているのは、現在ではもはやふるい範疇の民主主義ではなく、旧民主主義ではなくて、新しい範疇の民主主義であり、新民主主義である。（『新民主主義論』）*24

中国では日中十五年戦争の最中、**毛沢東**《もうたくとう》［1893―1976］の中国共産党と蔣介石《しょうかいせき》［1887―1975］の中国国民党が手を組み（国共合作）、日本と対峙したわけですが、日本が負けた戦後1949年に毛沢東は蔣介石を台湾に追い出し、中華人民共和国が建国されます。毛沢東は初代国家主席として建国の父となりました（天安門広場には肖像画が掲げられている）。毛沢東は資本主義が発展していない中国では（「中国の現在の社会の性質」は「植民地・半植民地・半封建という性質である」）[*25]、まず共産党主導による反帝国主義・反封建の新民主主義革命をおこし、その後社会主義に移行すべきであるとする**二段階革命論**を唱えています。

毛沢東は、1966年からはプロレタリア文化大革命（いわゆる「文革《ぶんかく》」）を指揮しました。「**造反有理**《ぞうはんゆうり》」（謀反《むほん》に道理あり）という毛沢東主義（マオイズム）を叫ぶ学生達から構成された紅衛兵《こうえいへい》は鄧小平《とうしょうへい》［1904―1997］などの実権派打倒に動き、数千万人に及ぶ死者を出しました。紅衛兵が小脇に抱えていた『毛主席語録』は「Little Red Book」として西洋の学生運動（1968年のフランス五月革命）にも影響を与え（ジャン＝リュック・ゴダール（Jean-Luc Godard）［1930―］が監督を務めた1967年の映画『中国女［La Chinoise］』にも描かれている）、サルトル［1905―1980］やフーコー［1926―1984］も理解を示しました。また、毛沢東のコミューン（人民公社）運動は、ヒッピーやニューエイジ運動のコミューン志向に少なからず影響を与えています。そのコミューンの導師（グル）崇拝はカルト宗教に継承され、例えばオウム真理教の尊師（グル）だった麻原彰晃《あさはらしょうこう》［1955―2018］もかつて毛沢東に傾倒していたといいます。

ちなみに四千年の歴史をもつ誇り高き中国が、外来のマルクス主義思想を受け入れた[*26]ことを少々不思議に思うかもしれませんが、この辺りを大いに西洋化されてしまった私たちの思考で理解するのはなかなか困難です。理解できないから、それを見下してわかったつもりになっている……という人も多いように思います。社会学者の橋爪大三郎［1948―］はこの謎について、欧州とは違い、中国における「ときどきの統一政権は、統治のイデオロギーや政策オプションをどうするか選択できる」[*27]と説明しています。確かに独自の思想を諸侯に売り込んだ諸子百家の時代がまさにそうでした。あくまでも政治的統一が根本で、政策オプションは選べる……「だからこそ、儒教を捨てて三民主義を採用したり、三民主義を捨ててマルクス主義を採用したり、マルクス主義を捨てて改革開放政策を採ったりできる」のです。*28

ちなみに中国の国旗は赤に黄色の五つ星（五星紅旗）です。大きい星は中国共産党、４つの小さい星は労働者・農民・小資産階級・愛国的資本家の４階級を表しています。赤というと、中国共産党の理論誌に『紅旗』がありましたし、日本共産党の新聞も『赤旗』です。旧ソ連の旗も赤でした。この赤色はもともとはフランス革命旗に由来します。赤い旗と共に赤い星、鎌と槌《つち》もマルクス・レーニン主義のシンボルマークでした。旧ソ連の旗や中国共産党の旗にある鎌と槌は農民と労働者の団結を表しているのです。改革開放前の中国、そして現在の北朝鮮の最高指導者が着ている人民服（中山服《ちゅうざんふく》）は、中華民国の父・孫文《そんぶん》［1866―1925］に由来しますが、日本陸軍の軍人で軍事顧問を務めていた佐々木到一《とういち》［1886―1955］がデザインしたものでした。

社会民主主義

武力革命をめざすマルクス主義から距離を置いた人たちもいます。穏健な**社会民主主義**の立場です。社会民主主義は暴力革命を否定し、議会制民主主義の中で漸進的に社会主義の理想を実現していこうとする立場でした。例えば英国の**フェビアン社会主義**（民主社会主義）があります。これは1884年に設立された英国の社会主義者の団体・**フェビアン協会**［Fabian Society］が唱えたものです。「フェビアン」とは持久戦を得意としたローマの将軍クィントゥス・ファビウス・マクシムス・ウェッルコスス（Quintus Fabius Maximus Verrucosus）［B.C.275?―B.C.203］に由来します。フェビアン協会は現在の英国労働党の母体となり、戦後は「ゆりかごから墓場まで」のスローガンで知られるベバリッジ報告に基づき、ナショナル・ミニマムを確立する社会保障制度を整えました。代表的なフェビアン社会主義者としては、シドニー・ウェッブ（Sidney Webb）［1859―1947］、ベアトリス・ウェッブ

(Beatrice Webb)〔１８５８―１９４３〕の**ウェッブ夫妻**や劇作家の**ジョージ・バーナード・ショウ**（George Bernard Shaw）〔１８５６―１９５０〕が有名です。福祉国家（大きな政府）化を進めた英国も１９８０年代のサッチャー〔１９２５―２０１３〕政権以降、財政収支悪化を背景として新自由主義を導入し、小さな政府へと転換していくことになります。

一方ドイツでは、エンゲルスやフェビアン社会主義者と交流していた**エドゥアルト・ベルンシュタイン**（Eduard Bernstein）〔１８５０―１９３２〕がマルクス主義を修正します（修正マルクス主義）。これはフェビアン社会主義同様、暴力革命を否定し、議会制民主主義の上で漸進的に社会主義の理想を実現する立場でした。そんなベルンシュタインは、加わったドイツ社会民主党（ＳＰＤ）の右派に位置していましたが、左派のローザ・ルクセンブルク（Rosa Luxemburg）〔１８７１―１９１９〕は階級闘争・暴力革命を放棄せず、スパルタクス団を結成し、それがドイツ共産党の母体となりました。ドイツ共産党は１９１９年に蜂起しますが、ローザをはじめ数百人の同志は殺されました。その後、ドイツ社会民主党のフリードリヒ・エーベルト（Friedrich Ebert）〔１８９４―１９７９〕（戦後東ドイツの東ベルリン市長などを務めた）の下で、戦前で最も民主的な憲法とされる**ワイマール憲法**が制定されるのです（ワイマールは憲法制定会議の開催地）。ワイマール憲法では世界初の男女平等の普通選挙権が認められ、画期的な社会権（生存権）が規定されました。ナチスが政権掌握するとドイツ社会民主党は社会主義・共産主義弾圧で解散を余儀なくされ、全権委任法（１９３３年）*29によりワイマール憲法は事実上無効化されてしまいますが、戦後の西ドイツでは１９５９年のゴーデスベルク綱領でマルクス主義を放棄し、ドイツキリスト教民主同盟（ＣＤＵ）と共に連立政権を構成する二大主要与党を形成しています。

注

＊１　サン・シモン『産業者の教理問答』（『世界の名著続８』）（坂本慶一訳、中央公論社、１９７５年）。

＊２　ファランジュとは、「古代ギリシアにおける長槍歩兵の方陣の密集集団を意味する言葉」である（フーリエ『産業的協同社会的新世界』訳注）（『世界

の名著続8』田中正人訳、中央公論社、1975年）。

＊3　五島茂・坂本慶一『ユートピア社会主義の思想家たち』（『世界の名著続8』）（中央公論社、1975年）。

＊4　フーリエ『産業的協同社会的新世界』（『世界の名著続8』）（田中正人訳、中央公論社、1975年）。

＊5　生活の様子は高田かやの漫画『カルト村で生まれました。』（文藝春秋、2016年）に詳しい。

＊6〜7　マルクス・エンゲルス『共産党宣言』（大内兵衛・向坂逸郎訳、岩波書店、1971年）。

＊8　「神的本質（存在者）とは人間的本質以外の何物でもない……神的本質（存在者）とは、人間の本質が個人から区別されて他の独自の本質（存在者）として直観され尊敬されたものである」フォイエルバッハ『キリスト教の本質　上』（船山信一訳、岩波書店、1965年）。

＊9〜10　カール・マルクス『賃金・価格および利潤』（長谷部文雄訳、岩波書店、2007年）。

＊11　「価値を投入労働量や労働時間で実証主義的に「数値化」するというマルクスの試みは喜んで放棄してもよい。しかし、人間の経済社会が商品の効用だけではなく、類としての人間の労働行為と、それを支える自然的・社会的土台の上に立つ営みであることを、経済学的に表現し続ける努力は今後も欠かせないだろう」（鈴木直『マルクス思想の核心　21世紀の社会理論のために』NHK出版、2016年）。

＊12　エンゲルス『空想から科学へ』（大内兵衛訳、岩波書店、1966年）。

＊13〜14　小牧治『マルクス』（清水書院、1966年）、マルクス・エンゲルス『資本論――経済学批判　第一巻　第二巻』（『世界の名著43』）（鈴木鴻一郎・日高普・長坂聰・塚本健訳、中央公論社、1973年）。

＊15　利潤率の低下は恐慌を現実のものとする。「日本をはじめとした先進資本主義国では、資本主義が発展し、利潤率の傾向的低下と市場の成熟が進んでしまっている……このような状況で強引に「経済成長」を追求しようとするならば、労働時間の延長や労働の強度の強化による剰余価値率＝搾取率の増大、さらに本来は市場化すべきではない社会的基礎サービスの領域（教育、介護、保育、医療）の市場化が強行され、よりいっそう社会的再生産の攪乱が生じることになるだろう」（佐々木隆治『カール・マルクス――「資本主義」と闘った社会思想家』筑摩書房、2016年）。

＊16　共同訳聖書実行委員会『聖書　新共同訳』（日本聖書協会、1987年）。

＊17　マルクス・エンゲルス『共産党宣言』（大内兵衛・向坂逸郎訳、岩波書店、1971年）。

＊18　マルクス『経済学・哲学草稿』（長谷川宏訳、光文社、2010年）。

＊19　長谷川宏の解説によれば、「人間の内面的な意志や意識が現実の物や出来事となって実現される、という肯定的な意味のときは「疎外」よりも「外化」が使用されることが多く、実現された物や実現の行為が他人に奪い取られるという否定的な意味のときは「疎外」の使用率が高い」（マルクス『経済学・哲学草稿』長谷川宏訳、光文社、2010年）。

＊20　マルクス／エンゲルス『新編輯版　ドイツ・イデオロギー』（廣松渉編訳、小林昌人補訳、岩波書店、2002年）。

＊21　フランスのシャルル・ド・ブロス（Charles de Brosses）が人類最古の呪物崇拝を護符（フェティソ［feitiço］）にちなんでフェティシズムと呼んだことに由来する。

＊22　「つぎの五つの基本的標識を包含するような帝国主義の定義をあたえなければならない。すなわち、（一）経済生活のなかで決定的役割を演じている独占を創りだしたほどに高度の発展段階に達した、生産と資本の集積、（二）銀行資本と産業資本との融合と、この「金融資本」を土台とする金融寡頭制の成立、（三）消費輸出と区別される資本輸出がとくに重要な意義を獲得すること、（四）国際的な資本家の独占団体が形成されて世界を分割していること、（五）最大の資本主義的諸強国による地球の領土的分割が完了していること」（レーニン『資本主義の最高の段階としての帝国主義』宇高基輔訳、岩波書店、1956年）。

＊23　レーニン『資本主義の最高の段階としての帝国主義』（宇高基輔訳、岩波書店、１９５６年）。

＊24～25　毛澤東『新民主主義論』（『原典中国近代思想史　第六冊』）（岩波書店、１９７６年）。

＊26　早稲田大学に留学した経験がある李大釗《りたいしょう》が「『新青年』に発表した「私のマルクス主義観」（一九一九年九月）は中国最初の体系的なマルクス主義の紹介であるとされる。ここでは、唯物史観、階級闘争論、剰余価値説を簡潔に紹介しているが、その内容は河上肇の「マルクス主義の社会主義の理論的体系」の翻案に近いものであることが知られている」（湯浅邦弘編著『概説中国思想史』ミネルヴァ書房、２０１０年）。

＊27～28　橋爪大三郎×大澤真幸×宮台真司『おどろきの中国』（講談社、２０１３年）。

＊29　全権委任法（授権法）によれば「ドイツ国法律は、ドイツ国憲法に定める手続きによるほか、ドイツ国政府によってもこれを議決することができる」「ドイツ国政府が議決したドイツ国法律は……ドイツ国憲法に背反することが許される」とある（嬉野満洲雄・赤羽龍夫編『ドキュメント現代史3　ナチス』（平凡社、１９７３年）。

52章　実存主義（1）（キルケゴール、ニーチェ、ヤスパース）

実存とは

近代の産業革命以降、機械化・分業化が進み、生産力が増大します。従って、社会はその規模を拡大させ、人々は物質的な豊かさを享受できるようになります。19世紀の大量生産・大量消費時代の到来です。近代という時代は、自由で平等な個人が社会の主人公となった一方で、義務教育によって均一な知識を詰め込まれ、マスメディアの普及（情報化）も相まって人々の平均化・均質化・規格化が進みます。こうして誕生したのが、没個性的な**大衆**［mass］です。誰もがある一定の豊かな暮らしや知的水準を獲得し、選挙権も与えられました。しかし大体同じテレビ番組を見て、同じ学校教育を受けて、同じユニクロの服なんかを着ていれば、考えることは大差無くなってくるんです。そうした人々が合理的な巨大組織の下で歯車のように働き、際限無い生産活動に従事することになったわけです。映画監督・俳優のチャーリー・チャップリン（"Charlie" Chaplin）［1889―1977］は鋭い時代風刺の精神をもっていました。ナチス全盛の1940年にヒトラー［1889―1945］を風刺する『独裁者』を撮っている程ですから、ただ者ではありません。そのチャップリンの名作『モダン・タイムス』（1936年）では、チャップリン自身が工場の機械の歯車に巻き込まれていく有名なシーンがあります。モダン［modern］とは近代および現代のことでした。近現代資本主義社会の機械文明における尊厳を失った労働者の姿を、チャップリンは滑稽《こっけい》に風刺してみせたのです。こうした個性の喪失や匿名化[*1]は現代社会にもつきものです。高熱などで仕事を休まざるを得ない時、「自分がいないと職場は困るだろう」と心配するわけですが、実際職場の同僚が困っていた、なんてことは私の経験上、一度たりともありません（笑）。自分がいなくても仕事は回っていく……つまり「お前の代わりなんていくらでもいる」という非人間的状況こそが現代社会なんです。

しかし自分の代わりがいくらでもいるとわかったら、誰しも不安や絶望にさいなまれます。こうした状況を人間疎外といいます。**疎外**［alienation］とは人間から人間らしさが離れていき、よそよそしく非人間的な状態になることを意味します。[*2]こうして社会の中で埋没し、自分を失った人々は、かけがえのない本来の自分らしさを取り戻す哲学を求めるようになります。これが**実存主義**［existentialism］です。**実存**［existence］とは、現「実」「存」在のこと、つまり、他者と交換不可能な、かけがえのない自分自身のことです。

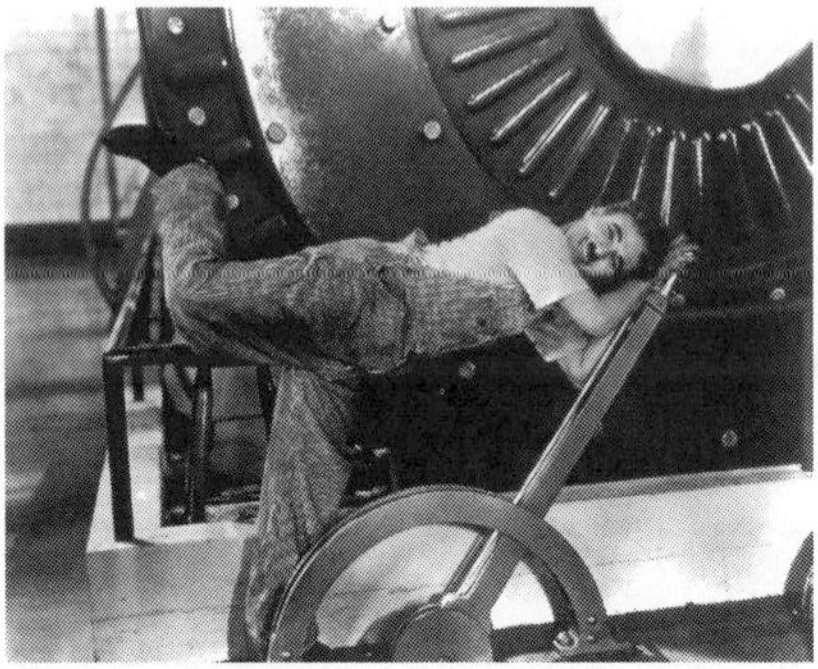
チャップリン『モダン・タイムス』

ちなみにクラスに40人がいたとして、その40人から偶有性［accident］（非本質的要素）を捨象（抽象［abstraction］——共通要素を抽出——する際に、本質以外を捨て去る）すると、人間という本質［essence］が残されます。例えば皆さんの「何であるか」……という本質を抽象すれば、人間だということになるでしょう。しかし皆さん一人一人は、性別も違えば、顔かたちも違い、今考えていることだって、それぞれ違うはずです。そうした本質にくみ尽くせないかけがえのなさ（非本質的な偶有性）をひっくるめたものが実存です。例えば学校で生徒の皆さんが履いている上履きは、全て学校所定のスポーツ店で購入した上履きです。しかし履いているうちに、かかとを踏み潰してしまったり、買ってから一度も洗わず真っ黒になっていたり、ナイキのロゴマークを描いてみたりと（笑）……上履きという本質にくみ尽くせない、かけがえのない個性がそれぞれに出てきます。実存主義者は、そうした実存を回復することを企図したのです。

「あれか、これか」

人間とは精神である。精神とは何であるか？精神とは自己である。自己とは何であるか？自己とは自己自身に関係するところの関係である、すなわち関係ということには関係が自己自身に関係するものなることが含まれている、――それで自己とは単なる関係ではなしに、関係が自己自身に関係するというそのことである。人間は有限性と無限性との、時間的なるものと永遠的なるものとの、自由と必然との、綜合《そうごう》である。要するに人間とは綜合である。綜合とは二つのものの間の関係である。しかし、こう考えただけでは、人間はいまだなんらの自己でもない……関係がそれ自身に対して関係するということになれば、この関係こそは積極的な第三者なのであり、そしてこれが自己なのである。（『死に至る病』*3）

実存主義の祖とされるのはデンマークの哲学者**セーレン・キルケゴール**（Søren Kierkegaard）［1813―1855］です。キルケは英語で「church（教会）」、ゴールは「garden（庭）」の意味で、先祖が教会の庭（つまり墓場）の屋敷に住んでいたことに由来する名字でした。授業で紹介すると、憂いを帯びた肖像画とその思想に惹きつけられてしまう人が毎年います。キルケゴールは悩みながらも、かけがえのない自分の人生を生き抜いた人物でした。精神疾患のある家系で、背中が曲っていたため肉体的なコンプレックスもあったようです。キルケゴールはコペンハーゲンの裕福な毛織物商人の家庭に生まれましたが、母そして兄姉7人のうち5人が（兄姉はいずれも30代前半で）亡くなるという不幸に襲われます。そうした時に父がかつて犯した罪を知り、「大地震」と呼ぶ衝撃を受けるのです。なんと敬虔《けいけん》なクリスチャンだった父は少年時代に、寒さと飢えに耐えかね、神を呪っていました。さらにキルケゴール自身の出生の秘密も明らかになります。父はかつて別の女性と結婚しており、婚前に女中だった母を強姦して子どもを産ませていました。自分はそうした罪深い父の子（7番目の末弟）としてこの世に生を享《う》けたと知らされるのです。罪滅ぼしのように神学を学ばされていたキルケゴールですが、それを知って苦悩し、娼館に通うなど放蕩《ほうとう》の日々を送ります。そんな時、14歳のうら若き少女レギーネ・オルセン（Regine Olsen）［1822―1904］に出会って心惹かれ、17歳の時に求婚します。しかしその約1カ月後のことです。なんと結婚指輪を送り返し、婚約を破棄してしまうんです。何もわからない無垢なレギーネが受けたショックはいかばかりだったかと想像します。キルケゴール自身も自己嫌悪に苛《さいな》まれ、一生の禍根を残します。呪われた出自をもつ自分が清らかなレギーネを幸せにできるはずがない……と思うに至ったのでしょうか。婚約破棄の理由はよくわかっていません。もちろん結婚すれば神に宣誓する必要があります。神の前に立ち、レギーネに誠実であろうとするためには、神を呪った父をもち、婚前に娼館に通った自分の罪深さを吐露しなければならなかったでしょう。キルケゴールの押しつぶされそうな心持ちを想像することはできます。結局レギーネは別の男性と結婚しますが、キルケゴールのレギーネへの愛情は終生変わりませんでした（愛の反復は可能なのか……という『反復』[*4]をはじめ、初期の著作はレギーネに向けて書かれた弁明の書である）。キルケゴールはデンマーク国教会に対する抗議運動への参加中、42歳の若さで亡くなるのですが、遺産をレギーネに残すよう遺言書を記していました。当の

キルケゴール

レギーネ、遺産の受け取りはさすがに固辞するのですが、特別な想いが残っていたのでしょう、キルケゴールの遺稿を引き取ることを決めました。そのお陰で、現在も遺稿に記された彼の思想に触れることができるのです。

私に欠けているのは、私は何をなすべきか、ということについて私自身に決心がつかないでいることなのだ……私にとって真理であるような真理を発見し、私がそれのために生き、そして死にたいと思うようなイデー［理念］を発見することが必要なのだ。いわゆる客観的真理などをさがし出してみたところで、それが私に何の役に立つだろう。（『ギーレライエの手記』〈括弧は筆者注〉）*5

キルケゴールは、万人に当てはまる**客観的真理**（抽象的思考に基づく）ではなく、自分だけに当てはまる**主体的真理**（具体的思考に基づく）を追い求める生き方を選びました。その選び方は「あれも、これも」ではなく、「**あれか、これか**［Either/Or］」*6です。「あれも、これも」の客観的真理とは、ヘーゲル［1770―1831］が追い求めた、弁証法的に統合されたマニュアル本の答えのような真理です。それに対してキルケゴールは「婚約するか、婚約破棄するか」……固有の主体が「あれか、これか」の二者択一の決断をし、選びとることをよしとしました。「婚約破棄」という選択は、マニュアル本の答えとしては不正解かもしれませんが、キルケゴールが他ならぬ自分を生きるためには必要だったのです。ちなみにヘーゲルは「好きな人が二人いる」という矛盾・対立を止揚・アウフヘーベンし、一方（21歳年下の貴族の娘）と結婚し、もう一方を愛人にする、という選択を行っています。ヘーゲル全盛の時代にヘーゲル批判を展開したキルケゴールの生き方と比較すると、対照的に思えます。

キルケゴールの生きた当時の欧州における近代的な市民は、前述したように、平均化・画一化・大衆化*7が進み、情熱を失って惰性で日々を生きる、実存の危機を迎えていました。「数学的な、抽象的ないとなみ」と化す「**水平化**」*8の時代です。現代人もこの点には共感できるかもしれません。私も就職活動の際、無個性なリクルートスーツを着て企業説明会に行った時でしょうか。社会のベルトコンベアーに載せられ、群れの中で個人が埋没していく感覚に、頭がくらくらしたのを思い出します。それはまさに社会の歯車へと堕してしまうことへの**不安***9であり、絶望でした。

キルケゴールは、本来の自分らしさを失った「**絶望**」の状況を「**死に至る病**」と表現しています。その絶望を逃れ、かけがえのない自分自身（＝実存）を取り戻すために、キルケゴールは**実存の三段階**を説きました。まずは**美的実存**の段階、伝説のプレイボーイ、ドン・ファン（ドン・ジョヴァンニ）（Don Juan）のような「あれも、これも」を追い求める享楽的な生き方です。しかし、刹那的な快楽を追い求めても満たされることはなく、絶望・倦怠・虚無感に陥ってしまうでしょう。次に**倫理的実存**の段階。これは自己の良心に従い、「あれか、これか」に賭ける生き方です。しかしこの生き方も自己の有限性に直面し、無力感に襲われ、結局は絶望に陥ってしまうでしょう。最後は**宗教的実存**の段階です。これは絶望や不安の中で神の前にただ一人、**単独者**として立ち、神を情熱的に信じ切る生き方です。キルケゴールは『おそれとおののき』で旧約聖書のアブラハムを例に出しています。アブラハムは神から、息子イサクを犠牲として差し出すよう命じられます。神を信じるアブラハムは忠実に従い、イサクをモリヤ山に連れていきます。すると何も知らないイサクが聞くんですね、「生贄《いけにえ》の子羊ちゃんはどこ?」なんて。「実はお前なんだけど……」という話です。結局、山上で突然イサクの喉《のど》に剣を突き立てようとするアブラハムです。「エッ!お父さん!」なーんて。でもその時、神の声が聞こえてきました。「その子を殺してはいけない、お前が神を畏《おそ》れる者だとわかった……」と。もしこれでこのまま息子が殺されていたら、キリスト教はカルト宗教になったかもしれませんが、そこで神が止めてくれたんです。キルケゴールは神の前に一人立つアブラハムのように、全面的に神を信じ切ることで、かけがえのない交換不可能な自分自身、つまり実存を取り戻すことができると考えました。サルトル〔1905―1980〕によれば、最後に神をもち出したキルケゴールの実存主義は、後述するヤスパース〔1883―1969〕やガブリエル・マルセル（Gabriel Marcel）〔1889―1973〕同様、有神論的実存主義に分類されます。

神は死んだ

神は死んだ。いまこそわれわれは願う。――超人の生まれることを。（『ツァラトゥストラはかく語りき』）[*10]

ニーチェ

大学受験を終えた高校生から「何かおすすめの哲学書を教えてください」と聞かれることがあります。私はたいてい「ニーチェはどうですか」と答えています。**フリードリヒ・ニーチェ**（Friedrich Nietzsche）〔1844―1900〕の刺激的な言葉の数々が、多感な自立の時期に、何か胸に迫り来るものがあるだろうと想像するからです。ただもともと文献学者だったニーチェは、ソクラテス〔B.C.470?―B.C.399?〕・プラトン〔B.C.427―B.C.347〕以来の西洋哲学の理性中心主義の伝統を断ち切った「反哲学」者ですから、[*11]そもそも哲学書として推薦するのは不適切かもしれないのですが、様々な評価が混在するニーチェ思想[*12]は多様な読み方が可能で魅力的に思えます。

ニーチェはプロイセン領のザクセンで牧師の父の下で生まれました。大学では神学、哲学、文献学を学び、古本屋で入手した**アルトゥル・ショーペンハウアー**（Arthur Schopenhauer）〔1788―1860〕の『意志と表象の世界』に大きく影響されました。また、その頃に革命的・理想主義的な音楽家リヒャルト・ワーグナー（Richard Wagner）〔1813―1883〕と直接交流する機会をもちました（後に関係は決裂した）。24歳の時、古典文献学での業績が認められ、若くしてバーゼル大学教授に就任します（師フリードリヒ・ヴィルヘルム・リッチュル（Friedrich Wilhelm Ritschl）〔1806―1876〕のコネだった）が、29歳頃から偏頭痛に襲われるようになり、34歳で教授職を辞し、44歳で発狂、精神錯乱の廃人生活に陥ってしまいました。

ニーチェの著作は『悲劇の誕生』[*13]『人間的な、あまりにも人間的な』『ツァラトゥストラはかく語りき』『善悪への彼岸』『道徳の系譜』『この人を見よ』『力への意志』などが知られています。『**ツァラトゥストラはかく語りき**』[*14]の「ツァラトゥストラ」とは、古代ペルシアの宗教家ゾロアスター（Zoroaster）〔B.C.1500?／650?―B.C.1000?/500?〕[*15]（ゾロアスター〔拝火〕教の教祖）のドイツ語読みです。聖書をパロディにした文体で、異教徒の教祖ツァラトゥストラに「神は死んだ」と語らせる……という設定からして、ぶっ飛んでいます。

ニーチェが問題視したのは19世紀の欧州を頽廃《たいはい》（**デカダンス**）に陥れた**ニヒリズム**状況でした（これは現代の私たちが置かれている状況でもある）。「ニヒル〔nihil〕」とはラテン語で「無」を意味し、ニヒリズムは虚無《きょむ》主義と訳されます。欧州を長らく支配してきたキリスト教の神という超自然的原理がとうとう価値を喪失してしまったのです。近代は神に代わり、科学を崇拝するようになった時代です。神秘で説明できる領域が少なくなり、神がその役割を終えたことを、ニーチェは「**神は死んだ**」と表現したのです。[*16]

――道徳上の奴隷一揆が始まるのは、《反感《ルサンティマン》》そのものが創造的になり、価値を産み出すようになった時である。ここに《反感》というのは、本来の《反動《レアクション》》、すなわち行動上のそれが禁じられているので、単に想像上の復讐によってのみその埋め合わせをつけるような徒輩の《反感》である。すべての貴族道徳は勝ち誇った自己肯定から生ずるが、奴隷道徳は「外のもの」、「他のもの」、「自己でないもの」を頭から否定する。そしてこの否定こそ奴隷道徳の創造的行為なのだ。評価眼のこの逆倒――自己自身へ帰るかわりに外へ向かうこの必然的な方向——これこそはまさしく《反感》の本性である。（『道徳の系譜』）[17]

「神の死［passion］」……なぜこんなことになってしまったのか……実はキリスト教そのものに原因がありました。キリスト教はユダヤ教をルーツとするヘブライ人（ユダヤ人・イスラエル民族）の宗教です。ニーチェはキリスト教を、欧州社会で差別されていたユダヤ人の**ルサンチマン**［ressentiment］（**怨恨**《えんこん》）に基づく宗教だと考えました（ちなみにユダヤ人をディスリスペクトするこの調子が、後にナチズムに利用される）。「ルサンチマン」はフランス語で、弱者が強者に抱く「妬み・恨み・憎悪」の感情を意味します。成功者や世渡り上手な人への妬み・嫉《そね》みの感情……インターネット上などでそうした表現に出会うことがよくあります。といいますか、私自身の身にも覚えがある感情です。新約聖書『マタイによる福音書』の「山上《さんじょう》の説教」には「心の貧しい人々は、幸いである、天の国はその人たちのものである……義のために迫害される人々は、幸いである、天の国はその人たちのものである」[18]とあります。心の貧しい人や迫害される人が幸い……というのは、よく考えてみれば少しひねくれています。どう考えても心の貧しい人や迫害される人は惨めで不幸なはずでしょう。そうなると、これは差別された弱者としてのユダヤ人が強者に対する負け惜しみで作り上げた倫理観だということになります。現実的には救いが得られないから、「彼岸で弱者は平等に救われます」「敵すら愛しなさい」などと説き、強者に復讐しようとしたのです。ニーチェはキリスト教をして、ユダヤ人による弱者の卑屈な**奴隷道徳**[19]（自己を賛美・肯定する貴族＝君主道徳に対して）だと言い切っています。この見立てもなかなか、ひねくれていますね。

あるがままの生存は、意味も目標もなく、しかもそれでいて不可避的に回帰しつつ、無に終わることもない。すなわち、「永遠回帰」。これがニヒリズムの極限的形式である。すなわち、無が（「無意味なもの」が）永遠に！（『力への意志』）[20]

兎《と》にも角にもニーチェの生きた時代、キリスト教は形骸化してその役目を終えていました。もはやキリスト教のルサンチマンの物語では、惨めな現状を肯定することはできそうにありません。このキリスト教の物語に「ノー」を突きつけたのがニヒリズム（虚無《きょむ》主義）です。神が死んだことで、天地創造に始まり、最後の審判で裁かれて天国と地獄に振り分けられる……というキリスト教世界が作った人生の物語も失われました。となると、人生は始まりも終わりも、意味も目的もない**永劫《えいごう》（永遠）回帰**、つまり永遠の円環運動となるでしょう。だとすれば、私たちにとって大切なのは「今を生きる」ことです。

『いまを生きる（Dead Poets Society）』*21という1989年のアカデミー賞映画がありました。舞台は1959年の米国です。ロビン・ウィリアムズ（Robin Williams）［1951—2014］（元スタンダップ・コメディアンで、ディズニー映画『アラジン』のジーニーの声優でも知られる）演ずるキーティング先生が保守的な全寮制の名門校に赴任し、詩や自分らしい生き方を説く、型破りの国語の授業を展開します。するとレールに乗せられた人生を歩まされている生徒たちが、先生の影響で少しずつ目覚めていくんです。そうして自分なりの生き方を探し始めたとある生徒……父親は無慈悲にもそれを潰しにかかり、生徒は自殺を選んでしまいます。結局その責任を取らされてキーティング先生は学校を追われてしまうのですが、去り行く先生を見送る最後のシーン、校長の制止を振り切って、真面目な生徒たちが一人ずつ机の上に立って無言の敬礼を送るんです。彼らにとって、最大限の抵抗でした。「教科書なんか破り捨てろ」というシーンと共に、今でも忘れられません。日本語版のタイトルは映画に登場する台詞で、もともと古代ローマのクィントゥス・ホラティウス・フラックス（Quintus Horatius Flaccus）［B.C.65—B.C.8］の詩の一節だった「Seized the day（その日を摘め）」（ラテン語で「Carpe《カルペ》 diem《ディエム》」）から採ったもので、映画の実存主義的な色彩をくみ取った名邦題でした。

ニヒリズムが、その相対的な力の最大限に到達するのは、破壊の強大な力としてである。すなわち、能動的ニヒリズムとして、である。このニヒリズムと正反対をなすものは、疲れたニヒリズムであろう。それは、もはや攻撃しない。その最も著名な形式が仏教である。それは、受動的ニヒリズム、弱さの兆候である。（『力への意志』）*22

さて、ニーチェに戻りましょう。ニヒリズム状況をいかにして乗り越えるべきか……ニーチェは、享楽や絶望に逃げ込む**受動的ニヒリズム**ではなく、無意味な人生を直視し、キリスト教に代わる新たな価値を自ら作り出す**能動的ニヒリズム**でニヒリズム状況を乗り越えようと考えました。ニーチェの目指すあり方は超人です。**超人**は忍耐強い駱駝《らくだ》の精神、新しい価値の創造のための自由を手に入れる獅子の精神、そして無垢で何も知らない幼な子の創造的精神へと進化し、誕生しました。*23

人間における偉大さを言い表わす私の定式は、運命愛《アモール・ファティ》である。すなわち、ひとは、何事にであれ現にそれがあるのとは別なふうであってほしいなどと思ってはならないのであり、しかも、将来に対しても、過去に対しても、永遠にわたってけっして、そう思わないことである。やむをえざる必然的なものを、ただたんに耐え忍ぶだけではなく、ましてやそれを隠したりせずに——実は理想主義などというものはことごとく、やむをえざる必然的なもののまえに立てば嘘っぱちであることが分かるのだが——むしろ、やむをえざる必然的なものを愛すること、である……。（『この人を見よ』）*24

超人は「これが人生か、さらばもう一度」と永劫回帰の過酷で無意味・無目的な人生を、愛をもって受け入れる**運命愛**《アモール・ファティ》をもっています。そして、強くなり自身を向上させようという、生命の本質である**力**（**権力**）**への意志**で、キリスト教の善悪を超えた新たな価値を創造するのです。自分の人生の価値はキリスト教によって与えられるものではなく「自分自身で作り出す」ということです。既成のキリスト教倫理では「金儲けをしたい」「偉くなりたい」といった本能的欲望は否定的に捉えられましたが、それをニーチェは力への意志に基づくものとして、肯定したのです。

ところで、力への意志は前述のショーペンハウアーの**生存への意志**にアイデアを得たものです。*25 そうです、ニーチェはショーペンハウアーの『意志と表象の世界』（世界＝客観は意志＝主観によって表象された現象であり、カント［1724—1804］の言う物自体とは意志であるとした）と古本屋で運命的な出会いを果たしたのでした。ワーグナーも同様ショーペンハウアーに影響を受け、ニーチェと二人で熱く語り合ったのです。ショーペンハウアーはソクラテス・プラトン以来西洋哲学の主人公であり続けた理性（意識）ではなく、非理性的な生命の衝動である生存への意志（無意識）に着目しました（**生《せい》の哲学**）。世界は理性によってコントロールできない意志に支配されている……これは後にフロイト［1856—1939］が唱えた「意識」に対する「無意識」にもその影響が見て取れます。西洋哲学は超自然的原理（「神」「イデア」「理性」「精神」）を立てることで自然を無機的な材料とみなしてきたわけですが、自然のありのままの生の本能（植物が成長するような）を再び評価しようとしたのです。

「金儲けをしたい」「異性と仲良くなりたい」「偉くなりたい」……盲目的な生存への意志は無限の欲望をもち、決してそれが満たされることはありません。こればかりはどうにかなるものではないのです。よって「人生は苦悩である」という**ペシミズム**［pessimism］（厭世《えんせい》〔悲観〕主義）にたどり着きます（ショーペンハウアー自身はペシミズムの語を用いてはいないが）。ペシミズムはラテン語の「pessim-（最悪）」に由来する言葉で、オプティミズム［optimism］（楽天主義）の対極です。いつも「嫌だなぁ」「参ったなぁ」とボヤいているペシミストの人って時々いますよね。ギリシア神話のディオニュソス（ニーチェは芸術論『悲劇の誕生』で取り上げている）の従者シレノスは人間にとって「最善のことは生まれなかったことで、次善のことはまもなく死ぬことだ」と言っています。「生きていること自体が最悪」ということです。ショーペンハウアーはこのペシミズムの苦悩から解脱するために諦念《レジグネーション》（森鷗外［1862—1922］も影響されている）・生存への意志の滅却を説きました。これはショーペンハウアーが惹かれていたウパニシャッド哲学の梵《ぼん》我《が》一《いち》如《にょ》の境地で、仏教にも相通ずるものです。仏教といえばブッダ［B.C. 463?—B.C. 383?］の一見すると悲観的にも思える一切皆苦という見立てもペシミズムと重なり合うものですし、ショーペンハウアーに影響されたニーチェからフロイトがアイデアを得た無意識がインドの大乗仏教の唯識思想で末《ま》那《な》識《しき》・阿《あ》頼《ら》耶《や》識《しき》として既に説かれていたことも思い出されます。そんなショーペンハウアーに対してニーチェは、キリスト教倫理やプラトンのイデア、あるいはカント道徳のような、この世のものではない理想の力を借りることなく、力への意志に基づいて、ペシミズム（受動的ニヒリズム）を能動的ニヒリズムで乗り越え、超人となることを目指したのです。*26

愛しながらの戦い

20世紀前半になると欧州は、第一次世界大戦という、初めて大量破壊兵器を用いた世界戦争を経験します。敗北したドイツでは、オスヴァルト・シュペングラー（Oswald Spengler）［1880—1936］の『西洋の没落』（1918年）が話題となりました（シュペングラーはショーペンハウアーやニーチェといった生の哲学の流れをくんでいる）。ドイツは多額の賠償金を課せられ、社会不安の中、1930年代の世界恐慌を迎え、**ファシズム**［fascism］（**全体主義**［totalitarianism］）に傾斜していきます。そしてアドルフ・ヒトラー（Adolf Hitler）［1889—1945］のナチス（国家社会主義ドイツ労働者党）が1933年に政権を奪取し、1939年のポーランド侵攻によって第二次世界大戦が始まり、ユダヤ人の大量虐殺に至りました。その悲惨な歴史は皆さんもご存知のことと思います。これは見方を変えると、西洋の理性中心主義の敗北と見て取ることもできるでしょう。古代ギリシアの理性中心主義が近代に蘇り、理性をもった人間・「考えるわれ」が社会を合理的に進歩させていくはずでした。しかしその人間が、理性的な民主主義というプロセスを経て、独裁者ヒトラーを選挙で選び、理性を用いていかに合理的にユダヤ人を大量虐殺できるかを考え、実行に移したのです。正直この問題を現代人は解決できないままでいます。今はもうそんなことは起こり得ない……と、「希望が回復した振り」(1955年・フランスのアラン・レネ監督の『夜と霧』より)をしているというのが正確なところでしょう。

さて、そんなナチスの弾圧を受けたドイツの哲学者・精神科医が**カール・ヤスパース**(Karl Jaspers)[1883―1969]です。ヤスパースは、キルケゴールやニーチェ、マックス・ウェーバー[1864―1920]に大きな影響を受けた実存主義哲学者です。高校時代にはスパルタ式教育に反発して校長から要注意人物として監視され、周囲の同情もない孤立状況の中、「理性と人間的交わり」が哲学することの目標になったのだといいます。*27 また「実存的交わり」として経験される出会いを果たした妻ゲルトルート(Gertrud)[1879―1974]がユダヤ人だったことで、ナチスから離婚を命じられ、それを拒否すると今度は大学の教授職を追われてしまいます。第二次世界大戦末期は夫婦で自宅に籠城し、強制収容所への移送拒絶を貫きました。最後は共に強制収容所に送られることさえ覚悟しましたが、米軍のハイデルベルク占領により間一髪、免れることができました。

ヤスパースは、人間は**限界状況**[limit situation]に置かれることで、本来の自分(=実存)を明らかにすることができる(実存開明)と考えました。限界状況とは、人間が挫折・絶望せざるを得ない壁のことで、**死・苦悩・争い・責め**(**罪**)の4つを指します。ナチスからの弾圧はヤスパースにとって、まさに限界状況だったに違いありません。ではその限界状況を設定したのは誰かといえば、世界を包み込む絶対者である**超越者**(主体と客体を包括する包括者)です。超越者は、人間の有限性を知らしめるために限界状況を突きつけます。その超越者の設定した暗号を読み解き(**暗号解読**)、限界状況を自らの課題として引き受けることで、超越者へと向かって真の実存を生成していくことができるのです。

> 実存的交わり――交わりを通して私は私自身に出会ったことを知るが、交わりにおいて他者はただこの他者である……他者が彼自身でありかつそうであろうとし私が他者と共にありかつあろうとするとき、私は己れの自由において私自身である、という命題の意味は可能性としての自由からのみ把握される……本来的な交わりから離脱するならば、私は他者とともに私自身をも裏切ることになる。（『哲学』）*28

真の自己を目指すもの同士は、**実存的交わり**を保たなければいけません。この辺りは、どうしても内省的なキルケゴールやニーチェと一線を画している部分です。他者とのやり取りの中で実存を回復することができるのです。他人と話すときに「誰でもない誰か」として受け答えをしてしまうことって、ありますよね。しかし、誰でもできるような受け答えをしていては、真の実存を生成することはできません。それぞれお互いがかけがえのない自分として「ここは違う」「ここは同意する」とはっきりと、理性的に誠実に接し合い、胸襟《きょうきん》を開いて連帯を保つこと（「自分の正当性の権利を主張すること」ではない）が大切なのです。これを「**愛しながらの戦い**」といいます。果たして私たちは「愛しながらの戦い」を通じて、真の自己を生成できているでしょうか。夫婦喧嘩でお互いに自己主張しつつも、互いを思いやり仲良く振舞えている夫婦などは、それができているのではないかと思います。最後に、ヤスパースのラジオ講演を基にした『哲学入門』において述べられた彼の考える「哲学の型」を紹介しましょう。これは、私が「哲学する」際、常に拠りどころにしている文章です。

> 現実を根源においてみること。
> 私が思惟しながら私自身と交わるという仕方によって、すなわち内的行為において現実をとらえること。
> 包括者（das Umgreifende）の広い世界に対して自分の心を開くこと。
> あらゆる真理の意義を通じて愛の闘争において人間と人間との交わり（Kommunikation）を敢行すること。

もっとも疎遠《そえん》なものや反抗者に対しても、忍耐強く常に理性を目ざめさしておくこと。

哲学は人間が現実と関係をもつことによって、人間自身となるために必要な「集中すること」（das Konzentrierende）であります。（『哲学入門』＊29）

注

＊1 キルケゴールとマルクスはほぼ同時期に、別のやり方で人間疎外の問題を取り上げた。「個人／社会という二項対立において……もっぱら個人の側にコミットする思考を繰り広げた」キルケゴールは、「社会的視点を欠いた……思想家というイメージが流布することになった」が「このイメージは誤っている」。「市民社会を目の敵にする点ではキルケゴールはマルクスの同志だった」（藤野寛『キルケゴール――美と倫理のはざまに立つ哲学』岩波書店、2014年）。

＊2 近代に匿名化された大衆が現れたことから、探偵という職業や探偵（推理）小説も誕生した。

＊3 キェルケゴール『死に至る病』（斎藤信治訳、岩波書店、1957年）。

＊4 キルケゴール『反復』（桝田啓三郎訳、岩波書店、1983年）。

＊5 キルケゴール『ギーレライエの手記』（『世界の名著40』）（桝田啓三郎訳、中央公論社、1966年）。

＊6 2003年に34歳で亡くなったシンガー・ソングライターのエリオット・スミスは、キルケゴールに影響されて1997年にアルバム『Either/Or』をリリースした。

＊7 キルケゴールは、諷刺誌『海賊《コルサル》』に取り上げられたことから、無責任な大衆・マスコミ批判を繰り広げた。

＊8 キルケゴール『現代の批判』（『世界の名著40』）（桝田啓三郎訳、中央公論社、1966年）。

＊9 実存主義者はいずれも「不安［anxiety］」を論じている。キルケゴールは「不安とは自由の目まい」であると述べた（キルケゴール『不安の概念』）（『世界の名著40』田淵義三郎訳、中央公論社、1966年）。

＊10 ニーチェ『ツァラトゥストラはかく語りき（下）』（氷上英廣訳、岩波書店、1970年）。

＊11 哲学・プラトニズム（プラトン主義）とは「超自然的原理を設定し、それに準拠してものを考え」、自然を「無機的な材料・質料にすぎない物、つまり物質」とみる不自然なもの考え方である。ニーチェは「神は死んだ」という言葉でヨーロッパ文化が行き詰まり、そうした「西洋文化形成の根底に据えられた……思考法が無効になった」ことを宣言し、「万物をおのずから生成する自然と見ていたギリシアの古い思想を復権することによって……ヨーロッパ文化の危機を打破しようと」した（木田元『反哲学入門』新潮社、2010年）。

＊12 「ある人にとって彼は、芸術を絶対化しようとする芸術至上主義者であり、別の人にとっては、金髪碧眼のゲルマン民族の世界支配を唱える、いささか不気味で、政治的にはなんとも危険な、しかしうわごととしては面白味のあるかもしれない権力思想の持主である。また近代のヒューマニズムを容赦なく批判するニヒリストと思う人もいれば、逆にゲーテの伝統につらなるヒューマニストであると見る人もいる。カント的な厳しい内面的倫理を打

ち壊し、欲望の解放と満足を叫ぶ退職大学教授とされたり、他方では、まさにこのカントの衣鉢を継ぐ、自律的倫理を、自己への厳しさを説き続けた人とも考えられている（三島憲一『ニーチェ』岩波書店、1987年）。

＊13　ギリシア神話の芸術神であるアポロ的（理性的／規則／秩序）な造形芸術と、酒神ディオニュソス的（感情的／破壊／混沌）な音楽をあわせもつギリシア悲劇が最高の芸術として誕生したが、エウリピデスの理知的な悲劇やソクラテスの楽天的な知性（理性）主義によって、ディオニュソス的要素が失われ、生の現実・苦悩は顧みられなくなったとニーチェは考えた。そこで、アポロ的な要素をもつオペラと対比する形でワーグナーの歌劇にギリシア悲劇の再生をみた（ニーチェ『悲劇の誕生』秋山英夫訳、岩波書店、1966年）。

＊14　ニーチェは才媛ルー・ザロメに求婚してふられたことで発奮し、『ツァラトゥストラはかく語りき』を書いた。

＊15　ザラスシュトラ・スピターマ（Zarathushtra Spitama）といい、そのギリシア語読みがゾロアスターである。古代ペルシア（イラン）で生まれたゾロアスター教は創始者がわかっている世界最古の宗教で、鳥葬や近親婚の風習をもち、神官マギが「マジック［magic］」の語源となったように神秘主義的色彩がある。善悪二元論（善の王国の主アフラ・マズダーと悪の王国の大魔王アンラ・マンユ）と終末思想（善が最終的に勝利する）もその特徴で、拝火教ともいわれるが、正義（アシャ）が最終的に実現する歴史の総審判に火が重要な役割を果たしている（岡田明憲『ゾロアスター教――神々への讃歌――』平河出版社、1982年）。

＊16　ニーチェは反キリスト者であり、その思想はサルトル、前期ハイデッガー、メルロ・ポンティら同様、無神論的実存主義である。

＊17　ニーチェ『道徳の系譜』（木場深定訳、岩波書店、1964年）。

＊18　共同訳聖書実行委員会『聖書　新共同訳』（日本聖書教会、1987年）。

＊19　ニーチェ『善悪の彼岸』（竹山道雄訳、新潮社、2008年）にも登場する。『道徳の系譜』は『善悪の彼岸』を補説・解説するために書かれた。

＊20　ニーチェ『力への意志』（渡邊二郎編『ニーチェ・セレクション』平凡社、2005年）。

＊21　N・H・クラインバウム『いまを生きる』（白石朗訳、新潮社、1990年）。

＊22　ニーチェ『力への意志』（渡邊二郎編『ニーチェ・セレクション』平凡社、2005年）。

＊23　ニーチェ『ツァラトゥストラはかく語りき（上）』（氷上英廣訳、岩波書店、1967年）。

＊24　ニーチェ『この人を見よ』（渡邊二郎編『ニーチェ・セレクション』平凡社、2005年）。

＊25　「世界はわたしの表象 Vorstellung（目前に見るように心に思い描くこと。心像、想像、観念など広い意味をふくむ）である」（ショーペンハウアー『意志と表象としての世界』（『世界の名著続10』）（西尾幹二訳、中央公論社、1975年）。

＊26　「真理の言葉と反真理の言葉、理想の言葉と反理想の言葉。この両者に欠けているものがある。それは、この現実の自分と世界を肯定する言葉だ……しかもその肯定の言葉は、ニヒリズムの徹底によって見えてくると言う。ニヒリズムの徹底とは……この現実の自分や世界に「否」を言うような考え方にそれこそ「否」をなげつけること」である。ニーチェは、「ほんとうは、あるべき自分、あるべき世界はここではないどこかにある」という二つの現実否定のニヒリズム（「キリスト教理想主義、それまでの哲学、進歩主義、平等主義、社会主義、ロマン主義……」の系列／「どうせ、あるべき自分、あるべき世界なんてどこにもない」という「懐疑主義、ペシミズム、機械論、デカダンス、アナーキズム……」の系列）に代わり、自分と世界を肯定する方法を提示した（石川輝吉『ニーチェはこう考えた』筑摩書房、2010年）。

＊27　小倉志祥・山本信『ヤスパースとマルセル』（『世界の名著75』中央公論社、1980年）。

＊28　ヤスパース『哲学』（『世界の名著75』）（小倉志祥・林田新二・渡辺二郎訳、中央公論社、1980年）。

＊29　ヤスパース『哲学入門』（草薙正夫訳、新潮社、2005年）。

53章　実存主義（2）（ハイデッガー、サルトル、カミュ）

20世紀の哲学の巨人

20世紀の哲学の巨人といえば、**マルティン・ハイデッガー**（Martin Heidegger）［1889─1976］、その人でしょう。フライブルク大学時代には神学、キルケゴール［1813─1855］の実存主義、そしてフッサール［1859─1938］の現象学を学び、マールブルク大学教授時代の1927年に代表作の『**存在と時間**』を発表します。1928年にはフッサールの後任としてフライブルク大学教授となりますが、1933年にはナチスに入党し、大学総長としてナチス支持の演説を行い、それが一生の汚名となります。大学では授業の始まりと終わりに腕を真っすぐピンと挙げるナチス式敬礼（イタリア・ファシスト党の古代ローマ式敬礼を取り入れたもの）を義務づけたといいますから、ちょっといただけません（日本のスポーツ大会などにおける「選手宣誓」は、1936年のナチス政権下のベルリン・オリンピックで日本がナチス式敬礼を学んだことに由来する）。ハイデッガー自身は後にナチスに失望するのですが、もともと反ユダヤ思想をもっていたようです。戦後は公職追放の憂き目に遭っていますが、そんな戦後のハイデッガーを再び学会に迎え入れたのは聡明な哲学者だったハンナ・アーレント［1906─1975］です。アーレントはマールブルク大学に入学した18歳の時にハイデッガーに出会い、一時期ただならぬ不倫関係にありました。ユダヤ人だったアー

ハイデッガー

レントはハイデッガーのナチス礼賛に心を痛めたことでしょう。強制収容所体験もあったアーレントですが（逃げ出して米国に亡命した）、戦後ヤスパース［1883−1969］と共にハイデッガーの復職に尽力するのです。

ハイデッガーは自身の哲学を「実存主義」ではなく「基礎的（現象学的）存在論」として捉えました。人間はモノとしての存在者の1つではなく、自らが存在することを了解し、存在の問いをいだく**現存在**（**ダーザイン**［Dasein］）であるというのです。確かに庭の飼い犬が自分の存在とは何かを問う、ということは考えにくいでしょう。ドイツ語の「da」は「そこ」、「sein」は「ある」、つまり「Dasein」とは「そこに―ある」という意味です。つまり、存在者が自己を生成し続ける場所ということになります。私たち現存在としての人間は世界の中に投げ込まれ（被投性という）、ある一定状況の制約の中で、様々なモノ（道具的存在者）に**配慮的な気遣い**（ドイツ語で「ゾルゲ［sorge］」、「関心」や「配慮」とも訳される）をしながら生活しています。例えば私にとって目の前のコップは、喉が渇いていれば「水を飲むための（道具としての）コップ」であり、植木に水をやりたければ「水をやるための（道具としての）コップ」となります。人間はそうした中で、自分なりの生き方の可能性を選び取っている実存なのです。こうしたあり方を「**世界―内《ない》―存在**［In-der-Welt-sein］」といいます。しかも、世界に投げ出された人間は**不安**でビクビクしており、常に顧慮的な気遣い（道具的存在者に対する配慮的な気遣いとは異なり、こちらは他者への配慮）を抱いています。自分はどう見られているのか、他人はどう思っているのか、テスト前に周囲はどこまで勉強がはかどっているだろうか……不安な私たちは噂話やどうでもいい世間話に興じ、周囲に合わせて振る舞うようになります。

人間は死への存在

われわれは、ひとが楽しむとおりに楽しみ興ずる。われわれが文学や芸術を読んだり見たり判断したりするのも、ひとが見たり判断したりするとおりにする……われわれは、ひとが憤激するものに「憤激する」のである。世人は、いかなる特定の人でもなく、たとえ総計としてではないにせよ、すべての人々であるのだが、そうした世人が、日常性の存在様式を指定するのである……このように世人は、その日常性におけるそのときどきの現存在の責任を免除する……誰もが他者であり、誰ひとりとしておのれ自身ではない。

(『存在と時間』*1)

この言葉には身につまされるものがあり、ドキッとしてしまいます。日常生活に埋没していくうちに、私たちは匿名的な「誰でもない誰か」に頽落《たいらく》してしまいます。これが平均的・没個性的な**ダス・マン**［das Man］(**世人《せじん》、ひと**)です。これもハイデッガー独特の用語ですが、「das」は中性の定冠詞、「Man」は三人称の代名詞を大文字にしたもので、男とも女とも特定できない、不特定多数の誰かを意味します。では私たちはどうすれば、本来のかけがえのない自分を取り戻すことができるのでしょうか。ハイデッガーは「人間は死への存在である」と言いました。人間は誰しもが死を迎えます。「誰でもない誰か」を生きている人にとっても避けられない死は「現存在の最も固有な可能性」*2なのです。例えばあなたが突然「余命1カ月」と宣告されたとしましょう。あなたは自らの死を意識した瞬間、限られた時間の中で「何を残すことができるか」と考えるはずです。その時人間は「誰でもない誰か」ではなく「取り替え不可能なかけがえのない自分」を生きたい、と強く願うのではないでしょうか。しかし日常生活で死を意識することはありません。誰しもが死を恐れているからです。その死への不安を紛らわすために、噂話やどうでもいい世間話に興じ、没個性的なダス・マンに頽落してしまっているのです。死は追い越すこともできません。しかしその固有の死に向かって先んじる（**死への先駆**）によって、人間はダス・マンの頽落から引き離されるのです。

本のタイトルにもあるように、人間の現存在の存在は時間性という場にあります。一般的に私たちは「過去―現在―未来」で時間を捉え、過去や未来という時間の存在を想定しています。一瞬で失われる「今」の連続が時間であり、死から目を逸らし、過ぎ去った過去は忘却されます。しかしこれは頽落です。ハイデッガーの考える本来的時間性とは、過去の自分を了解し、引き受けつつ、死という未来に向かって、現在の自分を取り巻く事物や人々を気遣いながら、新たな自分の可能性に向かっていくことなのです。私たちはついつい「過去があるから未来がある」と考えてしまうのですが、「いつか死ぬ」という未来を設定することで、現在から過去と未来が切り分けられるということなのです（9章では道元《どうげん》［1200―1253］の『正法眼蔵《しょうぼうげんぞう》』「有時《うじ》」巻との類似について述べた）。

ベルクソンの「持続」

ところで時間というものは、実はあるようでないような、つかみどころのないものです。物差しや時計で計られる「時間」とは一体何なのでしょうか。遊園地で過ごす50分と私の授業を受ける苦痛に満ちた50分（笑）は、感じ方も違うはずです。あるいは歳を重ねれば1年はあっという間に過ぎていくでしょうし、時間の流れ方（人間はしばしば「川の流れ」というメタファーで時間を捉える）も異なるはずです。ちなみにベルクソン［1859―1941］は時間を「**持続**」という概念で説明しています。時間の流れは物差しのように空間的に点に分割することができるものではなく、不断の意識の流れだというのです（空間を含めない意識のあり方が「**純粋持続**」）。つまり、時間は空間化された量的なものではなく、質的なものだということです（ただしそれを、量的・空間的な「言葉」というもので把捉できるのか、という疑問は残る）。確かにオーケストラの音楽をぶった切りされた1つ1つの音の粒として聴いている人はいないでしょう。時計の時間というものも、「1分」と言ったとき、質的な意識の流れ（持続）を空間上の針の移動とみなしているにすぎないわけです。ベルクソンはショーペンハウアー［1788―1860］やニーチェ［1844―1900］同様、理性にくみ尽くせない生命の流れ（純粋持続）を本質と考える「生の哲学」を説きました。理性的に空間上に区切られた時間を生きるのではなく、純粋持続に身を置くことこそが自由の源泉なのです。[*3] さらにベルクソンは、生命の創造的進化は因果に基づく機械論でも神の完全性に近づく目的論によるものでもなく、予測不可能な**生命の躍動**（**エラン・ヴィタール**［élan vital］）[*4]によっておこると考えました。

実存は本質に先立つ

ジャン・ポール・サルトル（Jean-Paul Sartre）［1905―1980］は、戦後実存主義ブームを巻き起こしたフランスの無神論的実存主義哲学者・文学者です。カフェで哲学を論じた在野の人でもありました（日本でも「哲学カフェ」の実践が広まっているが、それを地で行っていた）。高等師範学校《エコール・ノルマル・シュペリウール》時代は、現象学を展開することになる哲学者メルロ・ポンティ［1908―1961］や生涯の伴侶（お互いに自由恋愛を許容する契約結婚だった）となる哲学者・文学者ボーヴォワール［1908―1986］と出会っています。1938年に書かれた『嘔吐《おうと》』（主人公ロカンタンの日記という体裁）[*5]の評価もあり、1964年にノーベル文学賞に選ばれましたが、生きながら神格化されることを嫌い、辞退しています（サルトルの権威主義批判は『嘔吐』の「さらば〈ろくでなし〉よ」に表現されている）。[*6] ところで2016年にミュージシャンとして初めてノーベル文学賞を受賞したボブ・ディラン（Bob Dylan）［1941―］[*7]が、辞退はしなかったものの受け入れるまでしばし沈黙を続けたことも思い出されます。彼はサルトルに敬意を表していた人です。サルトルは

1980年に亡くなっていますが、その葬儀の際は沿道に約5万人もの人々が集まりました。

サルトルは「**実存は本質に先立つ**」[*8]と言いました。古くはアリストテレス〔B.C.384―B.C.322〕が、そして実存主義の先駆シェリング〔1775―1854〕が打ち出した、実存（エネルゲイア）に対する本質（イデア）優位の逆転です。キリスト教の物語に即していえば、本質は実存に先立ちます。神は人間の本質（＝設計図）を作った上で、個々の実存を造り出したはずです。もちろんペーパーナイフなどに関しては、職人が1つの概念（＝設計図）を思い描いて、個々のペーパーナイフを造りますから「本質は実存に先立つ」でしょう。しかし人間は違います。無神論者のサルトルによれば、人間は世界の中に投げ出され、「何ものでもない」ものとしてただ実存します。私たちに共通する人間の本質などはなく、「人間はみずからつくるところのもの以外の何ものでもない」[*9]のです。確かに自分のキャラクターの設計図通りに生きるなんて、嫌ですよね。自分の本質は自分で作り出すのです。[*10]

そうした意味で、人間は自由な存在であるといえます。しかし「**自由**」であるからには、原罪を言い訳にして逃げることは許されません。自分の選択した行為については「**責任**」を負わなければならないのです。サルトルはこれを「**人間は自由の刑に処せられている**」[*11]と表現しました（自由であることの**不安**）。ちなみにこの「自由と責任」論は、学校の先生や両親から私は度々聞かされてきたように思います。では社会に対する責任をどう果たしていけばよいのか……サルトルは人間を、自己を対象として意識する**対自《たいじ》存在**（モノとして、本質に固定化された**即自《そくじ》存在**に対し）と捉え、[*12]世界に自分を投げ込み、未来の可能的な行為を企てることができる**投企《とうき》**〔projet〕的存在だと考えました。そして、自己を社会に投げ込み、自己を社会の中に拘束する**アンガージュマン**〔engagement〕（**社会参加**）を説いたのです。全面的に責任を引き受け、自由な選択をすることで、社会状況の中に自らを拘束し、新しい社会状況へと変革していく運命にあるというわけです。例えば結婚とい

サルトル

う選択は、それが境遇や情熱、欲望に基づくものだとしても、私自身だけではなく人類全体を一夫一婦制の方向へアンガジェ［engager］（アンガージュマンの動詞形）することになるのです。現代の社会運動も、少なからずサルトル思想の影響下に置かれているように思います。私自身、社会に出たら学問や文学・芸術に関心をもち、権力からは身を遠ざけて発言し、最後は社会を正しく変革したい……そんな思いをもってこれまで生きて来たのですが、これも意識的か無意識的か、サルトルの影響だと思われます（私は学生運動を経験した団塊《だんかい》世代の子どもたち、団塊チルドレン世代にギリギリ含まれますから、当然かもしれません）。

学生運動の時代

ところで前述のディランが社会を変えた１９６０年代は世界同時多発的な学生運動の時代でした。そのアクターはいわゆるベビーブーマー＝「戦争を知らない子どもたち」世代です（日本では団塊の世代と称される）。第二次世界大戦後に戦地から父が帰還し、平和の世の中になったことで安心して子どもが産めるようになり、世界的なベビーブームがおこりました。人口が多かったため、学生運動にしてもビートルズ現象にしても、世界的なムーブメントがおこりました（ちなみにそのチルドレン世代も人口が多く、１９８０年代日本ではファミコンというテレビゲーム文化を形成した）。

学生運動を行った学生たちの思想的バックグラウンドは主にマルクス［１８１８―１８８３］の左翼思想です。フランスでは学生街カルチエ・ラタンを中心に１９６８年に五月革命がおこります。革命理論に共感していたサルトルはそれを支持しました（共産主義に接近したサルトルですが、最後はフランス共産党やソ連と絶縁した）。日本では１９６８～69年の東大紛争がそのハイライトでしょう。安田財閥が作った東京大学の安田講堂に全共闘（全学共闘会議）、新左翼（ニューレフト）セクトが立てこもり、最後は機動隊が出動して放水する……という戦争さながらの事態になってしまいました。ちなみに私の父はこの年東大を受験する予定だったのですが、入試中止が決定し（浪人を余儀なくされた）、翌年1年下の後輩と一緒に受験することになったんです。この東大安田講堂事件をテーマにして書かれたのが、宗田理《そうだおさむ》［1928―　］の『ぼくらの七日間戦争』です（「解放区」が登場する）。

ところで私の両親（いわゆるノンポリ＝ノン・ポリティカルだった）が大学生だった頃は、学生運動に対抗した大学側がキャンパスをバリケード封鎖して授業が休講になったり、授業中にヘルメットをもった連中が拡声器片手にアジテーション（煽動）を始めて、教授が追い出される……なんてことも日常茶飯事だったそうです。直接行動による急進的革命を志した新左翼運動ですが、1970年には赤軍派のよど号ハイジャック事件（北朝鮮に渡った）が世間を騒がせ、次第に内部抗争（内《うち》ゲバ）のおぞましい本性も明らかになり、1972年の連合赤軍のあさま山荘事件を経て徐々にフェイドアウトしていきます。

学生たちの中にはファッション感覚で学生運動にのめり込んだ人もいました。「就職が決まって髪をきってきた時　もう若くないさと君にいいわけしたね」（バンバン『「いちご白書」をもう一度』）という荒井（松任谷）由美［1954―　］が作った有名な歌がありますが、ジーパン・長髪・ヘルメット・ゲバ棒をもった学生が、要領よく身ぎれいに就職し、1980年代にはテクノカットできめたエコノミック・アニマルと化していったことをどう説明したらいいのでしょうか（1980年代に一世を風靡したコピーライター糸井重里［1948―　］、音楽家の坂本龍一［1952―　］、テレビディレクターのテリー伊藤［1952―　］、元東京都知事の猪瀬直樹［1946―　］などはかつて学生運動に関わっており、以後それぞれの思想や行動に影響を与えている）。私が高校生の頃の予備校や塾の先生は、学生運動に身を投じたことで就職の道を閉ざされた人ばかりでした（そもそも彼らが学校＝体制とは異なる予備校文化を創った）。放っておけば大学教授になっていたような秀才・鬼才も沢山いたんです。伝えたい言葉が満ちあふれていたその授業は、人生論も含めて今思い返してみても抜群に面白かったです。教育に携わることで、糊口《ここう》をしのぎながらも草の根の社会変革を企図していたのかもしれません。

1960年代後半、長髪のヒッピーたちによるベトナム反戦運動、女性解放運動、公民権運動、授業料値下げ、そして学園民主化運動……こうした既成の価値観に異議申し立てする**対抗文化**（カウンター・カルチャー）は学生のエネルギーと一体となり、世界を変えました。新左翼の理想は実は消火されるどころか、しっかりと実りを得ています。*13 私が惹かれ続けているポピュラー音楽でいえば、人種差別を受けていた黒人の音楽（ブルーズやジャズ）をルーツとするロック〔rock〕（総体として抵抗のメッセージを内包する）や、民衆の歌として反商業主義のエートスをもったフォーク〔folk〕（共産党がそれを利用した）もそうした時代が生んだ「思想」の1つだったと思います。

ハイデッガーのサルトル批判

> エクシステンティア〔現実存在〕のほうがエッセンティア〔本質〕よりも優位すると説くサルトルの主要命題は……その哲学を表すのにふさわしい題目として「エクシステンツィアリスムス」〔現〈実存〉在ヲ強調スル〈実存〉主義〕という名称が正当であることを示している。けれども「実存主義」の主要命題は、『存在と時間』のうちに登場する……命題とは、寸毫《すんごう》も共通するものをもたない。（『「ヒューマニズム」について』）*14

とはいえ「実存は本質に先立つ」というサルトルの実存主義には、人間中心主義が色濃く感じられると思います。同じ「実存主義」と括られてしまうことのあるハイデッガーですが、サルトルと自分の違いを説明しています。ハイデッガーは「人間の「本質」は、人間のエク―システンツ〔存在へと身を開き―そこへと出で立つあり方〕のうちに、存している」*15といい、「エク―システンツ」と形而上学的・客観的・現実的な「エクシステンティア〔現実存在）」は別物だと考えていました。ハイデッガーは従来の西洋哲学における存在論（形而上学）が「存在者」と（存在者たらしめる）「存在」の存在論的差異を忘却し（**存在忘却**）、本質と実存に先立つ始原である自然としての「存在」を忘れ去っている（故郷喪失）と批判し、「現存在」の構造を分析しようとしたのです（前述のようにハイデッガーは自身の哲学を「実存主義」ではなく「基礎的（現象学的）存在論」と捉えていた）。

> **人間は理性的動物よりも「より以上」であり、存在の真理の見守りのうちへと存在によって呼ばれている、存在の牧人《ぼくじん》・隣人である。**（『「ヒューマニズム」について』）[*16]

ハイデッガーの『存在と時間』には壮大な文化の転回の企てが隠されて」おり、「人間を本来性に立ちかえらせ、本来的時間にもとづく新たな存在概念、おそらくは〈存在＝生成〉という存在概念を構成し、もう一度自然を生きて生成するものと見るような自然観を復権することによって、明らかにゆきづまりにきている近代欧州の人間中心主義的文化をくつがえそうと企てて」[*17]いました。技術文明が支配する存在忘却の時代にあって世界に投げ込まれた人間は、存在へと身を開き、そこへと出で立ち、存在が語りかけその真理が明らかになるのを待つ「**存在の牧人**」なのです。間違っても「存在者の主人ではない」[*18]のです。

不条理

文学者で実存主義的な作品を発表した人もいます。『変身』『審判』『城』などで知られるプラハ出身のフランツ・カフカ（Franz Kafka）［1883—1924］や、『罪と罰』『カラマーゾフの兄弟』で有名なロシアの文豪フョードル・ドストエフスキー（Fyodor Dostoyevsky）［1821—1881］、そして前述のサルトルもそこに含まれます。

神々がシーシュポスに課した刑罰は、休みなく岩をころがして、ある山の頂まで運びあげるというものであったが、ひとたび山頂にまで達すると、岩はそれ自体の重さでいつもころがり落ちてしまうのであった。無益で希望のない労働ほど恐ろしい懲罰はないと神々が考えたのは、たしかにいくらかはもっともなことであった。（『シーシュポスの神話』）*[19]

「**不条理**」をテーマにしたアルジェリア（フランスの旧植民地）出身の作家**アルベール・カミュ**（Albert Camus）［1913—1960］も実存主義的な文学者の一人です。彼は日本で活躍するタレントのセイン・カミュ［1970— ］の大叔父にあたり、1957年にノーベル文学賞を受賞しました。マルクス主義に接近したサルトルと激しい論争を繰り広げた闘争の人でもあります。*[20] ギリシア神話を下敷きにしたエッセイ『**シーシュポスの神話**』には、（賽《さい》の河原の石積みのように）大岩を山頂に押し上げるたびに転がり落ちるという罰を受けたシーシュポスが登場します。「こんにちの労働者は、生活の毎日毎日を、同じ仕事に従事している。その運命はシーシュポスに劣らず無意味だ」*[21] ……どうせ死ぬのに、生き続ける人間の姿、まさにこれこそが「不条理」です。不条理の悲惨さを意識し、「すべてよし」と判断すること……そこに幸福が見い出せる、ということなのでしょう。そんな時私は、ガロ系特殊漫画家・根本敬《ねもとたかし》［1958— ］の『因果鉄道の旅』*[22]で流布した名言「でもやるんだよ！」を思い出さずにはいられません。どんな世の不条理に直面したとしても、その不条理から目をそらさず、「でもやるんだよ！」……というのがかけがえのない人間の有り様なのです。

カミュの代表作『**異邦人**』を最初に読んだ時は、なんとなく暗い気分になりました。「きょう、ママンが死んだ。もしかすると、昨日かも知れないが、私にはわからない」*[23]という文に始まるこの小説、簡単なあらすじを紹介しましょう。主人公ムルソー（フランス語の「死［mort］」「太陽［soleil］」の合成語）は母の死に遭っても涙ひとつ流さず、何も感じません。ある時、太陽照りつける中、友人レエモンの情婦を巡るカネのトラブルに巻き込まれ、アラビア（アラブ）人を射殺してしまいます。裁判の中では、母の死にあっても海水浴や情事にふけり、喜劇映画に笑い転げ、いつもと変わらぬ生活を送るムルソーの行状が明らかになります。しかも殺人の理由を「太陽のせいだ」と答えるのです。結局冷酷な人間であるとされ、死刑判決を受けてしまいました。ムルソーは処刑の日に、見物人が憎悪の叫びをあげて自身を迎えることを、残された最後の望みとするのです。読後の何とも救いようのない虚しさ、倦怠感は何なのでしょう。愛を与えるのが人生である……などと人生・世界に意味や根拠を求めてしまうのが人間です。しかし実際、人生・世界はただの偶然にすぎず、そこに意味などありません。おおよそ理性的ではない人生や世界を、理性で割り切ろうとする……その対立が不条理を生むのです。社会の中で人生の意味などというものを演じて嘘をつくことをやめた「異邦人」ムルソーのあり方には、欲望に忠実に生きる現代人に共感できる何かがあるように思います。

注

＊1〜2　ハイデガー『存在と時間』（『世界の名著62』）（原佑・渡辺二郎訳、中央公論社、１９７１年）。

＊3　「われわれは自分自身に対して外的に生きており、われわれは自分の自我についても、その色あせた亡霊、等質の空間に純粋持続が投ずる影しか見ていない。それでわれわれの生活は時間の中よりもむしろ空間内に展開される。つまりわれわれは自分のためよりもむしろ外界のために生きている。われわれは考えるよりもむしろ話すのであり、みずから行動するよりもむしろ「行動させられて」いる。自由に行動するとは、自己を取り戻すことであり、純粋持続の中にわが身を置き直すことである」（ベルクソン『時間と自由』平井啓之訳、白水社、２００９年）。

＊4　「生命を、一定した方向で、ますます複雑度の高いものへと運んでゆくものは、外的原因の機械作用ではなくて、あの内的な突進、生殖細胞から生殖細胞へと多くの個体を経て移ってゆく、内部から突きあげてくる力なのだ、と。これが、エラン・ヴィタールの心象によって呼び起こされる……思想である」（ベルクソン『道徳と宗教の二つの源泉』）（『世界の名著64』森口美都男訳、中央公論社、１９７９年）。

＊5　定職もない（利息で生活している）自由な独身青年ロカンタンは公園のマロニエの樹の根（「怪物染みた軟い無秩序の塊……怖ろしい淫猥な裸形の塊」）を前に強烈な嘔気《はきけ》を覚える。これは、全てのものが不条理で偶然的に、無意味に、単に実存していることに対する吐き気だった。「嘔気とはもはや病気でも、一時的な咳込みでもなく、この私自身なのだ」（J-P・サルトル『嘔吐（改訂版）』）（『サルトル全集第六巻』白井浩司訳、１９７２年）。ロカンタンは最後カフェでジャズ・ボーカルのレコード"Some Of These Days"を聴いたことをきっかけにして、想像力による芸術創作——一冊の書物、一篇の小説——によって存在を乗り越えようとする。

＊6　海老坂武『サルトル——「人間」思想の可能性——』（岩波書店、２００５年）。

*7　「I love you, you love me.」の世界だったロックンロールの世界に、フォーク・ミュージックの語り物の伝統をもち込んだディランは、ロックの詩を確実に変えた。1965年にはザ・ビートルズのメンバーと交流し、マリファナを手渡し、彼らの音楽のメッセージ性のなさを指摘した。ジョン・レノンやジョージ・ハリソンはとりわけディランに影響された（後のジョンの"Imagine"もそうした影響なしには生まれ得なかった）。

*8〜9　サルトル『実存主義とは何か』（『サルトル全集第十三巻』）（伊吹武彦訳、人文書院、1955年）。

*10　こうした人間の主体性の強調、西洋哲学の伝統であるところの人間中心主義は、後に構造主義の批判を浴びるところとなる。

*11　サルトル『実存主義とは何か』（『サルトル全集第十三巻』）（伊吹武彦訳、人文書院、1955年）。

*12　サルトルは即自存在を「存在はある。存在はそれ自体においてある。存在はそれがあるところのものである」、対自存在を「それがあるところのものであらず、それがあらぬところのものである」と説明している（サルトル『存在と無　第一分冊』）（『サルトル全集第十八巻』松浪信三郎訳、人文書院、1956年）。

*13　「現在では、誰も「新左翼」と自称しはしないが、「新左翼的な」文化は、すでに常識的な心性と化している。エコロジカルに省エネを推奨するCMやセクハラへの嫌悪などなど、それは日常的な細部にまで浸透している」（絓秀実『1968年』筑摩書房、2006年）。

*14〜16　マルティン・ハイデッガー『「ヒューマニズム」について』（渡邊二郎訳、筑摩書房、1997年）。

*17　木田元『ハイデガーの思想』（岩波書店、1993年）。

*18　マルティン・ハイデッガー『「ヒューマニズム」について』（渡邊二郎訳、筑摩書房、1997年）。

*19　カミュ『シーシュポスの神話』（『カミュ全集2』）（清水徹訳、新潮社、1972年）。

*20　サルトルはカミュを現実に積極的に関与しないモラリスト・観念論者であると捉え、カミュはサルトルの接近したマルキシズム（マルクス主義）が理想の神の国を作るために恐怖政治を正当化するものであると批判した（カミュはマルキシズム〔マルクス主義〕に全体主義〔ファシズム〕と同様のものを見ていた）。結果的に二人は絶交する（カミュ／サルトル他『革命か反抗か――カミュ＝サルトル論争――』新潮社、1969年）。

*21　カミュ『シーシュポスの神話』（『カミュ全集2』）（清水徹訳、新潮社、1972年）。

*22　捨てられた犬500匹を育てている「しおさいの里」で働くボランティアのオヤジは、エサ用のタライや桶を洗剤でピカピカに洗う。「「でもわざわざこんなの洗剤使ってゴシゴシ擦る必要ないんだよ。水でちゃちゃっちゃっとやりゃあ、それでいいんだよ。な、こんな事無駄な事だと思うだろう」「え、いやまあ」「そうだよ、無駄な事なんだよ」で、次にドスの効いた大きな声で「でもやるんだよ！」この一言もこっちに云ったってよりは、てめえに云ったって感じかな」（根本敬『因果鉄道の旅――根本敬の人間紀行――』KKベストセラーズ、1993年）。

*23　カミュ『異邦人』（窪田啓作訳、新潮社、1966年）。

54章　現象学、プラグマティズム（パース、ジェームズ、デューイ）

現象学

現象学は、ところで実際、一つに純粋に記述的な学科、超越論的に純粋な意識の領野を純粋な直観において研究し尽くそうとする一学科なのである……われわれは、われわれが現象学者として従おうとする次のような規範の正当性を、確信することができるのである。すなわち、われわれが、意識そのものに即して、純粋な内在において、自ら本質上明白に洞察しうるようにさせうる事柄以外の、いかなる事柄をも要求しないということ、これである。（『イデーンⅠ―Ⅰ　純粋現象学と現象学的哲学のための諸構想《イデーン》　第1巻　純粋現象学への全般的序論』*1）

ハイデッガー［1889―1976］やサルトル［1905―1980］に影響を与えた**現象学**［phenomenology］についても触れておきましょう。現象学は、ハイデッガーの師でオーストリアの哲学者・数学者だった**エトムント・フッサール**（Edmund Husserl）［1859―1938］が提唱した学問です。理性で世界を捉える従来の欧州の哲学の伝統にあって、19

世紀末になると「生の哲学」をはじめ、理性にくみ尽くせない生や生身の経験から学問の基盤を立て直す動きが登場します。現象学もその1つだと言えるでしょう。*2

昔の本だと「フッセルル」という表記もよく見かけます。フッサールはオーストリアの哲学者・心理学者**フランツ・ブレンターノ**（Franz Brentano）［1838―1917］に学び、哲学を志しました。ブレンターノからは、心的状態が何らかの対象に向かう**志向性**［intentionality］をもつ（志向的内在）というアイデアを得ています。例えば「嬉しい」という感情は何らかの対象について（向かって）の心的状態です。これが志向性です。その際、意識される対象をノエマ［noema］、対象を構成する意識作用をノエシス［noesis］といいます。

フッサールは『**イデーン**』において、世界の存在（対象が意識から独立して存在する）を自明とする**自然的態度**を疑って**判断中止**（**エポケー**［epoke］）し、世界を自らの意識現象に還元する**現象学的還元**を説きました。「（客観的に）世界は存在する」という素朴な信念をいったん括弧《かっこ》に入れるということです（判断中止・エポケーはもともと古代ギリシアの懐疑主義者の語）。世界の存在は、私たちの意識が意識以外のモノ（カント［1724―1804］のいう物自体）に向かう志向性の働きにより成り立っているものなのです。似た発想をもっていたオーストリアの物理学者・哲学者エルンスト・マッハ（Ernst Mach）［1838―1916］に、左目から見た視界という絵があります。その絵では右目を瞑《つむ》って、左目から見えた世界を仔細に描いています。このように世界を自分のありのままの意識現象に還元し、把握するという方法が現象学的還元です。この姿勢は「**事象そのものへ！**」と表現されています（弟子のハイデッガーが『存在と時間』の中で用いた）。

世界が「考えるわれ（主観）」の意識現象によって掴み取られるものだとすると、世界を客観的に把握することは不可能なのでしょうか。簡単にいえば、あなたの考えは「私が思うあなたの考え」であって、客観的に把握できたあなたの考えそのものではない……結局私はあなたの心を客観的に把握することはできない、つまり独我論に陥ってしまう、という話です。現象学には**間主観性**《かんしゅかんせい》（**相互主観性**）［intersubjectivity］という概念があります。Aさんが「この花は美しい」と言ったとき、Bさんも「確かにこの花は美しい」と言った……この例のように、客観的な美しさではないが、主観的な美しさでもない、二人の関係性の中で相互に確信された美しさの認識、これが間主観性です。こうした間主観性によって成り立つ世界を**生活世界**［life-world］といいます。フッサールは、主観により客観を捉えるという物心二元論的図式に基づき、数学的に把握された世界と生活世界を取り違えてきた点を批判しています。

そうした現象学をフランスで展開させたのが**モーリス・メルロ・ポンティ**（Maurice Merleau-Ponty）［１９０８－１９６１］です。メルロ・ポンティはサルトルやボーヴォワール［１９０８－１９８６］、レヴィ＝ストロース［１９０８－２００９］とは高等師範学校《エコール・ノルマル・シュペリウール》時代の同級生でした（戦後の冷戦の最中、マルクス主義に傾斜したサルトルとは絶縁している）。「実存（対自）は本質に先立つ」といったように、主体（考えるわれ）の優位を説いたサルトルはデカルト［１５９６－１６５０］以来の物心二元論を受け継いでいました。この図式を覆したメルロ・ポンティによれば、世界というものは、対自的意識（主体）でも即自的物体（客体）でもない**両義的な身体**によって生きられた世界です。これはなかなか面白い考えです。自分の両手を組み合わせたとき、その手は主体なのか、客体なのか、という話です。「私とは私の身体」[*3]……私たちが世界の存在を認識する主体は身体です。例えば「大地」という認識は、客観的な「大地」を主観が直観する、というようなものではなく、一歩一歩地面を踏みしめる足（身体）を通じて１００歩も歩くうちに、このまま地面が続いているだろう……と想像力で補いつつ、大地という世界を把握するのです。世界を生きる身体は主体でもなく、客体でもありません（「私の身体が世界（それも一個の知覚されたものである）と同じ肉でできている」）[*4]。２０１１年3月11日に発生した東日本大震災は津波で多くの死者・行方不明者を出し、目に見えない放射能に怯《おび》える原発事故を併発しました。これは日本人の思考回路を大きく変質させる出来事だったと思います。いつ訪れるとも知れない災害やテロに対する不安を抱き、抽象的・理性的な議論よりも、感性的な肌触りにこそ確からしさを感じる……身体論が改めてリアリティを得ている時代であるように感じます。

米国のなりたち

今までの西洋哲学は欧州大陸が中心でした。19世紀後半には米国生まれの哲学、プラグマティズムが登場します。南北米国大陸は、スペイン女王のイサベル1世（Isabella I of Castilea）［1451―1504］の援助を受けたイタリア人のクリストファー・コロンブス（Christopher Columbus）［1451―1506］によって、1492年に「発見」された土地です。「発見」といっても欧州人にとっての「発見」です。コロンブスは地球球体説を信じ、大西洋を西に進めばアジアにたどり着くと考えました。南北米国大陸の存在を知らないコロンブスは、たどり着いたその土地をインドだと確信するんです。先住民ネイティブ・アメリカンはインド人＝インディアンだと勘違いされてしまいました。後にイタリアの探検家・地理学者アメリゴ・ベスプッチ（Amerigo Vespucci）［1454―1512］が欧州人にとっての新大陸であることに気付き、その名にちなんで「アメリカ」と命名されます。

その後、英国で迫害を受けていたプロテスタントの一派・清教徒（ピューリタン）たちの一行、ピルグリム・ファーザーズ（巡礼始祖）が1620年にメイフラワー号に乗って米国大陸に渡り、マサチューセッツ州プリマスにたどり着きます。そしてネイティブ・アメリカンの教えを受けつつ試行錯誤しながら、手探りで入植を始めるのです。英国領の13植民地として出発した米国ですが、宗主国英国の圧政に抵抗する独立戦争がおこり（1775～83年）、独立が果たされました。19世紀になるとナポレオン［1769―1821］からルイジアナを買い、ネイティブ・アメリカンを虐殺しながら、西へ西へとフロンティア（辺境）を広げていきます（西漸《せいぜん》運動）。1849年にはカリフォルニアで金鉱が発見され（ゴールド・ラッシュ）、一獲千金を追い求めた移住者がサンフランシスコに押し寄せました。そんな時代の鉱夫に愛用された、リベットで留めた破れにくいインディゴ染めの労働着は「ジーンズ」として今も愛用されています。移民の国、アメリカン・ドリームの国としての米国はこのようにして形成されていったのです。
1865年の南北戦争後の米国はいわゆる「金ぴか時代」です。勤勉・禁欲的なピューリタンの米国が、資本主義の急速な発展を背景に拝金主義に染まっていくのです。プロテスタントの内村鑑三《かんぞう》〔1861―1930〕が留学し、幻滅したのもちょうどその頃でした。

米国生まれの哲学

そうした時代の米国におこった新しい哲学思想が**プラグマティズム**［pragmatism］（**実用主義**）です。[5]「プラグマ［pragma］」とはギリシア語で「行為・行動」を意味します（「プラクティス［practice］（実践）」はその派生語）。プラグマティズムとは、実験・検証などの具体的な行為・行動によってもたらされる効果を重視する思想です。つまり端的にいえば「使える」か「使えない」か、目の前で使えれば（効果があれば）、それは「正しく」「よい」ものである……という極めて合理的な発想です。プラグマティズムの前では、欧州のいかめしく伝統的な形而上学《けいじじょうがく》的理論は無用です。「プラトンがかつて〜と言ったことを踏まえると、云々《うんぬん》」という伝統的な思弁的・観念的議論はどうでもよく、目の前で「使える」という効果さえ確認できれば「それでいいじゃん」というサルでもわかる哲学です（ちょっと言い過ぎですが）。ここには、今まで見てきた経験論の流れをくむ功利主義や実証主義、そして進化論の影響が見て取れます。西洋の伝統だった理性中心主義の哲学（ヘーゲル〔1770―1831〕がその頂点）を捉え直した（反主知主義的）という意味では、「生の哲学」の系譜に連ねることもできるでしょう。

戦後日本にプラグマティズムをもちこんだのは、戦前ハーバード大学に留学して哲学を学んだ**鶴見俊輔**〔1922―2015〕です。鶴見は戦後『思想の科学』を創刊し、小田実《まこと》〔1932―2007〕らとともに「ベトナムに平和を！市民連合（ベ平連）」を結成した人です。彼の晩年のエッセイ『思い出袋』[6]に、朝礼の話が短く、生徒の名前を全員覚えてくれていたという小学校の校長先生が登場します。その校長先生は戦前渡米し、デューイ［1859—1952］に会いに行っていたのでした。合理的なプラグマティズムから受けた新鮮な感動を追体験することができるエピソードです。鶴見はプラグマティズムを「功利主義的傾向」「実証主義的傾向」「自然主義的傾向」という三角形の3底辺から説明し、「抽象的理論に〝それがなんの得になるかね（What good is it?）〟、〝だからどうしたというんだ（So what?）〟と言う」「自分の手でにとって見られるものでないと信用せぬ」「考えることに特別の尊敬を払わない」という米国人気質とそれぞれを結びつけています。*7

先ほど米国の歴史を簡単におさらいしましたが、これもプラグマティズムの成立に大きく関わっています。プラグマティズムには日々の生活を試行錯誤しつつ乗り越えてきた、たくましい開拓者たちのフロンティア・スピリットが充満しています。ソクラテス［B.C.470?—B.C.399?］やプラトン［B.C.427—B.C.347］が今日のご飯の何の役に立つんだ?という話です。それにしてもTシャツやマクドナルドの国・米国はとても合理的な国だと思います。私は幼い頃、米国のボストン（ニューイングランドの中心都市）に住んでいたことがあります。現地校に通っていたのですが、「英語がしゃべれない日本人が来た」となると「お前は英語がしゃべれないのか、それなら別のクラスで英語を教えよう」とすぐに別のスペースで他の日本人や中国人と共に簡単な英語を勉強させてくれました。「昔こうしていたから、それに倣《なら》おう」とか「言葉が話せない人は特別」といったムラ社会ニッポン的なまどろっこしさは全くなく、「とりあえずトライして喋れるようになれば、それでいい」「もしだめなら、また別の方法を試してみよう」という結果重視の発想がありました。何よりも前向き・楽観的で、後腐れがないんですね。ちなみに真冬のボストンは北海道くらいの寒さだったんですが、部屋に入ると暖房が効きすぎるぐらい効いていて、皆半袖のTシャツを着ていました。エアコンの温度を下げて厚着する……日本のやせ我慢の美徳（地球環境のため、という建前はある）とは対極にあると今にして思います。そういえば北海道では真冬に室内をポカポカにしますよね。北海道は全国から集まった開拓民の作り上げた地域ですから（ネイティブ・アメリカン同様、服従を強いられたアイヌの人々もいた）、プラグマティズム的発想があるのかもしれません。詳しく検証したことはありませんが。

概念＝効果

プラグマティズムの創始者とされるのが米国の哲学者・科学者・論理学者（記号論［semiotics］の祖）の**チャールズ・サンダース・パース**（Charles Sanders Peirce）［1839―1914］です。[*8] ハーバード大学時代はカントの『純粋理性批判』を毎日2時間ずつ読んで、暗記するほどになったそうです。1870年代前半には欧州の伝統的な形而上学とは一線を画すプラグマティズムのグループ「形而上学クラブ」（ハーバード大学の卒業生が中心となっていた）を組織します。思弁的な形而上学は無益である、と批判しておきながら「形而上学クラブ」とは、なかなか皮肉なネーミングです。パースは生前、哲学に関する著作を出版することはありませんでしたが、死後約20年たって出版された『論文集』の中で「**プラグマティズムの格率《マキシム》**（**規則**）」が打ち出されています。パースは、「偏見を……追い払うことは不可能であ」り、「あらゆる偏見から出発せざるをえない」[*9]として合理論者デカルトの方法的懐疑を偽物であると否定しました。その上で明晰な観念についての新たな格率《マキシム》を打ちたてようとしたのです。

ある対象の概念を明晰にとらえようとするならば、その対象が、どんな効果を、しかも行動に関係があるかもしれないと考えられるような効果をおよぼすと考えられるか、ということを考察してみよ。そうすれば、こうした効果についての概念は、その対象についての概念と一致する。（『論文集』）[*10]

対象についての概念は、その対象のもたらす効果と一致する……これはなかなか斬新な考えです。例えば「硬い」という概念は「引っかいても傷がつかない」という意味合いですが、それは実際に引っかいてみなければ「硬い」のか、「硬くない」のか、その差を識別することはできません。「引っかく」という行動によって「傷がつかない」という効果が確かめられれば、その対象は「硬い」という概念になるのです。

パースは生涯、大学教授職にありつけず（講師をやっていた時期はある）、合衆国の測量技師を務めていました。なかなか気難しい意固地な性格であったようで、それも災いしたようです。この後紹介するジェームズ［1842—1910］は大学教授として、パースのプラグマティズムを華々しく普及させていくことにもなるのですが、それを苦々しく思っていたのでしょう。思想の生みの親として、成長した子どもであるところのジェームズのプラグマティズムを「ことばの乱用」であると述べ、自身の主張を「プラグマティシズム［Pragmaticism］」として差別化しています。*11 かなりねじくれた人であったようにも見えますね。

有用であるなら真理

「形而上学クラブ」のメンバーであった**ウィリアム・ジェームズ**（William James）は、米国の哲学者・心理学者です。「悲しいから泣くのではなく、泣くから悲しいのだ」というジェームズ・ランゲ説は心理学を学んでいた時に習った記憶があります。このジェームズこそがプラグマティズムの普及者です。また、『宗教的経験の諸相』で説いた「pure experience」は西田幾《き》多郎《たろう》［1870—1945］の主客未分の「純粋経験」のアイデアとなりました。では、質的功利主義者J・S・ミル［1806—1873］に捧げた著書『**プラグマティズム**』の一節を見てみましょう。

真理について、「それは真理であるから有用である」ともいえるし、また「それは有用であるから真理である」ともいえる。（『プラグマティズム』）*12

ジェームズはこのように、パースのプラグマティズムをさらに拡大解釈した**有用主義**を唱えました。Aさんにとって有用である、と仮説検証がなされたならば、それは真理なのです。世界中のあらゆる宗教も——たとえカルト宗教であっても——それを有用とする人がいれば真理だということです。ジェームズ自身の超越主義（トランセンデンタリズム［transcendentalism］）[*13]の信仰も「**有用であるなら真理**」です。つまり真理は相対的・主観的であり、絶対的・客観的である必要はないのです（これは経験論の伝統）。

ちょっと乱暴にも思えますが、これによってプラグマティズムは普及するのです。ちなみにジェームズを批判したパースは「概念から感覚的要素を除去し、その理性的な意味をとらえようと努め」ました。[*14]「引っかいても傷がつかない」という効果を「硬い」という概念とみなしてよいとしても、「Aさんが嬉しかった」からといって「有用だから真理である」とみなすのは、自説の歪曲・「ことばの乱用」だと考えたのです。「うれしい」、「おいしい」というのは、人によって異なる感覚的要素にすぎないからです。

日本の戦後教育における「教科書」

教育学を専攻して、**ジョン・デューイ**（John Dewey）の名前を知らなかったらモグリかもしれません。プラグマティズムの完成者デューイは、戦後日本の民主主義教育に計り知れない影響を与えた（そして今も影響を与え続けている）からです。[*15]

「概念、理論、思想体系は、道具である……その価値は、それ自身のうちにあるのでなく、その使用の結果に現れる作業能力のうちにある」[*16]と述べているように、デューイはプラグマティズムの立場から**道具主義**［instrumentalism］を説きました。人間の知性は問題解決の道具だということです。解決すべき問題に直面したら、仮説を立てて推論し、それを実験でテストします。そこで探求された真理はあくまでも当座のもの（**保証つきの言**

明可能性）で、不断の**トライアル・アンド・エラー**［trial and error］（**試行錯誤**）によって改訂されていくのです。デューイはそうした常に改善されていく人間の知性のあり方を**創造的**（**実験的**）**知性**と呼びました。この合理的かつ前向きな心構えはすごく米国的だと感じます。

デューイはシカゴ大学に招かれて付属小学校における教育実験を任されました（「実験学校」と名付けられた「デューイ学校」）。その体験を踏まえた『**学校と社会**』ではスコラ的な象牙の塔の学問を非難し、伝統的な学問的職業のための教育は大多数の人々にとって興味がない、と言い切っています。そして、そうした伝統的学問よりも実技的な手工や図画、理科を取り入れるよう訴えました。子どもに作業をさせず、個性をなくし機械的・受動的にさせる教室や、画一的な教材・カリキュラムが旧教育の特徴です。デューイは「子どもが太陽となり、その周囲を教育の諸々のいとなみが回転する」[*17]ような教育のコペルニクス的転回を企図したのです。

その実践こそが「**為すことによって学ぶ**（Learning by doing）」、**問題解決学習**です。ここでは、受身の暗記学習や試験で問われる「結果」よりも問題解決の「プロセス」が重視されます。しかも二元論で割り切って結論を出すことをせず、日々の生活に関連させながら試行錯誤の中で真理を無限に探求し続けることをよしとしました。

戦前日本の学校教育は、権威に従順で物言わぬ人間を育てる教育でした。ゆえに民主主義再興のため、戦後日本でデューイの教育論が見直されたのです。デューイは『**民主主義と教育**』において民主的共同社会における教育の重要性を述べた上で、平等な知的機会を与え、「一つの関心を共有する人々の範囲が……拡大していくこと」で、「階級的、民族的・国土的障壁を打ち壊す」ことができると考えました。[*18]さらに、一部の階級の搾取の道具になる伝統的学科や教育法を修正することや、国民的忠誠心や愛国心によって国家間の憎悪を煽《あお》るのではなく、地理的制限を越えて人々を結びつける教育が重要だと訴えてもいます。

デューイ

戦後日本の学校教育は、ＧＨＱ（連合国軍総司令部）の手が入り、小学校では国民科のうち修身《しゅうしん》（後に道徳として復活した）・国史・地理がなくなり、社会科が新設されました。社会科は民主主義を教えるために米国が作った教科です。その他にも男女の家庭科、そして自由研究も当初は教科として新設されましたが、ここにも日本の戦後教育におけるデューイ思想の影響を見て取ることはたやすいでしょう。

二元論を超えて

私が教職課程で学んでいる頃は「座学ばかりではいけない」「話し合いや調べ学習を取り入れ、自分なりの答えを見つける授業をするように」……とデューイ式問題解決学習を実践するようやたらと迫られました。実際教員になってからの研修や研究会でも同様で、耳にタコができるくらい聞かされました。私とてこんなに喋ってばかりの授業なんて、したくはないんです（笑）。ならばなぜしているのか、というと大学受験のための膨大な知識を限られた授業時数の中で注入するには、教員主体でこなさざるを得ないからです。高3の2学期にもなって「愛とは何だろう」なんてのんきな哲学対話を始めたら、私の命すら危ないかもしれません。ならば入試を変えれば、授業が変わる……そんなわけで、２０２０年度から知識偏重の大学入試センター試験を廃止する大学入試改革が拙速に進められることとなり、新学習指導要領では生徒主体のアクティブ・ラーニングという対話的手法の導入が打ち出されました。その流れの中で「倫理」の授業は選択科目となり、さらに思想史中心の教科書を改め、対話的手法による活動中心の「倫理」に転換することが決まります。やはり、今なおここにデューイ思想が生きていることを思い知らされます。「詰め込みの座学か活動か」……ここには「理論か実践か（カントの理論理性と実践理性を思い出してみてほしい）」「理性か感性か」「合理論か経験論か」「精神か身体か」という伝統的な西洋哲学の二元論的図式が今なお残存していることがわかります。その両者のトランザクション（つながりを生む相互作用）を重視したデューイの意図に反して、再び「何とかの一つ覚え」的な単純な二元論に陥ることがないのか、あるいは「思弁的な伝統哲学を学校教育から切り捨てよう」という、ある種乱暴なプラグマティズムの拡大解釈が行われないか……不安も残るのです。

ところでネオ・プラグマティスト（論理実証主義のウィーン学団の影響を受けたプラグマティズム論者）として知られる米国の哲学者**リチャード・ローティ**（Richard Rorty）［1931―2003］はアリストテレス［B.C. 384―B.C. 322］やカントに至る、基礎付け主義の「哲学の終焉」を訴えました（**反基礎付け主義**）。西洋哲学の主題は存在論から認識論へ、認識論から言語論へと移っていきましたが（**言語論的転回**［linguistic turn］）、そのいずれもが知識の妥当性を基礎付ける究極の真理（アルキメデスの点）を探求するという、西洋哲学**の基礎付け主義**［foundationalism］の伝統でした。

今まで見てきた西洋哲学は確かに、正しいとされる真理の基礎を求め続けてきました（経験論や合理論もその一例）。しかしドイツの哲学者ハンス・アルバート（Hans Albert）［1921―　］の「ミュンヒハウゼンのトリレンマ」が指摘した通り、基礎付けはアポリア（哲学的難題）に陥ります。まず何かの正しさを基礎付けると、その正しさをまた何かで基礎付けなくてはならず、さらにその正しさをまた何かで基礎付けなくてはならなくなる……つまり、無限遡及に陥ります（1点目）。さらにA↓B↓C↓D↓A……という循環論法に陥ることもあります（2点目）。そこで、独断的に基礎付けられていない何かに依拠して基礎付け作業を中断してしまう（3点目）……これが「ミュンヒハウゼンのトリレンマ」です。ちなみにこれら3点は古代ギリシアの懐疑主義者が既に指摘していました。

そこでローティは、「知識というものを自然を鏡に映し出す企てとしてよりは、むしろ会話の問題および社会的実践の問題として見る」[*19]というポスト哲学を打ち出します。ここで参照されるのがデューイです。知識、つまり探求された真理は普遍的基盤をもつものではなく、あくまでも当座の「保証つきの言明可能性」でした。よって異質な他者との共生を可能にするスタイルは、ロゴスを分かちもち、弁証法［dialektik］的に唯一の真理へと統合されるソクラテス的な「対話［dialogue］（問答法）」ではなく、「会話［conversation］」（conversation の語源は con ＝共に、verse ＝向きを変える、tion ＝こと）です。こうした会話とは、「会話の続く限り、決して一致への希望を失わないような会話」であり、「一致へのこの希望は、先行的に存在する共通の地盤が発見されることへの希望ではなく、単なる一致への希望、あるいは少なくとも刺激的で実りある不一致への希望」[＊20]なのです。このローティの立場は、多様性を認めるポスト・モダン的発想と見て取れます。

注

＊1　エトムント・フッサール『イデーンⅠ―Ⅰ　純粋現象学と現象学的哲学のための諸構想《イデーン》　第1巻　純粋現象学への全般的序論』（渡辺二郎訳、みすず書房、1979年）。

＊2　数学や論理学、数学に依拠して成立した近代自然科学は「（直接に経験・直感される）「現実性」を離れて、（思考される）「可能性」の天空に舞い上がっていった」。「ヨーロッパ諸科学の基礎を発掘して危機を克服するものとしてフッサールが構想したのが現象学だった」。「フッサールは数学や論理学の始原（起源／根源）を取り戻そうとした。この始原は「直接経験」にある。直接経験とは、ものを見る、ものに触るといったような、具体的な経験である」（谷徹『これが現象学だ』講談社、2002年）。

＊3　M・メルロー＝ポンティ『知覚の現象学1』（竹内芳郎・小木貞孝訳、みすず書房、1967年）。

＊4　M・メルロ＝ポンティ『研究ノート　世界の肉――身体の肉――〈存在〉　一九六〇年五月』（『見えるものと見えないもの　付・研究ノート』）（滝浦静雄・木田元訳、みすず書房、1989年）。

＊5　勤勉・禁欲をエートスとするピューリタニズムの世俗化の過程の中で、プラグマティストたちは「宗教と科学を矛盾するものとしてでなく、むしろ、相互にたすけあうべきものとしてとらえた。この点において、プラグマティズムは、宗教を否定するマルクス主義と区別されるばかりでなく、その深部に科学否定の方向をはらんでいる実存主義とも区別される（上山春平『プラグマティズムの哲学』）（『世界の名著59』中央公論社、1980年）。

＊6　鶴見俊輔『思い出袋』（岩波書店、2010年）。

＊7　鶴見俊輔『アメリカ哲学』（『鶴見俊輔集――1』）（筑摩書房、1991年）。

＊8　パースのプラグマティズム誕生の背景には、エマソンを中心とするボストン周辺の超越主義（トランセンデンタリズム［transcendentalism］）運動のサークルがあった。そのピューリタン神学校の伝統に反する思想運動にはソローやホイットマン、パースやジェイムズの父も加わっていた。「科学的知識の高度な発展への希望を高く掲げると同時に、スピリチュアルな思想運動にも共鳴をもちつづけること――これが古典的プラグマティストたちを育んだ、当時のニューイングランドに特有の知的環境である」（伊藤邦武『プラグマティズム入門』筑摩書房、2016年）。

＊9　パース『人間記号論の試み』（『論文集』）（『世界の名著59』上山春平・山下正男訳、中央公論社、1980年）。

＊10　パース『概念を明晰にする方法』（『論文集』）（『世界の名著59』上山春平・山下正男訳、中央公論社、1980年）。

＊11　パース『プラグマティズムとは何か』（『論文集』）（『世界の名著59』上山春平・山下正男訳、中央公論社、1980年）。

＊12　W・ジェイムズ『プラグマティズム』（桝田啓三郎訳、岩波書店、1957年）。

＊13　『森の生活』で有名なソローの師だった思想家・詩人のエマソン周辺に集まったニューイングランドのユニテリアン派（キリスト教の三位一体説を否定し、神の唯一性を強調する）牧師らが主張した思想。禁欲・勤勉のピューリタニズムや正統派のユニテリアニズムに対抗して、自然の中に見出せる神を超越的に直観し、合一することを説き、理想主義・楽観主義的色彩を帯びていた。東洋思想への傾倒は1960年代のヒッピーを思わせる。「昔の人びとは、面と向かって、神と自然とを見た……しばらくのあいだでも自然の胸にだかれれば、その生命の大河が、われわれの周囲を、またわれわれのなかを通って流れてゆき、この大河の力により……自然に即した活動をするよう誘われる」「自然は、聡明な精神を持つ者の玩具となったことは、けっしてない」（ラルフ・ウォルドー・エマソン『自然』）（『超越主義』斎藤光訳・解説、研究社、1975年）。

＊14　パース『プラグマティズムとは何か』（『論文集』）（『世界の名著59』上山春平・山下正男訳、中央公論社、1980年）。

＊15　デューイは1919年に来日したが（新渡戸稲造の家に宿泊したという）、その際の講演は『哲学の改造』としてまとめられた。戦前日本においてデューイの民主主義教育を受け入れる風土はなかったが、戦後の民主化によって改めて脚光を浴びた。

＊16　ジョン・デューウィ『哲学の改造』（清水幾太郎・清水禮子訳、1968年）。

＊17　デューイ『学校と社会』（宮原誠一訳、岩波書店、1957年）。

＊18　デューイ『民主主義と教育（上）』（松野安男訳、岩波書店、1975年）。

＊19〜20　リチャード・ローティ『哲学と自然の鏡』（野家啓一監訳、産業図書、1993年）。

あとがき

全世界を突然襲った新型コロナウィルス感染症（COVID-19）禍により、多くの苦しみを味わった方々も多いと思います。謹んでお見舞いを申し上げます。個人的には、高校・大学時代の同級生だった大切な友人を失うこととなり、胸がつぶれそうな日々でした。また、20年来通っていた中古レコード店も突然の閉店を余儀なくされました。科学・文明社会の脆さや人間の本性を突き付けられるとともに、緊急事態において人々は容易く権利を放棄し、国家の管理を望みがちであること、その国家の限界やＳＮＳの世論が政治を大きく動かすことにも気づかされました。また、困難な状況を前にして、人々が拠り所として哲学の知を希求する空気も感じ取れました。いずれも生まれて初めての経験です。しかしこうした困難は、カミュの『ペスト』にも描かれたように、ときに社会の中で弱い立場に置かれた者を襲います。その淘汰の嵐の最中で「自分さえ助かればよい」という発想が、社会や国家の分断を生まぬよう願うばかりです。

さて、『哲学するタネ――高校倫理が教える70章』西洋思想編、いかがでしたでしょうか。扱う思想家の数が多い分、①・②の2分冊となり、東洋思想編よりもボリュームが増してしまいました。高校「倫理」の授業には多くの思想家が登場するため、「色々な意見があり過ぎて、どれが正しいのかわからない」「それでも自分の興味を惹くものはそう多くなかった」という感想をもらうことがあります。私は当然そういうものだと思っています。同意するにせよ、異論があるにせよ、自分の心の中に引っかかる思想がひとつでもあれば、それで十分だと思います。また本書を読み進めるうち、言葉が足りないところもあり、様々な疑問が生まれたかもしれませんが、そうした疑問から古今東西の様々な書物の森に分けいって頂くのもよろしいかと思います。『哲学するタネ――高校倫理が教える70章』東洋思想編ともども、ご参照頂ければ幸いです。

思えばある種の哲学ならびに思想史を教える機会を得ながらにして、私は邪道だと思うことがあります。私は直接カントだヘーゲルだという王道の哲学を専攻していたわけではありませんし、客観的な哲学を打ち立て科学の確からしさを裏付けた近代哲学ですら、哲学者個人の世界解釈の物語として読んでいる部分があります。「読む」というより「聴いている」のかもしれません。読んでいてお気づきの方もおられたかもしれませんが、私は音楽に昔も今も強く心惹かれ続けています。とりわけ私が良い意味でこだわり続けている1960～70年代のロックやフォークという音楽を、私はミュージシャンの哲学・思想として聴き、そうした音楽の総体が個人や社会に内面的・外面的変革をもたらしたことを記憶しています。

しかし考えてみると、哲学と音楽はよく似ています。どちらも人生にあってもなくても良いものである、などと言いたいのではありません。語りえぬものについて語ろうとしている点、人間性を深く追求している点、世界をより良いものにしようとしている点……両者に似たものを感じます。世間に流布する一般的定義や解答に疑いを持ち、批判・吟味の上で自分なりの答えをオリジナルに表現するというプロセス……それに触れた人々の前には今までとは全く違う様相の世界が立ち現れる……そこで再び新たな思索・創作が始まるという相互作用……私が哲学や音楽に惹かれる理由はそんなところにあります。ですから倫理の授業作りも、音楽制作も、私にとってはほとんど差がありません。

哲学や芸術が生まれる重要なポイントはマージナルな立ち位置にあることだと思っています。安心できる何かの内側で安住するのではなく、境界（崖っぷちかもしれません）に位置する、ということです。大人と子どもの境界にいる高校生や大学生、仕事を辞めて次の生き方を探している人、男・女というステレオタイプの性に分類されない人……には日々「哲学する」機会（あるいは「創作する」機会）が数多くあることでしょう。私は今までの人生の中で、米国／日本、都心／郊外、大企業／中小企業、旧華族／平民、ホワイトカラー／ブルーカラー、男／女…と様々な境界を行き来する体験をしてきました。一つの場所に安住できない性分なのか、運命なのか、わかりませんが、それらが結局哲学に辿りつくきっかけになったのかもしれません。いつも集団への帰属意識が希薄といいますか、どこへ行っても片足しか突っ込めず、浮いてしまう感覚があるのです。

しかし最後まで不安なのは、哲学や芸術を切り捨てんとする、昨今の時代の風潮です。これには多くの識者が警鐘を鳴らしています。２０１５年に惜しくも亡くなった「ゲゲゲの鬼太郎」でおなじみの漫画家・水木しげる（ラバウルで爆撃に遭い、左腕を失っています）が太平洋戦争に従軍する直前の手記には「芸術が何んだ　哲学が何んだ　今は考へる事すらゆるされない時代だ」（朝日新聞「出征直前　魂の叫び　水木しげるさん　20歳の手記発見　考へる事すらゆるされない」２０１５年６月11日付朝刊）とありました。戦争を前にして人間らしい感性が切り捨てられていく現状に煩悶する水木の姿が、生々しく記されています。また、アリストテレスの『形而上学』の翻訳で知られる哲学者・出隆《いでたかし》の「ソクラテスの哲学とその死」（『哲学を殺すもの』）（『哲学を殺すもの　出隆著作集２』勁草書房、１９６３年）における一節も思い出されます。「ソクラテスは、あの知恵の神アポロンからアテナィという名馬にくっつけられた一匹の虻《あぶ》として、だが今では老いてまどろみがちな嘗《かつ》ての名馬アテナィの巨軀をちくちく刺激するうるさい一匹の虻として、この馬の上に育ち、働らき、そして遂にこの馬の尻尾で軽くはたき落とされたのである。この馬にとってはその惰眠を邪魔する虻だったからである……この虻を殺した名馬アテナィの末路については、今は語るを要しないであろう」……ここでいうソクラテスを「哲学」と言い換えても差し支えないでしょう。これが書かれたのは１９３７年のことでした。世界恐慌後、内向きのブロック経済圏が形成され、第二次世界大戦を準備した１９３０年代のムードと、リーマン・ショック以降、経済成長がどんずまりを迎えた先進国が次第に内向きになり、自由貿易圏を脱退する孤立主義的動きが強まった２０１０年代半ば（２０１６年には英国が国民投票でＥＵ離脱を選択し、米国ではアメリカ・ファーストを掲げるトランプ大統領が誕生しました）――ソフィスト的な相対主義、感情的ポピュリズムが蔓延する分断の時代――のムードを重ね合わせてしまうのです。よくよく考えてみれば「絶対的真理なんてない」というポストモダンの結論は、宣告されるまでもなくわかっていた話のような気もします。そんな相対主義の結論に抗い、現実世界には存在し得ない真理なるものを探求したのがそもそも哲学の創始者ソクラテスだったわけですから。ソクラテスが活躍した縄文時代末期には、既にわかっていた結末ではあるのです。

ところで、2015年に経団連が発表した「選考にあたって特に重視した点」という資料があります。それによると、「コミュニケーション能力」（85・6％）、「主体性」（60・1％）、「チャレンジ精神」（54・0％）、「協調性」（46・3％）、「リーダーシップ」（20・5％）などの項目が重視される一方で、私には人間を人間足らしめている要素と思える「やさしさ」「思いやり」の文字は見当たりませんでした。やっと見つけた「感受性」でさえ何と2.3％ですから、開いた口が正直ふさがりませんでした（なんと2016年からは「感受性」が調査項目から外され、代わりに「ストレス耐性」が加わりました）。この点について、就職活動を控えた卒業生と話し合ってみたところ、「やさしさや思いやりは重視するのが当たり前だから、あえて書かなかったのではないか」という意見もあったので、正確な所はわかりません。ただし先ほどの水木しげるの手記と重ね合わせて眺めてみると、グローバル経済を勝ち抜く企業戦士を国家と多国籍企業が手を組んで育てようと躍起になっている昨今です、哲学も芸術も「今は考へる事すらゆるされない時代」なのかもしれないと思うのです。

とはいえ私は不安ではありますが、希望を持っています。学校で「哲学する」場が少なくなったとしても、日常生活で「哲学する」ことを忘れなければいいだけの話だからです。「哲学する」には、学歴も年齢も職業も関係ありません。隣の友人や家族との何気ない会話から「哲学する」のは容易《たやす》いことです。哲学するタネ（種）を蒔くなら今しかない、と思える混迷の時代に、皆さんにとってこの本が「哲学する」土台、いや少なくともその一助になれば、望外の幸せです。

最後に一つ、この本を作るための資料収集で改めて感じたのが「本」の大切さです。モンテスキューの『法の精神』をまともに読まずして、かつて授業で三権分立を語っていた自分を深く反省してしまいました。「孫引き」どころか「ひ孫引き」が氾濫するインターネットの無料情報と、膨大な時間と労力がかけられた「本」とは、圧倒的に情報量が違っています。にもかかわらず、教科書に載っている不朽の古典ですら絶版になっており、新刊書店で容易に入手できない例も多く見受けられました。その窮地を救ってくれたのは図書館と古本です。中学生の頃から「岩波文庫を全冊制覇する！」などと言って古本集めをしてきたのが初めて役に立ちましたし、勤務校や公共の図書館で探していた絶版本を見つけた時は本当に感動しました。図書館司書の先生の話によれば、昨今のコストカットの風潮で切り捨てられているのが常勤の学校図書館司書だそうです。大学の学問研究を中心とする知のヒエラルキーが崩れているように思える時代ですが、ネット検索の全能感に酔いしれ、「一億総知ったかぶり」になってしまうのは避けたいものです。知のセーフティ・ネットとして、「本」および図書館の重要性を強調しておきたいと思います。

大学時代の先輩でもある編集者の杉本健太郎さんは、１９７０年代のフォーク・デュオ古井戸のメンバーだった加奈崎芳太郎《かなざきよしたろう》のソロ・ライブを二人で追いかけた（今は無き渋谷の小劇場ジァン・ジァンでした）古い縁がありました。２０１５年の古井戸「再会」ライブで再会したことをきっかけに、２０１８年には初の単著である東洋思想編の出版の機会を与えてくれました。その後、２０１９年には二人にとって心の大師匠である加奈崎芳太郎の『キッス・オブ・ライフ――ジャパニーズ・ポップスの50年を囁く』の編集を共に担当し、今回ついに西洋思想編を刊行する運びとなりました。杉本さんの緻密かつ素早い編集・校正作業と的確なアイデアがなければ、本書は完成しなかったと思います。そして明月堂書店の末井幸作さんは、私が今も心酔する漫画雑誌『ガロ』直系の青林工藝舎を引き継がれた方でもあります。私が20代の頃に夢中になったつげ義春作品をはじめ、往時の『ガロ』のバックナンバーが全て並んだオフィスに入ったとき、ただならぬ運命を感じたものでした。本当にご縁としか言いようがありません。お二人に深く感謝いたします。

【全体を通じて参照した主な事典・思想通史類】

廣松渉ほか編『岩波　哲学・思想事典』（岩波書店、１９９８年）
粟田賢三・古在由重編『岩波哲学小辞典』（岩波書店、１９７９年）
永井均ほか編『事典　哲学の木』（講談社、２００２年）
中村元ほか編『岩波　仏教辞典』（岩波書店、１９８９年）
石毛忠ほか編『日本思想史辞典』（山川出版社、２００９年）
清水正之『日本思想全史』（筑摩書房、２０１４年）
湯浅邦弘編著『概説中国思想史』（ミネルヴァ書房、２０１０年）
『哲学の歴史1～12』（中央公論新社、２００７～２００８年）
バートランド・ラッセル『西洋哲学史1～3』（市井三郎訳、みすず書房、１９７０年）
峰島旭雄編著『概説西洋哲学史』（ミネルヴァ書房、１９８９年）
岡崎文明ほか『西洋哲学史――理性の運命と可能性――』（昭和堂、１９９４年）
木田元『反哲学入門』（新潮社、２０１０年）
中島義明ほか編『心理学辞典』（有斐閣、１９９９年）
日本史広辞典編集委員会編『山川　日本史小辞典』（山川出版社、２００１年）
羽野幸春ほか編『新訂版　詳解倫理資料』（実教出版、２０１０年）
濱井修監修・小寺聡編『倫理用語集』（山川出版社、２０１４年）

ヘシオドス　***49***
ペトラルカ　***113***
ベネディクト　25
ヘラクレイトス　***56***,57
ベルクソン　***15***,301-302
ベルンシュタイン　***278***
ベンサム　***239***,240-241,244-245,247
ホイジンガ　***16***
ボーヴォワール　302,313
ボーダン　169
ホール　28
ボシュエ　***166***
ボッカチオ　***114***
ボッティチェリ　***110***
ホッブズ　101,165,***169***,170-174,177,184,189
ポパー　***130***
ホメロス　***49***,252
ホリングワース　***27***
ホワイトヘッド　72

ま行

マキャベリ　***117***
マザー・テレサ　249-250
マズロー　35
マッハ　312
マルクス　57,99,112,122,200,220,224,230,***262***,263-269,271-274,276-278,304,308,313
マルクス・アウレリウス　***102***,103
マルサス　255
マルセル　287
丸山眞男　76
ミード　***21***,25
ミケランジェロ　***110***,134
（J.S.）ミル　239,***243***,244-247,252
無着（アサンガ）　144
ムハンマド　252,262
メルロ・ポンティ　302,***313***
毛沢東　***276***
モーセ　168,252
森有礼　253
モンテーニュ　***117***,118-119
モンテスキュー　187,***188***,189,191

や行

ヤスパース　50,287,***294***,295,299
山田昌弘　27
ユング　29,***42***,130

ら行

ライプニッツ　58,***161***,162,200
（ディオゲネス・）ラエルティオス　52,98
ラッサール　***230***
ラッセル　180
ラファエロ　86,***110***
リカード　***243***
リンカーン　176
リンネ　***13***,14
ルソー　27,101,165,171,175,***176***,177-182,184,189,191,200,267
ルター　111,***122***,124-127,161
レヴィ・ストロース　313
レヴィン　***23***,28,35
レーニン　230,***274***
レオナルド・ダ・ヴィンチ　***110***
レッシング　186
ローティ　***322***,323
ロールズ　94
ロック　101,***143***,144,149,165,***171***,172-178,180-181,184,186,188-190
ロヨラ　***129***

スピノザ　***159***,160-162
スペンサー　39,***252***,253
世親（ヴァスバンドゥ）　144
セネカ　***102***
（エレアの）ゼノン　***58***,100
（キプロスの）ゼノン　***100***,101
ソクラテス　48,55,57,***63***,64-70,72-73,76-79,90,92,94,103,118,207,218-219,244,252,287,292,316,323

た行

ダーウィン　253,***255***,256
ダランベール　***192***,193
タレス　***52***,53,57,252
ダンテ　***113***
鶴見俊輔　***315***
ディオゲネス　100,***103***,104
ディドロ　***192***,193
デカルト　75,87,106,135,***147***,148-154,156-158,160-162,169,313,317
デモクリトス　***56***,57,99,162,266
デューイ　316,***319***,320-322
道元　301
トマス・アクィナス ***101***,105
トマス・モア　***112***

な行

中江兆民　179
中村正直　246
夏目漱石　253
ニーチェ　47,52,56,155,215,***287***,288-295,302
西周　64
西田幾多郎　318
ニュートン　58,108,***134***,135,137,139,161,186-187,190,200

は行

バーク　182
バークリー　***144***,145
パース　***317***,318-319
バーナード・ショウ　***278***
ハーバーマス　201
ハイエク　***232***
ハイデッガー　***298***,299-301,306-307,311-312
パウロ　125,128
パスカル　***157***,158-159
バタイユ　***155***
ハチソン　186,227,***239***
パルメニデス　***57***,58
ピケティ　264
ピコ・デラ・ミランドラ　***115***
ヒトラー　253,281,293-294
ヒューム　***145***,146,186,203,227
ピュタゴラス　***53***,54-55,68,77,157
ピュロン　119
フィヒテ　***199***,214
フィルマー　***166***
フーコー　241,276
フーリエ　***260***,261-262
フォイエルバッハ　***263***,266
フォン・フランツ　29
福沢諭吉　185
フス　***122***
フッサール　298,***311***,312-313
ブッダ　152,252,262,293
プトレマイオス　***131***
ブラーエ　***132***,136
プラトン　42,53,55-56,58,61,68,70,***72***,73-81,84,86-87,91,94-95,104-106,110,113,142,151,155,160,181,197,199,207,211,252,287,292,316
フランクリン　15
フリードマン　***232***
ブルーノ　***132***
ブレンターノ　***312***
（アンナ・）フロイト　25,***36***
（ジークムント・）フロイト　25,***36***,42,101,115,130,154-155,229,293
プロタゴラス　***60***
プロティノス　***105***
ヘーゲル　41,56,199-200,***214***,215-218,220-222,230,263,266-267,270,285,315
ベーコン　137,***140***,141-142,150,169

人名索引

あ行

アーレント　298-299
アウグスティヌス　76,128
アダム・スミス　14,186,***227***,228-233,266
アドラー　38
アナクシマンドロス　***53***
アナクシメネス　***53***
アブラハム　286
アリエス　***22***
アリスタルコス　131
アリストテレス　***13***,14,42,52,58,73,81,***86***,87-95,97,110,131,135,141,151,181,197,202,211,252,303,322
アルヴェルティ　109
アルバート　322
アレクサンドロス（アレキサンダー）大王　86-87,***97***,104,216
アンセルムス　***105***,151
イエス（・キリスト）　41,110,158,245,250,262
イェリネック　249
ウィクリフ　***121***,122
ウィトゲンシュタイン　232
ウィリアム・オブ・オッカム　***106***
ウェーバー　***129***,224,294
ウェッブ夫妻　***278***
ヴォルテール　***190***,191
内村鑑三　315
エピクテトス　***103***
エピクロス　57,***98***,99,102,266
エラスムス　***111***,112
エリアーデ　***17***
エリクソン　***24***,25-26
エンゲルス　***262***,263,266-267,278
エンペドクレス　***58***
オウィディウス　***50***
オーウェン　***261***,262
小此木啓吾　***30***
オルポート　***43***

か行

カイリー　29
カッシーラー　***16***
加藤弘之　253
カミュ　***308***
ガリレイ　132,***133***,134-135,140,169
カルヴァン　***127***,128,161,225
河合隼雄　130
カント　27,41,140,146,184,186,***199***,200-211,216,220,238,241-243,248-250,266,292,312,317,321-322
キケロ　***102***
キルケゴール　***283***,284-287,294-295,298
キング牧師　81,123
クーン　***135***
クレッチマー　***41***
グロティウス　***101***,168
ケインズ　***231***,232,259
ゲーテ　28,41,***137***,186
ケネー　191
ケプラー　***132***,134,136
孔子　161,245,252
小林多喜二　264
ゴールドバーグ　43
コペルニクス　108,***131***,132-133,205,320
（シラクサの）コラックス　60
ゴルギアス　***61***
コント　192,***250***,251-252,260
コンドルセ　191

さ行

ザビエル　***129***
サルトル　276,287,***302***,303-304,306-308,311,313
サンデル　67,94,241
シィエス　166
ジェームズ　***318***,319
ジェームズ1世　127,***166***
シェリング　***199***,214,303
サン・シモン　192,252,***260***,262
シラー　186
シュプランガー　***42***
シュペングラー　293
ショーペンハウアー　215,***287***,292-293,302
スコトゥス　***106***

《著者紹介》

石浦昌之（いしうら・まさゆき）

1979年東京生まれ。学習院大学文学部心理学科卒業。立教大学大学院文学研究科比較文明学専攻博士課程前期課程修了。現在都内の高校で倫理の授業を担当している。『哲学するタネ――高校倫理が教える70章【東洋思想編】』[単著]（明月堂書店、2018年）。高校倫理研究会『高校 倫理が好きだ！――現代を生きるヒント』［分担執筆］（清水書院、2016年）。東京都高等学校公民科「倫理」「現代社会」研究会『新科目「公共」「公共の扉」をひらく 授業事例集』［分担執筆］（清水書院、2018年）。
1999年にソニー・ミュージックエンタテインメントのコミックソング・オーディションに合格。『蒼い蜜柑』（KAZEレーベル、2011年）でデビュー。『語りえぬものについては咆哮しなければならない』（MASH RECORDS、2014年）など計4枚のアルバムをリリース。レコード・コレクター、音楽ライターとしても知られ、レコード・ショップ芽瑠璃堂のWEBマガジン「愛すべき音楽よ」、明月堂書店ブログ「月刊極北」の連載、音楽ムックの執筆なども行っている。加奈崎芳太郎『キッス・オブ・ライフ――ジャパニーズ・ポップスの50年を囁く』［編集・全アルバム解説］（明月堂書店、2019年）。『URCレコード読本』［分担執筆］（シンコーミュージック、2020年）。

哲学《てつがく》するタネ
――高校倫理が教える70章 【西洋思想編①】

2020年10月20日　初版第一刷発行
2021年4月15日　初版第二刷発行

著者
石浦昌之

発行人
末井幸作

編集デザイン
杉本健太郎

発行・発売
株式会社 明月堂書店

〒162-0054東京都新宿区河田町3-15 河田町ビル3階
電話 03-5368-2327 FAX 03-5919-2442
website「月刊極北」http://meigetu.net

定価はカバーに記載しております。乱丁、落丁はお取り替えいたします。

ISBN978-4-903145-70-9 C0010